Enciclopedia de El Salvador

Enciclopedia de
El Salvador

Enciclopedia de
El Salvador

1

OCEANO

Es una obra de

OCEANO
GRUPO EDITORIAL

EQUIPO EDITORIAL

Dirección
Carlos Gispert

**Dirección de Producción
y Subdirección**
José Gay

Dirección de Edición
José A. Vidal

* * *

Dirección del proyecto
Graciela d'Angelo

Edición
Lluís Cánovas

Revisión
Iván Castro

Diseño y maquetación
Álvaro Elizalde

Edición gráfica
Victoria Grasa
Josep Borrell

Preimpresión
Didac Puigcerver

Producción
Antonio Aguirre
Antonio Corpas
Daniel Gómez
Alex Llimona
Ramón Reñé
Antonio Surís

Sistemas de cómputo
María Teresa Jané
Gonzalo Ruiz

© MMII OCEANO GRUPO EDITORIAL, S.A.
Milanesat, 21-23
EDIFICIO OCEANO
08017 Barcelona (España)
Tel. 34 93 280 20 20* – Fax 34 93 204 10 73
www.oceano.com

IMPRESO EN ESPAÑA - PRINTED IN SPAIN

ISBN: 84-494-1618-3 (Obra completa)
ISBN: 84-494-1619-1 (Volumen I)
Depósito legal: B-9028-XLIII
9000298050901

Dirección de la obra

Rodolfo Cardenal
Vicerrector de Proyección Social.
Universidad Centroamericana
José Simeón Cañas (UCA).

Coordinador

Ricardo Roque Baldovinos
Doctor en Letras. Profesor
del Departamento de Letras,
Comunicación y Periodismo
de la UCA.

Colaboradores

Astrid Bahamond
Historiadora del Arte. Profesora
de Letras, Comunicación y
Periodismo de la UCA.

Germán Cáceres
Doctor en Música y compositor.
Ex director de la Orquesta
Sinfónica de El Salvador.

Álvaro H. Campos
Licenciado en Derecho.
Profesor del Departamento
de Derecho de la UCA.

Carlos Cañas Dinarte
Licenciado en Letras.

Luis Armando González
Maestro en Ciencias Sociales.
Director del Centro de
Documentación y Apoyo
a la Investigación de la UCA.

Mario Marti
Arquitecto. Profesor del
Departamento de Arquitectura
de la UCA.

Xiomara Peraza
Profesora del Departamento
de Letras, Comunicación y
Periodismo de la UCA.

Rafael Rodríguez Díaz
Licenciado en Filosofía.
Profesor del Departamento
de Letras, Comunicación y
Periodismo de la UCA.

Luis Romano
Licenciado en Economía.
Miembro del Centro de
Documentación y Apoyo
a la Investigación de la UCA.

Ismael Sánchez
Ingeniero. Profesor del
Departamento de Ciencias
Eléctricas y Fluídicas de la UCA.

Ovidio Sandoval
Ingeniero. Profesor del
Departamento de Ciencias
Naturales de la UCA.

Walter Salazar
Profesor del Departamento
de Ingeniería Civil de la UCA.

Salvador Solórzano
Licenciado en Biología.
Profesor del Departamento de
Ciencias Naturales de la UCA.

Marcel Vargas
Licenciado en Filosofía.
Miembro del Centro de
Documentación y Apoyo
a la Investigación de la UCA.

Ernesto Wauthion
Licenciado en Filosofía.
Profesor del Departamento
de Filosofía de la UCA.

José Zepeda
Ingeniero. Profesor del
Departamento de Ingeniería
Civil de la UCA.

*Agradecemos a la Universidad Centroamericana José Simeón
Cañas y a su Vicerrector, Don Rodolfo Cardenal, su
inestimable participación en la Enciclopedia de El Salvador.
Agradecemos también a Oriol Tuñí sus gestiones
y su ayuda generosa.*

CRÉDITOS FOTOGRÁFICOS

Age fotostock
Archive Photos
Archivo de Indias
Archivo Gral. de la Nación- México

Cañas-Dinarte, Carlos
CC-D- Archivo
Creativos Promotores
Ferrer & Sostoa
Imagen Latina- Galdámez, Luis
Imagen Latina- Romero, Edgar

Lenars, Charles
Polio, Eduardo
Puerta, Victoria
Roma, Josep
Sygma-Contifoto
Vautier, Mireille

AGRADECIMIENTOS

La reproducción de las imágenes del libro *Colección de Pintura Contemporánea El Salvador,* en las páginas 410, 411 sup, 411 inf, 412 sup, 412 inf, 413 sup, 413 inf, 414, 415, 418, 420 sup, 420 izq, y 451 dcha, han sido autorizadas cortèsmente por el **Patronato Pro Patrimonio Cultural**.

Las fotografías de las páginas 417, 426 y 499 son cortesía de Miguel Clukier.

Las fotografías de las páginas 30, 51, 60 izq, 62, 64, 79 inf, 101, 102, 104 izq, 110 izq, 111, 120 izq, 121 izq, 127, 164, 167, 168 sup, 168 inf, 169, 170, 172, 173, 178, 179, 185, 187, 188 izq, 188 dcha, 189, 190, 191, 202, 215, 219, 221 izq, 226, 227, 236 dcha, 255, 408, 409, 461 sup izq, y 462 sup dcha, son cortesía de la **Unidad de Fomento Cultural del Banco Agrícola Comercial de El Salvador**.

Las fotografías de las páginas 19, 149, 150 izq, 153 inf, 210, 266, 267, 269, 270, 280, 282, 283, 284, 285 sup, 285 inf, 286, 392, 397 izq, y 433 son cortesía del **Sr. Gustavo Herodier**: autor del libro ***San Salvador, el esplendor de una ciudad 1880-1930. Asesuisa- Fundación María Escalón de Núñez. San Salvador 1997.***

Presentación

Es sabido que El Salvador es un país singular dentro del contexto centroamericano, no sólo porque es uno de los estados más pequeños y más densamente poblados de América Latina y el único del Istmo que sólo mira al océano Pacífico, sino por su peculiar y agitada historia reciente. Un país cuyos intentos de desarrollo se vieron frustrados por una desgarradora guerra civil que durante más de una década provocó numerosas pérdidas humanas y paralizó las bases productivas de la nación. Este conflicto fratricida fue sin embargo superado mediante un ejemplar proceso de pacificación que dio paso a la reconstrucción y democratización nacional. Por ello, El Salvador se ve enfrentado hoy al reto de consolidar la democracia, y con ese fin ineludiblemente debe rescatar su cultura, afirmar su identidad nacional y recuperar su pasado histórico. Estas metas, unidas al propósito de permitir a todos los salvadoreños conocer y valorar nuestra realidad nacional, han vertebrado la presente ENCICLOPEDIA DE EL SALVADOR.

Esta obra integradora, concebida en un lenguaje sencillo y de vasto alcance, ocupa un lugar excepcional dentro del panorama cultural salvadoreño, pues viene a llenar un importante vacío en el conocimiento de nuestro país. Sus áreas temáticas, que permiten e incluso exigen el análisis amplio, abordan los más variados aspectos de la vida nacional: los orígenes y características de un territorio salpicado de abundantes lagos y volcanes, y sacudido por frecuentes temblores de tierra; las bases económicas que han proporcionado la subsistencia de sus habitantes en el transcurso de los tiempos, desde los primitivos sistemas de caza y recolección hasta el auge de la producción cafetalera; el pasado precolombino que nos ha legado innumerables vestigios arqueológicos; la conquista y colonización por los españoles que han originado una doble herencia cultural, indígena e hispana; el proceso de Independencia y los avatares históricos que nos distinguieron con un papel protagónico en el proceso de unión política regional que condujo a la frustrada Federación; los intentos de modernización y desarrollo; la guerra civil y los acuerdos de paz; la cultura tradicional; las bellas artes; la literatura; los medios de comunicación... Todo ello, y muchos otros aspectos que configuran la identidad de El Salvador, con su historia, su tierra y sus gentes, son examinados a lo largo de las páginas siguientes, rematadas por sendos apéndices: uno biográfico, con algunos de los nombres más destacados del mundo de la política, las artes y la cultura del país, y otro cronológico, en el que la historia de El Salvador se sitúa en la secuencia temporal de los grandes hechos de la historia universal.

Plan general de la obra

Sumario del volumen 1

EL TERRITORIO

Formación geológica

El territorio de El Salvador se localiza en América Central, entre los paralelos 13.09° y 14.27° N y los meridianos 87.41° y 90.08° O. Limita al norte con Honduras, al oeste con Guatemala, al este con Nicaragua y al sur con el océano Pacífico. Posee una superficie de 21,040 km² y no tiene costa sobre el océano Atlántico.

Difícilmente cabría deducir de estos datos que el país no ha sido siempre lo que es en nuestros días. Con referencia a la memoria humana, los valles, las montañas y las costas parecerían haber existido siempre, pero para entender de forma cabal la peculiar configuración del territorio conviene tener presente que dichos accidentes geográficos son el resultado de larguísimos procesos naturales.

Las masas continentales

Los continentes actuales se formaron por la solidificación de los materiales más ligeros en la superficie terrestre. Constituyen una capa de materiales, llamada corteza, que fue la base de los primeros continentes, los cuales han ido cambiando de ubicación y forma en una medida tal que, en la actualidad, resulta prácticamente imposible determinar cuál fue su distribución original.

Hace millones de años, los continentes semejaban barcazas deslizándose sobre una capa en estado viscoso llamada manto. Este movimiento de la corteza se origina por el inter-

cambio de materiales y temperaturas que se produce en el interior del planeta. Como resultado del movimiento continuo, en unas regiones se forma una nueva corteza que surge del interior de la Tierra —a través de las erupciones volcánicas—, mientras que en otras el material de la superficie se hunde lentamente hasta fundirse a cientos de kilómetros de profundidad. Un ejemplo de este último fenómeno se produce frente a las costas de América Central, donde la placa de Cocos se desliza bajo la placa del Caribe, siendo la causa de la mayor parte de los movimientos telúricos que sacuden El Salvador.

Hace 200 millones de años existió un único continente con límites en ambos polos, bautizado como Pangea en la teoría de la deriva continental propuesta por Alfred Wegener. En menos de cinco millones de años tuvo lugar el comienzo de un período glacial durante el cual las regiones marinas de escasa profundidad emergieron, mientras las primitivas zonas con clima tropical se transformaron en zonas frías. Tales cambios afectaron considerablemente a las formas de vida existentes, que se adaptaron evolutivamente, mientras se producían cambios en las costas, que determinaron retrocesos y avances de hasta dos mil kilómetros en algunas regiones. El planeta seguía constituido por un solo continente y un único océano. La situación se modificaría debido a la dinámica interna del planeta. Pangea se desgajó en dos

El volcán Izalco es el más activo de la historia de El Salvador y por su reciente formación, ocurrida a finales del siglo XVIII, constituye el símbolo más representativo del proceso de cambios geológicos que conforma el país. El cono del Izalco adoptó su forma definitiva durante la erupción de 1798. En 1966 cesó la actividad permanente que lo caracterizó durante sus dos primeros siglos, en que mereció el calificativo de «Faro del Pacífico» porque servía de referencia a los navegantes.

grandes masas continentales: Laurasia y Gondwana. Ésta, que comprendía América del Sur, África, Madagascar, India, Australia y la Antártida, emprendió un movimiento de deriva que lo alejó de la región polar.

Emergencia de Centroamérica

Hace 75 millones de años las formas de los continentes guardaban alguna similitud con las actuales. América del Sur y África estaban separadas por el océano Atlántico. India, separada ya por completo de África, iba directa a colisionar con el sur de Asia. Cuando la colisión se produjo, dio origen a la cordillera más alta del planeta, el Himalaya.

Las mismas fuerzas internas que desplazaron las masas continentales ocasionaron también la sumersión o elevación de masas de tierra, permitiendo que se formaran cuencas y montañas. Una de estas depresiones acumuló gran cantidad de sedimentos y luego fue elevada, cambió de forma y sufrió los efectos de la erosión. El resultado final de este proceso fue una masa de rocas que sentaba la base de una nueva región correspondiente al actual territorio de El Salvador y Honduras, y a partes del de Guatemala y Nicaragua. En El Salvador no es posible hallar vestigios de estas rocas, debido a los restos volcánicos depositados posteriormente sobre ellas, pero sí es posible identificarlas en los restantes países citados.

Esta América Central primitiva se encontraba 1,500 kilómetros al noroeste de su ubicación actual, en el océano Pacífico, frente a las costas de México.

Hace 250 millones de años El Salvador era el extremo sur de una franja de tierra que terminaba al norte de la actual Alaska. La dinámica interna del planeta separó luego a América Central del territorio mexicano y la movió hacia el sudeste paralelamente a la costa. Para entonces el sur de Nicaragua y toda Costa Rica no existían aún, y América del Sur estaba separada de América del Norte por un mar.

Esquema sobre la teoría de la deriva continental formulada en 1915 por Alfred Wegener. Durante el Triásico (hace doscientos millones de años) existía una masa continental única, Pangea. Las fuerzas internas de la Tierra determinaron la desmembración de ese conjunto en dos grandes unidades, Laurasia y Gondwana, durante el Jurásico-Medio (160 millones de años de antigüedad). A fines del Cretácico (hace sesenta millones de años), Gondwana se subdividió en Sudamérica, África, Antártica y Australia. Centroamérica surgió a finales del Terciario, cuando las dos Américas se unieron por el istmo de Panamá.

Período Carbonífero (330 millones de años)

Período Triásico (200 millones de años)

Período Jurásico-Medio (160 millones de años)

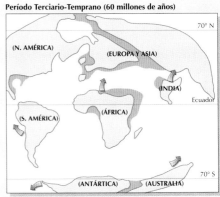

Período Terciario-Temprano (60 millones de años)

Este desplazamiento, que duró veinte millones de años, continuó hasta que América Central se encontró frente a lo que hoy es el oeste de Guatemala y se orientó hacia el noroeste chocando con el extremo sur de la franja (sur de México y oeste de Guatemala). Posteriormente se orientó hacia el sudeste y se ubicó en la situación actual. Nuevas islas emergieron del mar formando la base de Panamá, Costa Rica y el sur de Nicaragua.

El proceso de cambios continúa en el presente. Dos evidencias son la falla de Motagua en Guatemala y la fosa mesoamericana que se encuentra frente a las costas de América Central, correspondientes a las fronteras entre placas tectónicas. Sobre una de éstas, la placa del Caribe, se ubica Centroamérica. Estas placas continúan en movimiento, como prueban los temblores frecuentes registrados en estas zonas.

Los rasgos de superficie actuales no existían aún. No se habían formado los volcanes, lagos y montañas que hoy se conocen. En la región central de El Salvador y en Guatemala se encontraba un altiplano que se elevaba sobre la región de Honduras, la cual era una depresión. La zona de Metapán estaba formada por montañas y era particularmente árida. Algunos volcanes de los alrededores estaban en actividad.

Posteriormente ocurrieron dos períodos marinos en los que Metapán y Honduras se cubrieron de agua, pero por fin emergieron otra vez a sus niveles actuales. Estos períodos son la explicación de los depósitos de calizas encontrados en Metapán y que constituyen la base para la fabricación del cemento. La elevación del territorio que hizo emerger del mar a estas regiones sigue siendo visible. El territorio salvadoreño continúa en proceso de elevación, hecho que indica la tendencia al desplazamiento de la línea costera mar adentro.

Hace unos 66 millones de años dos enormes meteoros colisionaron con la Tierra en el territorio del actual estado de Iowa, en Estados Unidos, y en el Golfo de México, al norte de

El volcán de San Miguel o Chaparrastique (2,130 m) se caracteriza por la simetría de su cono, que le otorga la consideración de ser el mejor formado de los volcanes salvadoreños. La primera erupción del San Miguel sobre la que existe constancia histórica se remonta a 1699. El volcán continúa activo y sus últimas erupciones datan de 1976.

Yucatán. Una de las consecuencias probables de estos fenómenos fue la extinción de los dinosaurios. El Salvador se encontraba relativamente cerca de la zona de impacto, por lo que los efectos devastadores del choque destruyeron muchas especies de plantas y animales.

En ese período la línea costera de El Salvador se encontraba mar adentro de la ubicación actual y a ochenta kilómetros de la costa se hallaba una cadena de islas que formaban una especie de península con un golfo. Sucesivamente, el área del país sufrió hundimientos seguidos de elevaciones del territorio. Frente a la antigua costa, cerca de Sonsonate, se desarrolló una cuenca que acumuló materiales provenientes de las tierras más altas. La cuenca se hundió poco a poco y en la actualidad se encuentra cubierta por diez kilómetros de sedimentos en una franja que se adentra veinte kilómetros en el mar. Las depresiones en la zona terrestre se han llenado con depósitos volcánicos más recientes, razón por la cual las rocas de esa época no son visibles.

En la zona fronteriza con Honduras hubo una intensa actividad volcánica que permitió la acumulación de nuevos materiales; por consiguiente, la forma de la superficie sufrió cambios con la aparición de nuevos volcanes.

Formación de El Salvador

Hace unos veinte millones de años la actividad volcánica del país se concentró al norte del territorio, en una franja paralela a la costa. Los materiales producto de estas erupciones pueden verse en el norte de Santa Ana, Chalatenango, Cabañas, Morazán y el norte de La Unión. Pero algunos de ellos no llegaron a la superficie, enfriándose dentro de los volcanes. Con el transcurso del tiempo la erosión puso al descubierto las rocas que pueden verse en Chalatenango y en el norte de Santa Ana.

Luego, la actividad volcánica cesó en el norte y dio comienzo un período de erupciones en la zona central y sur de El Salvador. El límite sur de esta zona de actividad fueron las cuencas de Sonsonate y Zacatecoluca. Aún hoy ésta es la única región en la que tienen lugar erupciones. El límite este lo constituye el río Lempa. Desde allí hasta el golfo de Fonseca la distribución de los centros volcánicos es diferente.

Las rocas de estos períodos se observan en el sur de Tacuba, en la cordillera del Bálsamo, en las colinas de Jucuarán, el Divisadero, el cerro de Cacahuatique (que en la antigüedad fue un volcán), Ilobasco y Apastepeque. Prácticamente todos los volcanes de esta época han sufrido un proceso de erosión o fueron cubiertos por materiales más recientes, razón por la cual se conoce poco de ellos. Una única excepción la constituye el cerro de Cacahuatique, que, tras varios millones de años de inactividad, dio paso a una serie de erupciones que formarían un nuevo cono volcánico sobre los restos erosionados del antiguo.

Con posterioridad a estos hechos, se verificaron en el planeta las siete eras glaciales que afectaron principalmente a Europa, Asia y América del Norte. Aun así la concentración de hielo en el hemisferio norte afectó el clima en todo el mundo, pues las temperaturas bajaron hasta doce grados centígrados y los niveles del océano se redujeron, en algunos casos, hasta en 150 metros. Los pobladores de esa época se concentraban en las regiones ecuatoriales cálidas, pero gracias al descubrimiento del fuego y a la confección de vestimenta adecuada les fue posible emigrar a zonas de clima más frío ◼

◼ En el extremo de la costa de El Salvador, el golfo de Fonseca, límite oriental de las aguas territoriales del país. Vista de las islas del Golfo, correspondientes a la cima de antiguos volcanes.

■ **Cronología de los eventos geológicos ocurridos en los últimos 100,000 años en El Salvador**

Tiempo	Fenómenos
Hace 100,000 años	Primeras erupciones en el área de Coatepeque (no existían aún los volcanes de Santa Ana e Izalco ni el lago de Coatepeque). Actividad volcánica en los alrededores de Ahuachapán.
Hace 50,000 años	La franja central del país (donde actualmente se ubica la cadena volcánica) empezó a hundirse. El norte de esta franja estaba en Chalatenango, al norte del río Lempa, y el límite sur en Santa Tecla. Esta deformación de la franja originó la formación de cuencas que, al llenarse de agua, formaron nuevos lagos. Las cuencas se ubicaron en Metapán y Chalatenango (la del Lempa), las de Titihuapa y el Sisimico, en San Vicente, y la de Olomega, en San Miguel. Los restos de la vegetación de estos lagos se transformaron en lo que hoy se conoce como carbón mineral de tipo lignítico. Además, estos lagos eran el hábitat de una gran cantidad de especies animales. Paralelamente a la deposición de restos orgánicos en estos lagos, las cenizas volcánicas producidas por las erupciones de la época se acumularon en las cuencas. Se formaron otros lagos pequeños en viejos hundimientos en Los Frailes y el Colco, al oeste de Ilobasco. Actualmente son ríos. En el este del país, en la cuenca del actual río Torola, se depositaron las únicas calizas de agua dulce de El Salvador.
Hace 20,000 años	Un movimiento de bloques superficiales, ocasionado por un proceso de deformación, drenó los lagos y dio origen al sistema de ríos actual. El río más importante de este sistema es el Lempa. Al mismo tiempo, las zonas más elevadas se erosionaron y el material resultante se acumuló en forma de sedimentos en los nuevos ríos. Otra consecuencia de los desplazamientos de estos bloques fue la formación de las montañas del norte y de las cordilleras del Bálsamo, Jucuarán y Apaneca. Por ejemplo, la carretera al puerto de La Libertad recorre uno de estos bloques desde la parte alta hasta la parte baja en la costa. Entre las montañas del norte y estos bloques del sur se formó una depresión, aún existente y conocida como fosa central, que se fue hundiendo y colmatando con materiales arrojados por las erupciones volcánicas. Esta fosa constituye la franja con mayor actividad sísmica y volcánica del país. En esta época surgieron en el golfo de Fonseca volcanes, cuyas cimas son las actuales islas. La deformación de la corteza terrestre abrió grandes fracturas que constituyeron zonas débiles por las que el magma ascendió desde grandes profundidades. La primera de las grandes erupciones volcánicas entonces registrada se produjo en lo que hoy es el lago de Ilopango. El material expulsado en forma de gases, cenizas y fragmentos formó un flujo hacia el norte, llegando hasta el volcán de Guazapa. A lo largo de esta zona, quedó destruida toda forma de vida. Además, las cenizas más finas ascendientes se extendieron por el país y depositaron por toda la superficie entonces fértil y llena de vida. El resultado fue un desierto de cenizas volcánicas que tardaría varios siglos en repoblarse. Otras grietas que también expulsaron materiales se localizaron en el campo volcánico de Apastepeque, al sur del lago de Ilopango, en dirección a Comalapa, y al oeste y al sur de Santa Tecla. Los volcanes formados en esta época se ubicaron al oeste, en Apaneca, Chalchuapa y el actual lago de Coatepeque. En la zona central predominaban los volcanes de San Salvador y San Vicente, y al oriente del país el de Tecapa, en Usulután. Los lagos de Ilopango y Coatepeque fueron alguna vez la base de volcanes que tuvieron erupciones tan violentas que hicieron colapsar el cono original. Luego las lluvias se encargaron de llenar las depresiones para formar los lagos hoy conocidos.

■ Lava cordada: piedra de lava basáltica moldeada por el flujo de la corriente y las turbulencias internas del magma volcánico.

■ **Cronología de los eventos geológicos ocurridos en los últimos 100,000 años en El Salvador**

Tiempo	Fenómenos
Hace 2,000 años	En esta época los fenómenos más importantes fueron las erupciones del entonces volcán de Ilopango y del volcán de San Salvador. El material expulsado estaba principalmente formado por cenizas volcánicas conocidas como «tierra blanca». Las zonas más afectadas fueron la fosa central al oeste del Ilopango y al oeste del volcán de San Salvador. En esta época estas regiones ya contaban con poblaciones indígenas. Gracias a que la actividad de estos volcanes no fue súbita, sino con avisos de fumarolas, se pudo evacuar las poblaciones a tiempo. Los vestigios de algunos de estos emplazamientos se pueden ver aún en el centro arqueológico de Joya del Cerén, en el departamento de La Libertad. De hecho, esta misma villa estaba construida sobre las cenizas de erupciones anteriores. No sería de extrañar que si se continúa excavando se encuentren restos de poblados aún más antiguos. Las erupciones que sepultaron Joya del Cerén datan de quinientos años atrás.
1576. Febrero	Erupción del volcán de Santa Ana. Sufrieron daños por cenizas volcánicas las huertas de cacao de los indígenas.
Entre 1656 y 1671	Terremoto y erupción del volcán de San Salvador. Produjo daños en San Salvador.
1768	Erupción del volcán de San Salvador. Daños por lavas y cenizas en los alrededores de la ciudad de San Salvador. La ciudad misma fue destruida.
1770 - 1798	Nacimiento del volcán Izalco. Hubo temblores y destrucción por lavas en los alrededores del poblado de Izalco.
1879 y 1880	Nace un volcán dentro del lago de Ilopango. Lo acompañan temblores que ocasionan daños en el entorno.
1902. 15 de febrero	*Tsunami* (ola gigantesca) que ocasiona daños en la costa al oeste del puerto de La Libertad.
1951. 6 y 7 de mayo	Terremoto que destruye Jucuapa y Chinameca en los departamentos de Usulután y San Miguel. Daños en Santiago de María y en Berlín.
1965. 6 de mayo	Terremoto que causa daños en San Salvador.
1986. 10 de octubre	Terremoto que causa daños en San Salvador ■

■ Damnificados del sismo del 10 de octubre de 1986 en el barrio San Jacinto de San Salvador.

El relieve

L a configuración específica del territorio salvadoreño es el resultado de un fenómeno geológico mayor: la cordillera volcánica centroamericana.

La cordillera volcánica centroamericana

Discurre paralela a la costa pacífica de Centroamérica y tiene 1,060 km. Contiene 75 volcanes con evidencia de actividad en los últimos diez mil años (época del Holoceno), incluyendo 31 volcanes con erupciones verificadas por testigos directos o documentos históricos. Es una de las cordilleras más activas del mundo. Durante el siglo XX han permanecido en actividad cada año un mínimo de tres a ocho volcanes. Los materiales producto de estas erupciones son principalmente lavas y cenizas volcánicas. Las distancias que separan a los volcanes oscilan entre 18 y 30 km en los extremos de la cordillera, donde la corteza terrestre tiene un espesor de hasta 40 km. Las elevaciones máximas son el volcán Tajumulco en Guatemala (4,220 m) y el volcán Irazú de Costa Rica (3,432 m). En la parte media de la cordillera, donde la corteza alcanza 30 km de espesor, los volcanes son de menor altura, oscilando sus elevaciones entre 512 y 2,182 m. En esta región la distancia entre volcanes se reduce, situándose entre 12 y 18 km.

A lo largo de la cordillera hay un tramo de cien kilómetros, del volcán Pacaya, en Guatemala, hasta el campo geotérmico de Ahuachapán, en El Salvador, dentro del cual no se tiene constancia alguna de erupciones en el período histórico (en ningún otro caso en Centroamérica se encuentra un tramo de más de setenta kilómetros como éste). Tierra adentro se encuentra el graben de Ipala (depresión formada por el hundimiento de un bloque limitado por dos fallas geológicas), dentro del cual hay diez volcanes con actividad probable en los últimos diez mil años (época del Holoceno).

Al margen de la región del graben de Ipala, existen seis volcanes del Holoceno fuera del frente volcánico principal: cuatro se ubican a lo largo del lado trasero de la depresión de Nicaragua, que va del noreste de Costa Rica hasta El Salvador; uno, en la depresión central de Honduras, y otro en la costa este de Nicaragua.

Alineación de conos volcánicos de la cordillera centroamericana en el tramo correspondiente a El Salvador.

Los accidentes geográficos de El Salvador

Planicie costera

La planicie costera comprende la parte sur de los departamentos de Ahuachapán, Sonsonate, La Paz, San Vicente y Usulután. La carretera del litoral la atraviesa de este a oeste. Se distinguen dos zonas: una al oeste (sur de Ahuachapán y Sonsonate) y otra en el centro del país (sur de La Paz, San Vicente y Usulután). En total, ambas comprenden más del doce por ciento del territorio salvadoreño.

La heterogeneidad de los materiales que componen la planicie costera constituye un variado mosaico de penínsulas, islas y bahías. Estero de Jaltepeque, en Usulután.

La composición y el origen de los materiales geológicos que constituyen la planicie costera no son uniformes. Los ríos procedentes de las montañas arrastran cada año unos 16 km³ de agua de lluvia al mar, lo cual ha sido la principal contribución a la formación de la planicie, pues los sedimentos fluviales suman en torno a 16 millones de toneladas anuales. La presencia de materiales sueltos como pómez, arena, limos (suelos más finos que las arenas) y arcillas (suelos más finos que los limos) permite comprobar el proceso de formación en curso.

Cadena costera

La cadena costera comprende una franja que cruza de noroeste a sudeste la parte media del departamento de Ahuachapán, otra que comienza al sur del departamento de La Libertad y termina en la parte media del departamento de San Vicente, y una última que se ubica en el sur de los departamentos de San Miguel y La Unión. Al igual que la planicie costera, abarca alrededor del doce por ciento del territorio. Es un bloque geológico que se inclina cinco grados hacia el sur, terminando en el mar o por debajo de la planicie costera.

La cadena costera consta de cuatro sectores definidos por igual número de plegamientos consecutivos:

1) El primer sector limita al oeste con el río Paz y tiene una altura de 300 m. Se orienta en dirección este y tiene su máxima elevación (1,400 m) en el altiplano de Tacuba-Apaneca. Luego desciende hasta las inmediaciones de Sonsonate e Izalco.

2) A continuación del anterior, el segundo sector asciende desde las cercanías de Sonsonate e Izalco, para adentrarse en la cordillera del Bálsamo y llegar hasta los 1,500 m, en el sur de Jayaque. Desciende con una pendiente suave hasta el valle del río Jiboa, donde su altura es de 400 m.

3) El tercer sector no es fácilmente identificable, pues se encuentra en parte cubierto por el volcán de San Vicente. Su altura máxima es de mil metros.

4) El cuarto sector, prolongación del anterior, alcanza los 200-300 m de altura cuando es atravesado por el río Lempa, y termina en el complejo de volcanes en Tecapa. Forma una depresión que constituye el desagüe de los ríos Lempa y Grande de San Miguel. La elevación máxima de este sector es de 600 m.

La cadena costera tiene un ancho variable según la historia geológica. Es más estrecha en las regiones bajas, mientras que en las zonas altas es más amplia. Los sectores segundo y cuarto limitan al sur con el mar: en el primer caso, al sur del departamento de La Libertad, y en el otro, en los de San Miguel y La Unión.

Los materiales geológicos que componen la cadena costera son aglomerados volcánicos gruesos y densos que se formaron unos seis millones de años atrás. En estos aglomerados se intercalan capas delgadas de lava y de cenizas volcánicas viejas (muy consolidadas). En total forman espesores de más de 1,500 m. En algunas ocasiones la formación geológica de la cadena costera es designada como estrato del Bálsamo.

Fosa central

La fosa central abarca aproximadamente la quinta parte del territorio nacional. Cruza el país en una franja central cuyo eje sigue la dirección oeste-noroeste, este-sureste. Al norte y al sur está flanqueada por elevaciones de diversas alturas. Su ancho varía entre diez y treinta kilómetros. La fosa se originó como el vértice de un gran pliegue geológico con un eje que sigue la misma dirección de la fosa central. En este vértice se formó una depresión o fosa que se extendió a los límites actuales. El límite norte del pliegue es la cadena interior y el sur es la cadena costera.

Los bloques geológicos de la fosa central se desplazaron entre 1 y 1.5 km. Se asume que los sitios con mayores elevaciones fueron los de hundimientos mayores. Los estrechamientos de la fosa se pueden observar en las cercanías de Ciudad Arce, al oriente de San Vicente, y entre El Carmen y Siramá; las regiones más anchas están cerca de Chalchuapa, en San Salvador y en Usulután.

En los límites de la fosa central no se aprecia ninguna falla geológica joven paralela que indique estos procesos. Todas las fallas de formación reciente la atraviesan en diagonal.

Los cuatro plegamientos de la cadena costera están estrechamente conectados con los cuatro grandes macizos volcánicos de la fosa central.

Estos volcanes están compuestos por los siguientes materiales: piedra pómez, cenizas volcánicas (jóvenes y antiguas) y lavas.

Los lagos de Ilopango y Coatepeque son también centros de producción de estos materiales volcánicos. Las formaciones geológicas correspondientes a estos lagos son conocidas como calderas y tienen su origen en una erupción volcánica violenta que destruyó el cono original y dejó sólo la base que constituye los límites de la cuenca donde se formó el lago. El espesor de los depósitos en la fosa central varía entre cuatrocientos y ochocientos metros.

La importancia de la fosa central reside en que es el lugar geográfico donde se ha desarrollado buena parte de la actividad económica del país. Como consecuencia, en ella se concentra la mayor parte de la población salvadoreña. El fenómeno se explica en gran medida por la fertilidad de los suelos, que, particularmente en las faldas de los volcanes y en su entorno próximo, ha favorecido el cultivo de diversas especies, como el café, cuya exportación se ha erigido en una de las principales fuentes de ingresos del país.

Vista aérea de cultivos en el valle del río Lempa, considerado el Nilo de El Salvador, entre los departamentos de San Vicente y Usulután.

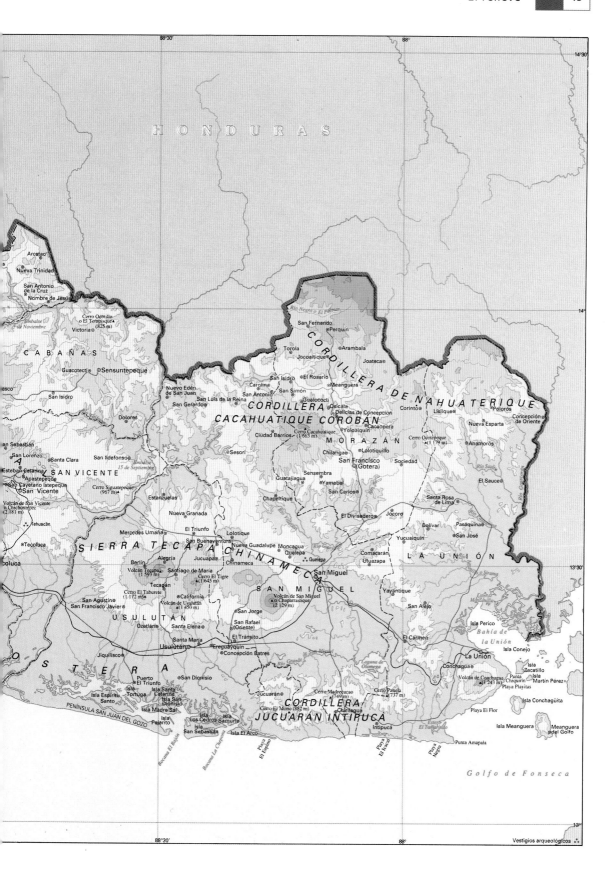

HONDURAS

Arcatao
Nueva Trinidad
San Antonio de la Cruz
Nombre de Jesús

Embalse del 5 de Noviembre

Cerro Ogotillo o El Tempisque (825 m)
Victoria

San Fernando
Río Negro o El Palmar
Perquín
Torola   Arambala
Jocoaitique   Joateca

CABAÑAS

Guacotecti   Sensuntepeque

asco

San Isidro

Nuevo Edén de San Juan

San Isidro   El Rosario
Carolina   San Antonio
San Luis de la Reina   San Simón
San Gerardo

Meanguera
Gualococti
Osicala
Delicias de Concepción
Cacaopera

CORDILLERA DE NAHUATERIQUE

Corinto   Lislique   Poloros
Nueva Esparta   Concepción de Oriente

Dolores

CORDILLERA
CACAHUATIQUE COROBÁN

Cerro Cacahuatique (1 663 m)
Ciudad Barrios   Yoloaiquín

Cerro Ocotepeque (1 179 m)   Anamorós

MORAZÁN

an Sebastián
San Lorenzo   Santa Clara
Esteban Catarina
Apastepeque
San Cayetano Istepeque
San Vicente

SAN VICENTE

San Ildefonso

Embalse 15 de Septiembre

Sesori

Chilanga   Lolotiquillo
San Francisco (Gotera)   Sociedad
Sensembra
Yamabal
San Carlos

El Sauce

Cerro Siguatepeque (967 m)

Volcán de San Vicente o Chichontepec (2 181 m)

Guatajiagua

Chapeltique

Santa Rosa de Lima

Tehuacán

Nueva Granada

El Triunfo   Lolotique
Nueva Guadalupe   Moncagua
Quelepa   Quelepa

El Divisadero   Jocoro

Bolívar   Pasaquina
Yucuaiquín   San José

Mercedes Umaña

Tecoluca

SIERRA TECAPA CHINAMECA

San Buenaventura

Comacarán
Uluazapa

LA UNIÓN

coluca

Berlín   Alegría
Volcán Tecapa (1 593 m)   Santiago de María
Cerro El Tigre (1 645 m)
Tecapán

Chinameca

San Miguel

SAN MIGUEL

Cerro El Taburete (1 172 m)
San Agustín
San Francisco Javier

California
Volcán de Usulután (1 450 m)

Volcán de San Miguel o Chaparrastique (2 129 m)

Yayantique

San Alejo

USULUTÁN

Ozatlán   Santa Elena

San Jorge

San Rafael (Oriente)

El Carmen

Isla Perico

Bahía de la Unión

Isla Conejo

Jiquilisco

Usulután   Ereguayquín
Concepción Batres

El Tránsito

Santa María

La Unión

Conchagua

Isla Zacatillo

OSTERA

Puerto El Triunfo
Isla Espíritu Santo
Isla Tortuga
Isla Santa Catarina
Isla San Dionisio

San Dionisio

Jucuarán

Cerro Madrecacao (749 m)
Chirilagua

Cerro Panela (737 m)

Volcán de Conchagua (1 243 m)

Punta Chiquirín
Isla Martín Pérez
Playa Playitas

PENÍNSULA SAN JUAN DEL GOZO

Isla Madre Sal

Isla Los Cedros
Isla Pajarito

Isla Samuria

Isla San Sebastián

Isla El Arco

Cerro El Mono (882 m)

CORDILLERA
JUCUARÁN INTIPUCÁ

Intipucá

Playa El Flor

Isla Conchagüita

Isla Meanguera   Meanguera del Golfo

Punta Amapala

Bocana El Bajón

Bocana La Chepona

Playa El Espino

Playa El Tamarindo

Playa El Icacal

Playa Negra

Golfo de Fonseca

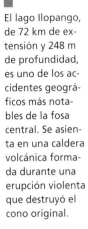

El lago Ilopango, de 72 km de extensión y 248 m de profundidad, es uno de los accidentes geográficos más notables de la fosa central. Se asienta en una caldera volcánica formada durante una erupción violenta que destruyó el cono original.

Cadena interior

Al igual que la fosa central, la cadena interior ocupa la quinta parte del territorio salvadoreño. Al oeste del país la cadena interior separa la fosa central de la fosa interior. Al este la fosa interior no existe, de modo que la cadena interior limita al norte con la montaña fronteriza. Los procesos geológicos han sido importantes en la configuración de la elevación de esta unidad. Sin embargo, su máxima altura es menor que la de la cadena costera, pues sus altitudes oscilan entre setecientos y mil metros.

Esta unidad está constituida por unos diez plegamientos. La base de la cadena interior la forman aglomerados volcánicos de seis millones de años. En los departamentos de Cabañas y Morazán estos materiales están cubiertos por sedimentos fluviales y volcánicos. La cadena interior se caracteriza por estar formada por volcanes geológicamente inactivos o apagados. Éstos son el Guazapa, el Sihuatepeque y el Cacahuatique. Todos se encuentran muy erosionados.

Fosa interior

La fosa interior es la unidad más pequeña del país. Abarca sólo un cinco por ciento de la superficie total, se ubica en el noroeste de El Salvador y tiene una longitud de setenta kilóme-

tros. En su extremo occidental constituye una planicie cubierta de cascajo (material volcánico), mientras que el extremo oriental, menos pronunciado, tiene una base de cenizas volcánicas viejas, conocidas como tobas.

La atraviesan los ríos Lempa y Desagüe. El Lempa fluye en el graben o fosa de Citalá, mientras que el Desagüe corre por un graben pequeño. Los sedimentos arrastrados por el río Lempa han sido depositados en parte sobre la fosa interior. Los accidentes principales de esta zona de hundimiento son terrazas fluviales con sedimentos lacustres.

La montaña fronteriza

Este conjunto de elevaciones cubre la cuarta parte del territorio nacional. Sus máximas elevaciones abarcan zonas muy extensas y oscilan entre 1,500 y 2,500 m. La componen dos elementos estructurales geológicamente muy diferenciados: las rocas de origen marino y las rocas volcánicas de Chalatenango. Los materiales de la montaña fronteriza son rocas muy descompuestas. La zona está poblada de espesos bosques, aunque algunas de sus áreas sufren los efectos de la deforestación como consecuencia de la tala indiscriminada, que ocasiona pérdidas por erosión de grandes extensiones de suelo forestal ∎

Vulcanismo y sismicidad

esde un punto de vista estrictamente científico un volcán es una abertura de la corteza terrestre por la que el magma sale a la superficie. Peculiaridad del territorio salvadoreño es la abundancia de volcanes. La actividad constante de éstos ha provocado grandes catástrofes, pero también permite la formación de suelos de gran fertilidad, aptos para la actividad agraria.

Principales volcanes

Entre los volcanes activos más importantes de El Salvador se encuentran:

1. Volcán de Santa Ana o Ilamatepec. Se eleva a 2,365 m sobre el nivel del mar y tiene un volumen de 265 km³; se encuentra en la frontera entre los departamentos de Santa Ana y Sonsonate. El volumen indicado incluye el volcán Izalco. Posee un cráter con un diámetro aproximado de 400 m, encontrándose en su fondo una laguna de aguas amarillo-verdosas debido al azufre en suspensión que contiene. Al sur y sudeste se encuentran los cerros Verde, Conejal y San Marcelino, y el volcán Izalco. Al este se encuentra el lago de Coatepeque, de origen re-

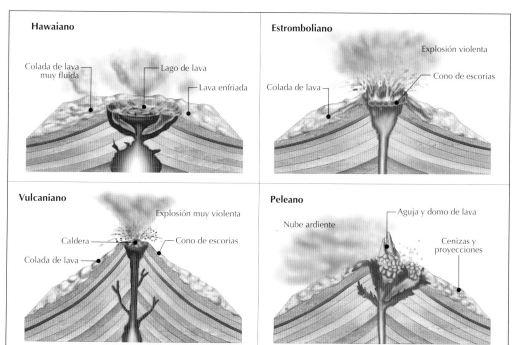

La estructura de un volcán se relaciona con la naturaleza de los materiales magmáticos expulsados. Los volcanes salvadoreños responden al tipo vulcaniano del esquema, que toma como modelo la erupción en 1888 del Vulcano en las islas Lípari (Italia).

El volcán San Salvador se ubica en un macizo complejo cuya máxima altura es el Picacho (1,969 m) y cuyo cráter mayor, El Boquerón (1,800 m), posee un diámetro de 1,500 m.

El volcán de San Vicente (2,181 m), ubicado en la frontera de los departamentos de San Vicente y La Paz, en cuya falda noroeste se encuentran sus célebres infiernillos.

ciente, el cual se formó durante las fuertes erupciones del volcán de su mismo nombre (antes una cumbre volcánica tan grande como el volcán de Santa Ana), que colapsaron gran parte del volcán; quedó un enorme orificio de varios kilómetros convertido hoy en cubeta del lago. También desaparecieron otros volcanes de los alrededores.

2. Volcán Izalco. Se considera el volcán más activo de la historia de El Salvador y tiene una altura de 1,910 m. Se encuentra al sur del volcán de Santa Ana y está situado al norte del departamento de Sonsonate. Se cree que nació el 23 de febrero de 1770 y apareció en medio de una hacienda localizada en una llanura vecina al pueblo Nahuat de Izalco. En ese lugar existieron respiraderos volcánicos o infiernillos semejantes a los de San Vicente o a los ausoles de Ahuachapán.

3. Volcán de San Salvador. Su nombre antiguo era Quezaltepeque, pero actualmente se lo conoce con el nombre de Boquerón. Se ubica al oeste de la ciudad de San Salvador y es un macizo complejo que incluye los picos Picacho (1,967 m) y Jabalí (1,397 m). El cráter (El Boquerón) tiene un diámetro de 1,500 m y se si-

túa a 1,800 m de altura. Se estima un volumen de 110 km^3. Hasta 1917 existió un lago dentro de El Boquerón, mas se evaporó durante la erupción de ese año, que dejó en su lugar un pequeño cono popularmente llamado Boqueroncito.

4. Volcán de San Vicente o Chichontepec. Tiene 2,181 m de altura y 130 km^3 de volumen. Se caracteriza por presentar dos picos; en su falda noroeste se encuentran los llamados ausoles o infiernillos de San Vicente. Se ubica en la frontera de los departamentos de San Vicente y La Paz.

5. Volcán de San Miguel o Chaparrastique. Tiene 2,130 m de altura y 130 km^3 de volumen. Por la simetría de su cono, es considerado el mejor formado de los volcanes salvadoreños.

6. Volcán Conchagua. Tiene una altura de 1,243 m y un volumen de 40 km^3. Está ubicado en el departamento de La Unión, al oeste del golfo de Fonseca, y presenta en su cúspide dos picos, el cerro del Ocote y el cerro de La Bandera. Se considera un volcán geológicamente viejo, cuyo relieve acusa los efectos muy fuertes de la erosión.

7. *Volcán Tecapa*. Está ubicado en el centro del departamento de Usulután, tiene 1,594 m de altura y 270 km³ de volumen. En su cráter se encuentra la laguna de Alegría y posee una fumarola llamada el Tronador.

8. *Islas volcánicas de Conchagüita y Meanguera*. Ubicadas en el golfo de Fonseca, se consideran más jóvenes que el volcán de Conchagua y solamente se sabe de una erupción perteneciente a la isla Conchagüita.

Las erupciones

Los principales volcanes antiguos y extintos de El Salvador son los de Guazapa, Siguatepeque y Cacahuatique, que se formaron al final de la era terciaria; las primeras erupciones ocurrieron al final de esta era y a principios de la cuaternaria, y consistieron en avalanchas ardientes que se extendieron hasta la base del volcán de Guazapa, el cual arrojó pómez y cenizas. Una gran parte de estos materiales resultaron erosionados debido a su poca resistencia y fueron transportados por los ríos.

Con posterioridad se produjo una ceniza de color blanco, conocida comúnmente con el nombre de «tierra blanca», la cual se encuentra en toda la ciudad de San Salvador y sus alrededores. La edad geológica de este material es reciente (en torno a los 3,000 años) y fue arrojado por la erupción del lago de Ilopango.

Entre 1879 y 1880 hubo una gran actividad sísmica en la zona del lago de Ilopango y se empezó a formar un volcán en su interior. Conforme crecía el volcán, se produjo un fuerte desagüe del río Jiboa; el lago inundó el valle que discurría de paralelo al río y para esas fechas se sentía olor a azufre en sus cercanías. Mediado marzo de 1880 el centro del lago presentaba dos rocas aisladas: son las que hoy se

conocen con los nombres de volcán de Tierra y volcán de Piedra (Cerros Quemados), posiblemente restos de la antigua cúpula de lava que se formó durante ese período.

Históricamente el volcán más activo de El Salvador ha sido el Izalco, cuya actividad continua a lo largo de casi dos siglos ha dado lugar a fuertes erupciones en los años 1770, 1798, 1802, 1839, 1869, 1933 y 1956. El mismo 23 de febrero de 1770 (día de su aparición) se oyeron ruidos subterráneos que hicieron huir a los habitantes de Izalco; es probable que esos ruidos fueran sismos de moderada magnitud o pequeñas erupciones del volcán. Las corrientes de lava fluyeron en dirección al pueblo. Después del evento, hubo actividad sísmica constante, de manera que el volcán fue creciendo poco a poco. La erupción de 1798 le dio la forma definitiva. Cesó su actividad en 1966, paradójicamente por las fechas en que se inauguraba frente a él un hotel concebido como mirador turístico para el espectáculo que proporcionaba su actividad. Comparándolo con otros, su actividad es tres veces superior a la del San Miguel, diez veces a la del Santa Ana y 23 veces superior a la del San Salvador.

El volcán Izalco (1,910 m), al norte del departamento de Sonsonate, forma parte de la cordillera de Apaneca-Llamatepec, dominada por el volcán de Santa Ana. Se le conoce también como «Faro del Pacífico» porque su permanente actividad servía de guía a las embarcaciones.

Actividad del Boquerón, cráter mayor del volcán San Salvador, durante la erupción registrada entre el 13 y el 26 de junio de 1917.

La primera erupción histórica del volcán de San Miguel data de 1699; luego hubo una notable erupción en 1762, la cual fue precedida de varios sismos pequeños. Su actividad continuó después de esta erupción, hasta que en agosto de 1920 se produjeron grandes erupciones de cenizas que prosiguieron de forma discontinua hasta 1924. El volcán permanece activo y sus últimas erupciones ocurrieron entre el 2 y el 12 de diciembre de 1976.

El volcán de Santa Ana estuvo en actividad continua entre 1524 y 1576, con fuertes erupciones en 1524, 1570 y 1576. Reemprendió la actividad en 1722, cesando ésta en 1822. La erupción de febrero de 1576 arruinó las huertas de cacao de los indígenas.

Las primeras erupciones del San Salvador ocurrieron en la transición de la era terciaria a la cuaternaria. En 1594 hubo una erupción acompañada de varios sismos, y con la de 1671 se produjo un fuerte terremoto que causó grandes daños en la ciudad.

Otra erupción data de 1768, cuando las cenizas llegaron hasta Comasagua. Unas corrientes de lava cegaron el río Nexapán (actualmente río Sucio) en la zona de El Playón (hacienda Estamecayo) y formaron la laguna de Guaymoco (actual Armenia). Desaparecieron bajo la lava el pueblo indio de Nejapa y las haciendas Estamecayo, Atapasco y La Anunciación. Esta erupción se acompañó de un terremoto que destruyó todo San Salvador. La última erupción de este volcán fue precedida por el terremoto del 7 de junio de 1917, que destruyó la capital del país.

La única erupción del volcán de San Vicente data de 1643, aunque aún existen dudas acerca de la veracidad de la información.

Actividad sísmica

Un terremoto o sismo puede definirse como vibraciones del terreno causadas por el paso de ondas sísmicas irradiadas desde una fuente de energía. Esta liberación de energía en la roca se desencadena por la ruptura de una falla geológica, que es un plano de debilidad dentro de la corteza terrestre. Las características fundamentales de un terremoto vienen dadas por su ubicación, la hora en que ocurre y su tamaño, también llamados parámetros de origen.

La ubicación se define mediante el epicentro, que es la proyección en la superficie de la Tierra del foco o hipocentro. Éste es el punto donde se inicia la ruptura de un plano de debilidad, y se sitúa a cierta profundidad en el interior de la Tierra. El momento en que se registra un terremoto se llama hora de origen.

El tamaño de un sismo se puede medir de dos maneras distintas. Una de ellas trata de determinar la intensidad del terremoto en un punto de la superficie terrestre, es decir, sus efectos: si causa muchos o pocos daños, si se percibe muy fuerte o débil. El número de víctimas no es medida de la intensidad. La escala comúnmente utilizada es la escala modificada de Mercalli, que tiene doce grados, y se menciona siempre en cifras romanas, del I al XII. Por ejemplo, un terremoto de grado III es percibido por la población, en el grado VII los daños en los edificios son apreciables, en el grado IX se indican grandes destrozos y en el grado XII la destrucción es total.

La otra medida del tamaño de un terremoto trata de determinar su magnitud y se basa en la energía liberada en su foco. La escala que comúnmente se utiliza fue establecida por Charles Richter en 1935, en California. Por ejemplo, un terremoto con foco superficial (inferior a 25 km) de magnitud 3 apenas resulta perceptible en la zona cercana al epicentro. Por el contrario, un evento con magnitud entre 4 y 5 se siente y produce caídas de objetos y algunos daños. Con una magnitud entre 5 y 6 los daños son severos.

La actividad sísmica en El Salvador

El historiador William Durant afirmó que «la civilización existe por consentimiento geológico, sujeto a cambio sin previo aviso», y esto es totalmente aplicable a El Salvador, cuya historia ha sido marcada por muchos terremotos destructores y erupciones volcánicas. El Salvador se encuentra ubicado en el «anillo de fuego», que es la zona de actividad sísmica y volcánica que bordea la cuenca del océano Pacífico e incluye toda la costa occidental del continente americano, Japón, Filipinas y Nueva Zelanda.

Durante el siglo XX los sismos han ocasionado la muerte de tres mil salvadoreños. Aunque esta cifra es pequeña en comparación con el número de personas que han fallecido a causa de la violencia, los accidentes de tránsito y las

Los terremotos causados por erupciones de la cadena volcánica centroamericana han dañado en nueve ocasiones San Salvador. Efectos del que se registró el 8 de junio de 1917: en primer término, la sede de la Logia Masónica; al fondo, la casa del médico Alfonso Quiñónez Molina.

■ **Pérdidas económicas directas ocasionadas por terremotos**

Terremoto (Año)	Pérdida billones $	PNB* billones $	Pérdida/PNB %
Managua (1972)	2.0	5.0	40.0
San Salvador (1986)	1.5	4.8	31.0
Guatemala (1976)	1.1	6.1	18.0
Montenegro, Yugoslavia (1979)	2.2	22.0	10.0
Izmit, Turquía (1999)	20.0	200.0	10.0
Manjil, Irán (1990)	7.2	100.0	7.2
Campania, Italia (1980)	45.0	661.8	6.8
Bucarest, Rumania (1977)	0.8	26.7	3.0
México, D.F, México (1985)	5.0	166.7	3.0
Armenia, URSS (1988)	17.0	566.7	3.0
Luzón, Filipinas (1990)	1.5	55.1	2.7
Kalamata, Grecia (1986)	0.8	40.0	2.0
Tangshang, China (1976)	6.0	400.0	1.5
Loma Prieta, EE UU (1989)	8.0	4,705.8	0.2

*Producto Nacional Bruto correspondiente al año en que ocurrió el sismo.

enfermedades tropicales, el impacto humano de un terremoto es muy fuerte debido a la naturaleza súbita y concentrada de la catástrofe. Además, en El Salvador el impacto social y económico de los terremotos es muy fuerte. El cuadro de arriba muestra las pérdidas económicas ocasionadas por terremotos en diferentes países a partir de 1970, en donde aparece la pérdida económica como porcentaje del Producto Nacional Bruto (PNB) de cada país en el año en que ocurrió el sismo. Se observa claramente que los tres terremotos de mayor impacto se produjeron en Centroamérica y cómo sus alcances reflejan la gran fragilidad de las economías regionales.

Fuentes de los sismos en El Salvador

La tectónica de América Central y el Caribe es el resultado de la interacción de cinco placas: la del Pacífico, la de América del Norte, la de Cocos, la de Nazca y la de Sudamérica. En El Salvador hay tres instituciones encargadas de registrar la actividad sísmica: el Centro de Investigaciones Geotécnicas, la Universidad Centroamericana José Simeón Cañas y el Departamento de Investigaciones Geocientíficas de la Compañía Ejecutiva Hidroeléctrica del Río Lempa.

En El Salvador la fosa de subducción (límite entre las placas de Cocos y del Caribe) es la fuente principal de sismos; se sitúa a unos 125 km de la costa, donde la placa de Cocos empieza a sumergirse por debajo de la placa del Caribe, hasta alcanzar profundidades de 300 km bajo el istmo Centroamericano. En los siglos XVIII, XIX y XX cinco terremotos asociados a la subducción han causado graves daños a la ciudad de San Salvador. Durante el siglo XX tres sismos originados en esta fuente han ocasionado daños severos en El Salvador: los del 7 de septiembre de 1915, el 21 de mayo de 1932 y el 19 de junio de 1982. Una característica importante es que los terremotos originados en esta zona pueden alcanzar magnitudes cercanas a 8.0 grados en la escala Richter y son sentidos en todo el territorio nacional.

La cadena de volcanes centroamericanos es otra fuente de actividad sísmica importante. Discurre paralela a la fosa de subducción a lo largo de 1,060 km, desde el volcán de Tacaná,

La mayoría de los sismos que sufre el territorio salvadoreño tienen su origen en la cadena de volcanes centroamericana. Son de corta duración y magnitud relativamente moderada, dejándose sentir en áreas muy localizadas, como el que el 10 de octubre de 1986 afectó a la capital salvadoreña: causó un millar y medio de muertos y daños estimados en cerca de dos billones de dólares.

al oeste de Guatemala, hasta el volcán Irazú, en la parte central de Costa Rica. Las alturas varían entre 1,000 y 3,300 m. En algunos casos las erupciones de estos volcanes se han visto acompañadas por terremotos destructores, como en la ciudad de San Salvador en 1671 y 1917. La mayor magnitud que se puede esperar de los terremotos ubicados en la cadena volcánica es de 6.5. A pesar de su magnitud moderada, estos eventos son los causantes de la mayor parte de los daños sufridos por la economía del país en el siglo XX, ya que su profundidad es de carácter superficial (menos de 25 km) y coinciden con núcleos de población urbana.

En Centroamérica aproximadamente la mitad de la población se asienta a lo largo de la cadena volcánica. Durante los siglos XVIII, XIX y XX la ciudad de San Salvador fue dañada por nueve terremotos asociados con esta fuente sísmica y diez sismos del siglo XX han causado destrucción en diferentes ciudades del país: el 19 de julio de 1912, dos sismos el 8 de junio de 1917, el 28 de abril de 1919, el 20 de diciembre de 1936, el 25 de diciembre de 1937, dos sismos el 6 de mayo de 1951, el 3 de mayo de 1965 y el 10 de octubre de 1986.

Otra fuente de actividad sísmica tiene su origen en la frontera entre las placas del Caribe y América del Norte, las cuales cruzan la parte central de Guatemala formando el sistema de fallas de Motagua y Chixoy-Polochic, y continúan en el mar Caribe.

El origen del terremoto que destruyó Guatemala el 4 de febrero de 1976 se debió a esta fuente.

La depresión de Honduras se sitúa al norte de El Salvador, pero sus terremotos son infrecuentes. Como estas fuentes sísmicas se encuentran muy alejadas de El Salvador, no implican riesgo sísmico para el país.

Existe otra fuente adicional que tiene por límites: al sudoeste, la cadena volcánica; al norte, el sistema de fallas de Guatemala, y al este la depresión de Honduras. Terremotos de carácter superficial y de magnitud severa se verificaron en esta zona en el siglo XVIII. Aunque la sismicidad debida a esta fuente es muy baja, podría causar algún daño en la zona norte del país, en los departamentos de Santa Ana y Chalatenango.

■ **Sismos destructores en El Salvador durante el siglo XX**

Fecha	Magnitud	Fuente
19 de julio de 1912	5.9	Cadena volcánica
7 de septiembre de 1915	7.7	Subducción
8 de junio de 1917	6.7	Cadena volcánica
8 de junio de 1917	5.4	Cadena volcánica
28 de abril de 1919	5.9	Cadena volcánica
21 de mayo de 1932	7.1	Subducción
20 de diciembre de 1936	6.1	Cadena volcánica
25 de diciembre de 1937	5.9	Cadena volcánica
6 de mayo de 1951	5.9	Cadena volcánica
6 de mayo de 1951	6.0	Cadena volcánica
3 de mayo de 1965	6.3	Cadena volcánica
19 de junio de 1982	7.3	Subducción
10 de octubre de 1986	5.4	Cadena volcánica

■ **Sismos destructores en San Salvador desde 1700**

Fecha	Magnitud	Fuente
6 de marzo de 1719	7.0	Subducción
3 de marzo de 1748	6.4	Cadena volcánica
30 de mayo de 1776	7.5	Subducción
2 de febrero de 1798	6.2	Cadena volcánica
1 de octubre de 1839	5.9	Cadena volcánica
16 de abril de 1854	6.6	Cadena volcánica
8 de diciembre de 1859	7.3	Subducción
4 de marzo de 1873	6.4	Cadena volcánica
7 de septiembre de 1915	7.7	Subducción
8 de junio de 1917	6.7	Cadena volcánica
28 de abril de 1919	5.9	Cadena volcánica
3 de mayo de 1965	6.3	Cadena volcánica
19 de junio de 1982	7.3	Subducción
10 de octubre de 1986	5.4	Cadena volcánica

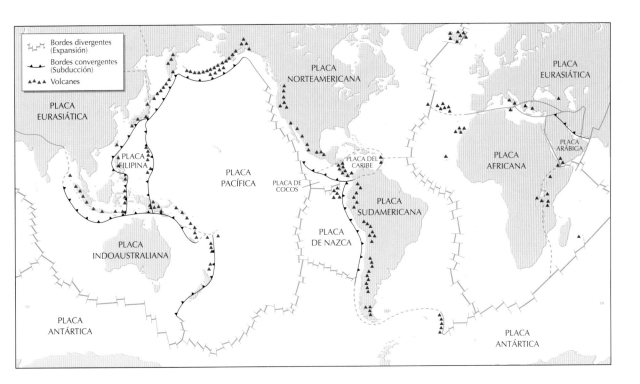

Sismos de la zona de subducción y sismos volcánicos

Existen diferencias importantes entre los terremotos de la zona de subducción y los terremotos de la cadena volcánica. Los eventos de la subducción (como los de 1915 y 1982) producen movimientos del terreno de amplitud relativamente baja, pero de larga duración, mientras que los eventos de la cadena volcánica (como los de 1965 y 1986) producen movimientos de corta duración que, sin embargo, generan grandes amplitudes. Otra diferencia importante es que los sismos de la subducción se sienten en todo el país a causa de la lejanía de la fuente que lo produce y su gran magnitud. Los eventos de la cadena volcánica sólo se sienten en áreas muy pequeñas, pues su foco es superficial y su magnitud moderada.

Cabe mencionar que la localización de los sismos destructores asociados a la cadena volcánica coincide con las estructuras volcánicas y con las zonas cafetaleras del país. También se observa que la actividad sísmica de esta fuente se ha concentrado en ciertas zonas: al norte del departamento de Ahuachapán, en los alrededores del lago de Coatepeque, en la capital de San Salvador y sus alrededores, cerca de la ciudad de San Vicente y entre los departamentos de Usulután y San Miguel, en las ciudades de Jucuapa y Chinameca ∎

El fenómeno de la subducción aparece en el origen de una parte de los terremotos que registra El Salvador. Se produce por el choque de las placas del Caribe y de América del Norte y da lugar a sismos de gran duración y magnitud que afectan a todo el territorio.

Efectos en el centro de la capital del terremoto que el 10 de octubre de 1986 sacudió San Salvador.

RESUMEN DE LOS ASPECTOS SISMOLÓGICOS, EFECTOS SOCIALES, ECONÓMICOS, HUMANOS Y MATERIALES DE LOS TERREMOTOS

Terremoto del 3 de mayo de 1965

- Parámetros de origen:
  Hora local: 04:01
  Epicentro: 13.7°N, 89.17°O
  Profundidad focal: 15 km
  Magnitud: 6.3 Ms
- Máxima intensidad: VIII MM
- Precedido por una actividad sísmica de tres meses, 600 temblores por día en febrero y mayo.
- 110 muertos, 400 heridos, 30,000 personas sin vivienda.
- Mayor intensidad alejada de la zona epicentral, efecto de geología local.
- Numerosos deslizamientos en cortes artificiales y naturales de tierra blanca durante el sismo y durante la actividad previa al mismo.
- Casos puntuales de licuefacción en orillas del lago de Ilopango.
- Asentamientos de rellenos artificiales no compactados.
- Mayor causa de muertes: el colapso de las casas de adobe y bahareque.

Terremoto del 19 de junio de 1982

- Parámetros de origen:
  Hora local: 00:21
  Epicentro: 13.30°N, 89.40°O
  Profundidad: 80 km
  Magnitud: 7.3 Ms

- Máxima intensidad: VII MM (en un área de 5,200 km²).
- No se registraron eventos premonitores, pero fue seguido de una intensa actividad con 174 réplicas en 17 días.
- 8 muertos, 5,000 damnificados, 300 viviendas destruidas y 1,330 dañadas (la mayoría de adobe y bahareque).
- Deslizamientos del terreno en terraplenes y taludes casi verticales de ceniza volcánica que obstruyeron el paso de algunas carreteras: Troncal del Norte y Comasagua.
- Daños en casas de adobe y bahareque en zonas de tierra blanca.
- Se alcanzaron aceleraciones del terreno de 0.2 g.

Terremoto del 10 de octubre de 1986

- Parámetros de origen:
  Hora local: 11:49
  Epicentro: 13.67°N, 89.18°O
  Profundidad: 10 km
  Magnitud: 5.4 Ms
- Máxima Intensidad:
  VIII-IX MM
- Una fuerte réplica el día 13 de octubre 5:25 p.m. (hora local).
- 1,500 muertos, 10,000 heridos, 100,000 damnificados.
- El total de los daños fue valorado entre 1.5 y 2.0 billones de dólares.

Antes del terremoto:

- Desempleo urbano 19%.
- Alto subempleo del 58%.
- Epoca de sequía.
- Inflación del 22% en 1985.

Después del terremoto:

- 38,100 empleos se perdieron.
- Impacto incrementado debido a la sequía en años recientes.
- Impacto incrementado por los seis años de guerra (60,000 muertos).
- La inflación en 1986 llegó al 34%.
- 23,000 casas de bahareque destruidas.
- 30,000 casas de bahareque seriamente dañadas.
- Mas de 1,000 edificios dañados.
- Fuertes pérdidas en dependencias de salud: 121 millones de dólares para la reestructuración.
- Se reportaron 4,789 casos de emergencia después del terremoto en el Sistema de Salud.
- Efectos geotécnicos:
  Derrumbes en un área de 200 km².
  Derrumbe en Santa Marta, arrasó 100 casas, dejando 200 personas muertas.
  Asentamientos de rellenos mal compactados: colegio Guadalupano, externado San José, urbanización Metrópolis.
  Licuefacción en Colonia Santa Marta.
- Se alcanzaron aceleraciones en el terreno de 0.7g ■

Aguas territoriales y campos geotermales

Las aguas territoriales de la república de El Salvador se extienden entre los 275 km de la costa salvadoreña que van desde la desembocadura del río Paz y la embocadura del golfo de Fonseca, al este de la isla de Meanguera, y 370 kilómetros mar adentro. Comprenden un área total de 102,000 km². pero como la costa de Nicaragua tiene una orientación distinta a la de El Salvador, se produce un traslape de las aguas territoriales de ambos países de aproximadamente 28,000 km². La mitad de ese territorio (14,000 kilómetros cuadrados) corresponde a cada país y, en consecuencia, El Salvador tiene un área total de aproximadamente 88,000 km².

La fosa de subducción existente frente a la costa alcanza profundidades superiores a los 5,000 m; al sur del volcán de Santa Ana la fosa llega a 5,780 metros de profundidad. Existen evidencias de montañas submarinas, de forma circular o elíptica, que probablemente son volcanes submarinos.

Las mareas

Los astros con mayor influencia gravitacional sobre la Tierra son la Luna, debido a su cercanía, y el Sol, por su enorme masa. El fenómeno más notable de esta influencia son las mareas o movimientos rítmicos del nivel del mar obser-

La central geotermoeléctrica de Ahuachapán, en el departamento del mismo nombre, explota desde 1974 las posibilidades del vapor de agua que ofrece la energía geotermal del subsuelo.

vables en las costas. La Tierra se comporta como un cuerpo plástico, susceptible de experimentar deformación por el efecto de la atracción de estos astros, que dan lugar a los movimientos de la masa de agua oceánica.

Durante las 24 horas del día, se producen dos movimientos de bajamar y dos de pleamar. Este vaivén se relaciona con el Sol y la Luna, aunque la mayor influencia la ejerce esta última, como evidencia el hecho de que las mareas altas y bajas se atrasan un día por mes, al igual que la Luna, aproximadamente cincuenta minutos al día. Los cambios de ascenso y descenso del nivel del agua se mantienen regulares a lo largo de todo el mes.

Durante las fases de luna creciente y menguante ocurren las mareas muertas o reducidas, y en los días de luna llena y nueva, las mareas fuertes o vivas. En la costa de El Salvador se dice que existe una marea semidiurna, ya que entre dos pleamares o dos bajamares transcurren alrededor de 12 horas 24 minutos.

En El Salvador funcionan dos estaciones mareográficas: en Cutuco, La Unión, y en el Muelle Exterior, Acajutla. Los pronósticos se publican en el *Almanaque de Mareas de El Salvador*, que edita el Instituto Geográfico Nacional.

Maremotos o «Tsunamis»

Tsunami es el nombre japonés que se da a los maremotos. Cuando un terremoto ocurre en el suelo oceánico, el movimiento de la falla puede generar desde el epicentro ondas muy largas que se propagan en forma anular a todos los rumbos. En el mar profundo, las olas son de pequeña altura, entre 30 y 60 cm, y tienen una longitud de onda de aproximadamente 250 km y una velocidad de 720 kmh. Cerca de la costa, donde la profundidad disminuye, la amplitud de las ondas crece y alcanza alturas de hasta de 25 metros.

En febrero de 1902 un mareaje inundó las costas salvadoreñas de Ahuachapán, desde Garita Palmera a la bocana del río Paz. Se desco-

---

DESCRIPCIÓN DE LOS AUSOLES DE AHUACHAPÁN

Se encuentran ubicados dentro de la cadena volcánica de El Salvador. Los principales ausoles son :

• Playón de Ahuachapán, ubicado a orillas del río Agua Caliente, a 750 m sobre el nivel del mar.

• Ausoles de Agua Shuca, localizados en el cantón el Barro, a unos 860 m sobre el nivel del mar.

• Ausoles el Sauce y San José, ubicados en el cantón Suntecumat, a 1,010 m de altura.

• Ausoles San Carlos, localizados en la finca del mismo nombre, a 1,030 m de altura.

• Ausoles Cerro Blanco, situados entre 1,120 y 1,185 m de altura en la finca Las Canarias.

• Ausoles La Labor, ubicados en la hacienda del mismo nombre. Se encuentran a 680 m de altura. Se sabe que su actividad ha disminuido bastante con respecto a años anteriores.

• Ausoles de Cuyanausol, localizados en dos barrancos de las faldas norte de la montaña volcánica del mismo nombre.

Un primer barranco de la ladera este se llama Presa de Atiquizaya y allí se encuentran:

• Las Termópilas, a 1,214 m, ubicado en la finca del mismo nombre.

• Ausol de Amaya, a 1,123 m, ubicado en el cantón el Tortuguero.

En un segundo barranco, del lado oeste, se localizan:

• Los ausoles Cuyanausul (entre 1,283 y 1,436 m de altura).

• El ausol El Playón de Salitre, a 540 m de altura, en la hacienda La Labor ■

noce la altura exacta de la ola, pero alrededor de cien personas se ahogaron en San Diego y otras 85 en la bocana del río Paz, al tiempo que se registraban daños en la costa de Acajutla y Cara Sucia. Testigos presenciales relataron que tres olas, una de la altura de un cocotero, destruyeron muchas viviendas, que el caserío de la barra de Santiago fue reducido a escombros y que ningún rancho quedó en pie. Las aguas tardaron tres días en retirarse.

En la madrugada del 10 de marzo de 1957 un *tsunami* causó daños en las costas salvadoreñas y dejó varias víctimas. El origen del evento se localizó en las islas Aleutianas. Las primeras construcciones del puerto de Acajutla fueron destruidas por una ola de varios metros de altura que causó un cortocircuito en los cables eléctricos.

Desde 1972, El Salvador forma parte del sistema de alerta de *tsunamis* desplegado en el océano Pacífico —cuya central se encuentra en Honolulú, Hawaii—. La institución salvadoreña participante es el Instituto Geográfico Nacional, mediante una estación mareográfica ubicada en el puerto de Acajutla.

Campos geotermales

Los primeros estudios relacionados con la utilización de energía geotermal en El Salvador se desarrollaron en los campos de Ahuachapán, los cuales presentan condiciones favorables en cuanto a la existencia de vapor y agua. Estos campos se encuentran en explotación y están teniendo una contribución importante al desarrollo económico del país. En 1957 el Servicio Geológico Nacional del Ministerio de Obras Públicas inició los primeros trabajos de exploración del subsuelo. En 1970 se perforaron ocho pozos geotérmicos con profundidades no inferiores a 600 m y una máxima de 1,400 m. La energía geotérmica comenzó a ser aprovechada para la producción de electricidad en 1974, cuando concluyó la construcción de la primera central de generación de tipo geotermoeléctrico.

Existen otras zonas donde se encuentran campos termales que están siendo explotados, como la de Berlín, en el departamento de Usulután, donde una red de sismógrafos y acelerógrafos registra la actividad sísmica del campo. Estas zonas de explotación se conocen con el nombre de «ausoles» o «infiernillos».

■ La actividad volcánica se manifiesta de forma constante en el exterior a través de los ausoles o infiernillos: respiraderos que dan salida a las fumarolas.

■ *Tsunami* en el océano Pacífico: las olas levantadas por los maremotos alcanzan hasta 25 m de altura.

La belleza de los paisajes salvadoreños constituye un patrimonio susceptible de explotación para la industria turística. En la imagen, la playa El Cuco, en el departamento de San Miguel.

Conclusión

A pesar de su exigua extensión, el territorio salvadoreño presenta un relieve bastante variado, resultado de una intensa actividad geológica que aún en el presente se manifiesta en la frecuencia de sucesos sísmicos y en la actividad de algunos de sus volcanes.

Como resultado visible de esta variedad territorial El Salvador muestra una gran diversidad de paisajes en lugares separados entre sí por escasos kilómetros. Esta peculiaridad comporta un recurso de gran potencial para el desarrollo de la industria turística. Por otra parte, existen suelos de gran fertilidad como resultado de la actividad volcánica de siglos pasados, característica que ha permitido sustentar una gran densidad de población.

La explotación excesiva e irracional de los suelos salvadoreños está cambiando de manera drástica paisajes de gran belleza, resultado de milenios de acción de los elementos naturales y siglos de interacción con la vida humana.

Si no se revierte este proceso destructivo, los salvadoreños estarán echando a perder lo que sin duda constituye su mayor riqueza: el territorio de su país.

■ ■ ■ ■

CLIMA,
FLORA Y FAUNA

El clima

Y a Aristóteles y Teofrasto subrayaron la importancia de la atmósfera y su influencia en la naturaleza. Aristóteles definió la meteorología como la ciencia de todo lo existente en el aire, y Teofrasto, que fue un estudioso de las plantas, en su condición de botánico manifestó que la agricultura dependía del tiempo atmosférico.

Alexander von Humboldt, el naturalista alemán, expresó: «calor y humedad son los más importantes elementos de la vida vegetal, y sin declarar numéricamente la medida de sus variaciones en diferentes años, cerca de la costa o en el interior de la tierra plana o montuosa, todo el razonamiento de las causas de la esterilidad es palabrería». Para él, la temperatura y el agua de la atmósfera eran vitales para la vegetación, y por esa razón emprendió, en la primera mitad del siglo XIX, la fundación de institutos meteorológicos en varias ciudades de Europa.

A finales del siglo XIX casi todos los países del mundo poseían institutos y observatorios meteorológicos. En El Salvador, se estableció el Observatorio Nacional Meteorológico en 1889, y de sus publicaciones ha ido surgiendo la comprensión científica del tiempo atmosférico y del clima del país. Actualmente se le conoce como Servicio de Meteorología e Hidrología, y funciona adscrito a la Dirección General de Recursos Naturales del Ministerio del Medio Ambiente.

La circulación global de los vientos es uno de los factores determinantes del clima y objeto de la meteorología y la climatología. En la imagen, un anemómetro, instrumento usado para medir la velocidad del viento.

Fundamentos de meteorología y climatología

El objetivo más importante de la meteorología —ciencia que estudia el tiempo atmosférico— y de la climatología —ciencia que estudia las condiciones promedio de los tiempos atmosféricos y sus fluctuaciones en un punto o una región determinados— es pronosticar el movimiento y los cambios de los factores y elementos constitutivos del sistema atmosférico. Los

La estabilidad climática de El Salvador durante la estación seca. En la página anterior, vista de las estribaciones de la sierra La Libertad.

factores climáticos son: la latitud, la altitud, las masas de agua y los grandes bosques. Los elementos del clima son: la temperatura, la presión, los vientos, la humedad y las precipitaciones. Además, ambas ciencias contribuyen a determinar las posibilidades que tiene ese conjunto de factores y elementos del tiempo atmosférico y del clima de afectar a una región: es lo que se conoce como meteorología sinóptica.

La composición de la atmósfera

Para comprender mejor los aportes de estas ciencias es necesario conocer cómo está estructurada y cuáles son los constituyentes de la atmósfera terrestre. Está constituida por capas que envuelven la Tierra: la troposfera, la estratosfera y la ionosfera, y está constituida por gases; contiene agua en suspensión y absorbe, dispersa y refleja la energía solar en un 50 por ciento. Un 48 por ciento de esa energía se utiliza para calentar el suelo y el aire, y para evaporar el agua; con el 2 por ciento restante las plantas transforman la energía solar en alimento.

La troposfera, o zona de los cambios, se extiende hasta 17 km sobre el nivel del mar, está en contacto con la superficie terrestre y contiene el 95 por ciento del aire. En ella la temperatura disminuye con la altura y el aire se mueve verticalmente y permite el desarrollo del tiempo atmosférico; es decir, en la troposfera se registran vientos y corrientes, se forman las nubes y se producen los chubascos, las tormentas, los huracanes, etc. El cuadro de abajo ilustra la composición del aire en las capas inferiores de la troposfera y muestra algunas características interesantes de sus distintos componentes.

La estratosfera —nombre que se le dio cuando se pensaba que en ella los vientos soplaban en capas ordenadas— se extiende desde los 17 a los 48 km, tiene una temperatura constante y presenta fuertes vientos. Entre los 17 y 26 km se encuentra la mayor cantidad de ozono, indispensable para detener la radiación ultravioleta del sol.

La ionosfera se caracteriza por contener moléculas electrizadas por las radiaciones solares, casi no contiene aire y en ella se reflejan hacia la Tierra las ondas de radio, facilitando las comunicaciones a nivel mundial.

Calor solar y diversificación de climas y biomas

Alrededor del Sol giran varios planetas. El tercero más cercano es la Tierra. El Sol irradia

■ **Composición del aire en las capas inferiores de la troposfera**

Gas	Porcentaje del total (%)	Nombre griego	Significado	Explicación
Nitrógeno	78.0	Nitro	Generador de nitro	Debido a su presencia en el salitre: nitrato de potasio (NO_3K) y de nitrato de sodio o *nitro* de Chile (NO_3Na). Diluye el oxígeno haciéndolo respirable.
Oxígeno	21.0	Ácido	Generador de ácidos	En 1777 se creía, erróneamente, que todos los ácidos contenían oxígeno.
Dióxido de carbono	0.03	-	-	Utilizado por las plantas; eliminado por los animales. Contribuye a retener el calor solar en la atmósfera
Gases nobles o inertes	0.97			Los gases nobles son: argón, cryptón, xenón, neón, radón y helio.
Total	**100.00**			

La troposfera es la zona de cambios atmosféricos en contacto con la superficie terrestre. Se extiende hasta 17 km sobre el nivel del mar y contiene el 95 por ciento del aire de la atmósfera. En la imagen, puesta de sol en La Unión: los últimos rayos de luz destacan el movimiento vertical de las masas de aire.

mucha energía, y la forma y la cantidad en que ésta llega a la Tierra determinan la temperatura de cada región del planeta. Pero debido al giro de la Tierra alrededor del Sol y sobre su propio eje, la temperatura varía de una zona geográfica a otra. Esto influye en el comportamiento de los vientos o corrientes de aire, y en consecuencia en las lluvias y otras precipitaciones. Los vientos que ascienden en el ecuador pierden humedad en forma de lluvia, mientras que los que descienden a los 30° N y S ocasionan los grandes desiertos de estas zonas.

Durante la transferencia de aire caliente desde el ecuador hacia los polos, los vientos alisios del sureste y noreste, además de los vientos del oeste, son los responsables de las diversas precipitaciones pluviales en el planeta. Estas precipitaciones, junto con los efectos de la altitud, la latitud y los efectos geológicos debidos a la presencia de montañas, ocasionan la diversidad de climas y, en consecuencia, de biomas en la Tierra.

Los biomas son lugares característicos de vida vegetal y se distinguen por sus diversos tipos de plantas predominantes. Ejemplos de biomas: desiertos, pastizales, bosques tropicales, bosques de coníferas, etc. Determinan, en última instancia, el modo de vida de las comunidades animales, de los seres humanos y de todas las formas de vida.

Otro factor a considerar son las corrientes marinas, las cuales transportan calor y frío a grandes distancias de la Tierra y modifican las condiciones de temperatura. Éste es un factor que limita la distribución de las especies, ya que actúa sobre cualquier etapa del ciclo vital y afecta las funciones de supervivencia, reproducción, desarrollo y crecimiento.

Tiempo atmosférico y clima

Para la mejor comprensión de los climas, es importante conocer cómo se comportan en la Tierra la presión atmosférica y los vientos. El aire, que es muy móvil, ejerce una presión que disminuye con la altura y, además, contiene cierto grado de calor y de humedad. Cuando el aire sube, se enfría, se forman nubes y da lugar a precipitaciones.

La ubicación de El Salvador en la vertiente pacífica centroamericana sitúa al país bajo el dominio climático del trópico seco. Durante los seis meses de estación lluviosa, acumula el 90 por ciento de la precipitación total anual.

Cierta cantidad de energía solar, de presión del aire, de temperatura y de humedad de la atmósfera pueden cambiar continuamente en un momento y lugar determinados. Asimismo, pueden variar la cantidad de lluvias y otras precipitaciones, el brillo y la radiación solar, el número de nubes, la dirección y la velocidad del viento. A este conjunto de fenómenos es lo que se denomina tiempo atmosférico.

Por otro lado, el patrón general de las condiciones atmosféricas o del tiempo atmosférico constituye el clima. Los distintos climas surgen de las diferentes cantidades de energía que la Tierra recibe del Sol en el transcurso del año, así como del ángulo de incidencia y de la longitud del día, que dependen a su vez de la latitud. Los griegos le llamaron *clima* aludiendo a su significado: «inclinación». Consideraron como factor del clima sólo la temperatura, y sabían que dependía de la inclinación de los rayos solares porque la Tierra es esférica.

En la actualidad, el clima es considerado como el estado promedio de los tiempos atmosféricos, que marca la pauta general de las condiciones de la atmósfera, de sus variantes estacionales y de sus condiciones extremas a lo largo de un período de tiempo no inferior a treinta años.

Ubicación geográfica y clima en El Salvador

Las condiciones climáticas del país se encuentran influidas por su ubicación geográfica. Además de la cantidad promedio de energía solar que recibe al año, el clima se ve afectado por la circulación global de los vientos y por las condiciones propias de la región centroamericana.

El Salvador se encuentra situado en la América Central, en la zona caliente o tórrida, al norte de la línea ecuatorial y al oeste del meridiano de Greenwich. Además, está ubicado entre los paralelos 13° 09′ y 14° 27′ N y los meridianos 87° 41′ y 90° 08′ O. Es decir, se encuentra dentro del cinturón tropical, que está comprendido entre el trópico de Cáncer (23° 27' al norte del ecuador) y el trópico de Capricornio (23° 27' al sur del ecuador). Esta posición geográfica le hace recibir la energía solar en forma perpendicular y, por ello, se ubica en una zona caliente con temperatura media anual de 24 a 28°C.

El trópico seco

Las variaciones de temperatura en la superficie del planeta y el movimiento de rotación de éste condicionan el patrón de corrientes de aire o vientos y, consecuentemente, las precipitacio-

■ Estaciones y transiciones de las precipitaciones en El Salvador

Época del año	Período Principio	Final	Duración Días	Semanas
Estación seca	14 nov.	19 abril	157	22 1/2
Transición seca-lluviosa	20 abril	20 mayo	31	4 1/2
Estación lluviosa	21 mayo	16 octubre	149	21
Transición lluviosa-seca	17 octubre	13 nov.	28	4
Total			**365**	**52**

Fuente: *Almanaque salvadoreño.*

nes pluviales o lluvias. En los trópicos, la altura sobre el nivel del mar, y la ubicación de las montañas respecto a los océanos Pacífico y Atlántico, establecen las diferencias climáticas. Asimismo, los vientos globales y locales, así como otros factores, determinan las temperaturas y la cantidad de lluvias.

Estas variaciones en los regímenes de lluvias permiten identificar dos zonas: el trópico húmedo y el trópico seco. El primero está dominado por los sistemas montañosos centrales, se ubica en la vertiente atlántica y tiene una estación lluviosa de diez meses. Por encima de 1,200 metros sobre el nivel del mar se encuentra el clima tropical de las alturas, en el que dominan las temperaturas bajas. El trópico seco se encuentra en la vertiente pacífica y se caracteriza por presentar anualmente una estación seca y otra lluviosa.

Por su posición geográfica, El Salvador experimenta muy poca variación en la energía solar que incide durante el transcurso del año. En la determinación de su clima contribuyen la latitud a la que se encuentra, la variación global de los vientos y la cadena montañosa. Su ubicación en la vertiente pacífica centroamericana lo sitúa dentro del trópico seco. La estación lluviosa se extiende de mayo a noviembre, y re-

gistra entre 1,500 y 2,000 milímetros de precipitaciones, lo cual significa el 90 por ciento de la precipitación total anual. El 10 por ciento restante cae entre diciembre y abril, correspondientes a la estación seca.

Las estaciones

No obstante, desde el punto de vista meteorológico, en El Salvador se presentan anualmente dos estaciones y dos transiciones. En el cuadro de arriba se señalan las fechas promedio para principios y final de las estaciones, y sus transiciones, así como la duración de cada una de ellas en días y semanas.

En su traslación en torno al Sol, la Tierra pasa por cuatro puntos importantes: equinoccio de primavera (21 de marzo), solsticio de verano (21 de junio), equinoccio de otoño (23 de septiembre) y solsticio de invierno (21 de diciembre). Equinoccio significa noches iguales, y en los solsticios la longitud del día varía en relación con los hemisferios. Por ello el 21 de marzo y el 23 de septiembre el día dura doce horas en todo el planeta. A partir del solsticio de verano, los días se acortan en el hemisferio norte y se alargan en el sur. Esta relación se invierte a partir del solsticio de invierno: los días pasan a ser más largos en el hemisferio norte y más

Estaciones astronómicas

Estación astronómica		Periodo	
Hemisferio norte	Hemisferio sur	Inicio	Fin
Primavera	Otoño	21 marzo	20 junio
Verano	Invierno	21 junio	22 sept.
Otoño	Primavera	23 sept.	21 dic.
Invierno	Verano	22 dic.	20 marzo

Formaciones nubosas en San Juan de la Cruz (Chalatenango), ocasionadas al incidir un frente de aire sobre la cordillera Alotepeque Metapán.

Los vientos alisios y la vaguada ecuatorial

El clima del país se ve afectado por propiedades atmosféricas como la temperatura y la humedad, originadas en otras partes del mundo, y por factores locales. El fenómeno se comprende mejor si se toma en cuenta la influencia de los vientos alisios y de la vaguada ecuatorial.

Los alisios son vientos constantes originados en zonas de alta presión, en los 30° N y S; a baja altura se dirigen como grandes masas de aire hacia las zonas ecuatoriales, en las que existe una zona de baja presión. Es decir, los alisios soplan de las presiones altas subtropicales a la vaguada ecuatorial. Esta vaguada es la depresión barométrica que en forma de valle penetra entre las dos zonas de alta presión: la de los alisios que viajan en dirección noreste, en el hemisferio norte, y la de los alisios que parten del sudeste, en el hemisferio sur.

Los puntos de unión y separación de ambos permiten que en algunas áreas suban y en otras bajen. En la vaguada ecuatorial, en la zona de convergencia de los alisios de ambos hemisferios, hay generalmente vientos débiles. En el transcurso del año, los cinturones de presión y las respectivas corrientes de la circulación general se desplazan hacia el sur durante el verano astronómico que se inicia en junio, y hacia el norte en el invierno astronómico, el cual comienza en diciembre.

En los hemisferios norte y sur los alisios se encuentran en tres zonas: frente intertropical, frente ecuatorial y zona intertropical de convergencia (ZIC). En la zona intertropical de convergencia la presión del aire es más baja que en los alrededores, y se registra un descenso de las corrientes de aire que producen masas opacas de nubes, con gran desarrollo vertical y lluvias acompañadas a menudo de tempestades. Esta zona ejerce su influencia principalmente en los países y mares tropicales, como El Salvador.

A partir de febrero, la ZIC se sitúa más al sur (2,6° N) y se dirige hacia el norte, donde alcan-

cortos en el hemisferio sur. Debido a que el eje terrestre no es perpendicular al plano de la órbita, varían tanto la energía solar que llega a la Tierra, como la longitud del día. Por tanto, a escala global, se marcan cuatro estaciones astronómicas con duración de tres meses cada una: primavera, verano, otoño e invierno.

En El Salvador, el Sol pasa por el punto más alto el 16 de agosto y el 26 de abril; en estos días los objetos no proyectan sombra al mediodía. En el invierno astronómico, al mediodía las sombras son alargadas y se orientan hacia el norte, mientras que en verano son cortas y se orientan hacia el sur. Por la ubicación de El Salvador en el cinturón tropical, la duración del día varía poco en ambos solsticios: el 22 de diciembre dura 11 horas 18 minutos, y el 21 de junio, 12 horas 57 minutos.

za su máxima ubicación (8,8° N) en junio. En julio, retrocede un poco hacia el sur, para regresar de nuevo hacia el norte y alcanzar su máxima posición de 8,8° N en septiembre. Desde este mes, la ZIC se desplaza al sur hasta alcanzar, nuevamente en febrero, los 2,6° N.

Al analizar el régimen mensual de lluvias en el país, se estableció su estrecha relación con la convergencia tropical. En la posición más septentrional de la ZIC (8,8° N), de junio a septiembre, las lluvias alcanzan su máximo nivel de precipitaciones. En julio, se desplaza al sur y las lluvias disminuyen. La temporada seca se extiende de noviembre a abril, coincidiendo con la posición más al sur (2,6°) de la ZIC.

Debido a la baja presión del aire cerca de la convergencia tropical, los movimientos de ésta se reflejan en las presiones atmosféricas mensuales de un lugar determinado. En un análisis de la presión del aire en San Salvador durante el período comprendido entre 1912 y 1949, se observó que, cuando la convergencia tropical era lejana, la presión del aire a nivel del mar era alta (alrededor de 1,014 milibares). Cuando era cercana, la presión bajó a las cercanías de los 1,011 milibares. En julio, durante el movimiento hacia el sur, la presión del aire rondó los 1,013 milibares.

Tipos de tiempo atmosférico por estación

En El Salvador se pueden identificar tipos de tiempo atmosférico en la estación lluviosa y en la estación seca. Durante la primera se relacionan con perturbaciones en los alisios y en la zona intertropical de convergencia. Los de la estación seca se relacionan con el anticiclón del Atlántico, con sistemas extratropicales que vienen del norte y con situaciones locales.

Tiempo en la estación lluviosa

Son tiempos característicos de la estación lluviosa los chubascos, los temporales, los huracanes y las canículas.

Chubascos y temporales

Durante la estación lluviosa, el tiempo atmosférico más común en El Salvador produce chubascos, a veces con tormentas eléctricas, raramente con granizo y ráfagas de viento, por la tarde y noche. Los chubascos son lluvias típicas de la estación lluviosa, comienzan y finalizan repentinamente, y su intensidad es variable. Las lluvias de tipo temporal son de larga duración y menor intensidad. Normalmente, los chubascos son de precipitación escasa, de hasta 50 milímetros, en áreas geográficas localizadas.

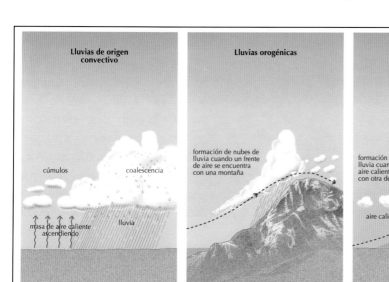

Clasificación de las lluvias según el proceso de formación de las nubes: origen convectivo, orogénicas y ciclónicas.

■
Mapa pluviomé-
trico y régimen
de vientos de la
Tierra, en el que
se destacan la zo-
na de convergen-
cia intertropical y
la de altas y bajas
presiones. En la
ampliación, la
pluviosidad en la
región centroa-
mericana.

A veces, el aire húmedo procedente del Pacífi-co, descarga en forma de aguaceros de más de 200 milímetros en menos de seis horas.

Las ondas tropicales son sistemas que se for-man cuando la corriente de viento del este pre-senta vaguadas situadas de norte a sur. También las constituyen áreas alargadas de baja presión con mal tiempo. Estos sistemas, cuando trans-portan aire húmedo del Pacífico, pueden afec-tar a El Salvador. Al inducir un centro de baja presión cerca de las costas del país, se produce una situación atemporalada capaz de dar paso a un temporal. Ésta es la situación de mal tiempo más severa que ocurre en El Salvador. Se pro-ducen lluvias continuas que, con breves inte-rrupciones, se prolon-gan hasta cinco días. Los efectos más noto-rios son: inundaciones, derrumbes, deslaves, correntadas y desbor-des de los ríos con

considerables daños a obras, cultivos, animales y pérdidas de vidas humanas. Los temporales afectan a todo el país y, al desbordarse el Lem-pa y otros ríos, provocan grandes inundaciones en la zona costera. Al haber precipitaciones su-periores a 400 milímetros por día, los suelos no infiltran el agua, se saturan y provocan grandes correntadas, deslaves e inundaciones en las par-tes bajas.

El temporal de junio de 1934, ocasionado por una tormenta tropical situada directamente sobre el país, produjo más de 1,000 milímetros en tres días y causó más de un millar de muer-tes. El de 1974 ocasionó más de cuatro millo-nes de colones en pérdidas; el de Montebello, en septiembre de 1982, produjo grandes daños materiales y humanos. Sin embargo, tras los temporales, se presentan períodos de sobrea-bundancia de agua. Junio y septiembre son los meses en que es más probable que se registre un temporal, pero también puede haberlos a fi-nales de mayo y a principios de noviembre.

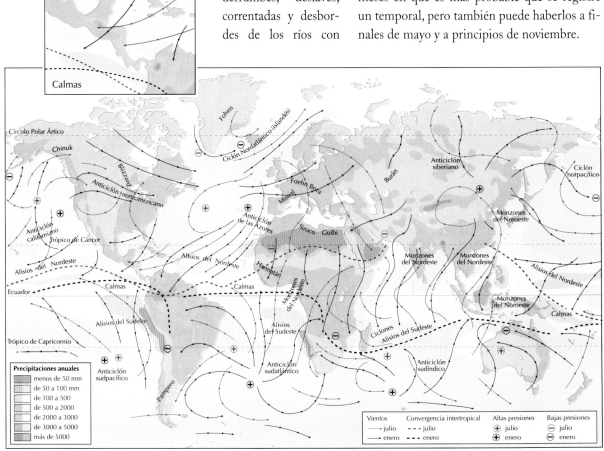

Huracanes

En el Caribe y en el Pacífico algunas ondas tropicales pueden evolucionar desde depresión tropical a tormenta tropical y, luego, a huracán. Los huracanes se forman en mares cálidos tropicales cuyas aguas sobrepasan los 26°C, y se sitúan por encima de los 15° de latitud. Son fenómenos que se acompañan de vientos que alcanzan más de 120 kmh y, aunque afectan a El Salvador de manera indirecta, producen lluvias copiosas y mareas altas que ejercen efectos muy poderosos en otros lugares. En el huracán, las bandas de nubes penetran hacia el centro en espiral, hasta donde se encuentra el «ojo del huracán», que es una zona de varios kilómetros de radio con tiempo tranquilo y seco. Los más importantes en Centroamérica han sido: el *Fifí*, en 1974; el *Gilbert*, en 1988; el *Andrews*, en 1992; la tormenta tropical *Gert*, en 1993; el *Nora* en 1997, y el *Mitch* en 1998. Todos estos fenómenos causaron grandes impactos en la agricultura y en los restantes sectores económicos del país.

En la zona intertropical de convergencia también se pueden presentar chubascos con lluvias intermitentes, y a veces se desprenden de ella depresiones susceptibles de provocar temporales e incluso de evolucionar hasta convertirse en huracanes que dejan sentir sus efectos en la costa de México.

Canículas

La ausencia total o parcial de lluvias que afecta a algunas áreas del océano Pacífico centroamericano, especialmente en los meses de julio y agosto, produce sequías. A este período de sequía se le denomina canícula porque el calor es más fuerte. Durante los primeros meses de la época lluviosa puede haber irregularidades que provocan problemas con la siembra y con la germinación de las semillas. También al final de la estación las irregularidades suelen provocar problemas qu afectan a la maduración y la recolección de los frutos. Sin embargo, las si-

tuaciones de sequía dentro de la temporada lluviosa son de efectos muy graves. Esta situación es debida a circulaciones anticiclónicas en altura y su severidad parece estar relacionada con el fenómeno de «El Niño». Canículas leves de hasta diez días se presentan casi cada año, sobre todo en el oriente y noroeste del país; pero las hay moderadas y severas, de más de quince días de duración, que se presentan cada tres o cuatro años.

Las sequías reducen las cosechas de granos básicos. En 1972 se perdieron más de cuatro millones de quintales de granos básicos (29.6 % de la producción total esperada), entre los cuales el maíz fue el más afectado (37.2 %); de este grano se perdieron más de tres millones de quintales. La sequía de 1987 ocasionó la pérdida de casi tres millones de quintales de maicillo (83.8 %) y cerca de setecientos mil quintales de frijol (56.8 %). La incidencia de estas pérdidas en la economía y en la sociedad ha sido muy importante.

Tiempo en la estación seca

En la estación seca los días son soleados y el tiempo estable. A veces hay invasiones de aire frío con algunas precipitaciones. Al cargarse de

Los huracanes que periódicamente azotan El Salvador se forman por la evolución de ondas tropicales nacidas en las aguas cálidas del Pacífico o del Caribe. Las masas de aire, a casi treinta grados y próximas a la saturación, sobrepasan los 120 kmh en un movimiento de torbellino que avanza en espiral en torno a un centro de varios kilómetros de radio, «ojo del huracán», como el que se aprecia a la derecha de la imagen, correspondiente a uno de los numerosos huracanes formados en el Pacífico.

frías: se alcanzan temperaturas de hasta 8°C en San Salvador y cerca de 0°C en las zonas más altas y planas del norte del país. Los vientos ejercen daños importantes al levantar los techos de las viviendas, botar postes del alumbrado eléctrico, vallas publicitarias, árboles, provocar incendios forestales, etc. Los daños en los cultivos de café, sobre todo por encima de los mil metros, pueden resultar desastrosos para la economía.

En marzo y abril, algunas situaciones atmosféricas impiden el intercambio vertical del aire y acumulan cerca del suelo partículas de polvo que, junto con otras partículas en suspensión, son levantadas por los nortes. Como consecuencia, la atmósfera se enturbia, se reduce la visibilidad y aumenta el riesgo causado por la contaminación del aire. En estas circunstancias, el Sol y la Luna llena se ven como discos rojos. No obstante, a más de 1,500 m de altura la visibilidad aumenta considerablemente, alcanzando a cientos de kilómetros.

Las circulaciones locales

En los trópicos son importantes también las circulaciones locales. Éstas resultan del mayor calentamiento o enfriamiento de la tierra con respecto al mar y viceversa. Surge de ello, alternativamente, una baja presión sobre la tierra firme y una alta presión sobre las aguas. A estas circulaciones locales pertenecen los monzones de la India. Son circulaciones producidas por un cambio estacional del viento que se dirige en verano hacia el continente y en invierno hacia el océano. La causa es el diferente calentamiento, y las respectivas diferencias de presión entre el océano y el continente. Importantes son la brisa marina y el viento de los valles y las montañas. Ellos pueden contrarrestar o fortalecer las corrientes de la circulación general e inducir modificaciones climáticas a menor escala. Las brisas de mar y tierra resultan de diferencias de presión originadas por diferentes calentamientos.

■ Arriba, daños causados al sur de San Salvador por un «norte» registrado en 1922.

■ En la distribución general de los sistemas de vientos a escala planetaria (a la derecha), El Salvador se encuentra sometido a la influencia de los sistemas de altas presiones de las Bermudas-Azores y del Pacífico.

humedad, el aire en el Golfo de México asciende en las montañas centrales y produce en la zona del Caribe gran número de nubes con lluvias y lloviznas persistentes. En la zona del Pacífico el aire baja y se presentan los «nortes», que pueden durar hasta quince días, con tiempo seco, despejado, vientos de 50 kmh y ráfagas de más de 200 kmh en las montañas. Al calmarse los vientos, las madrugadas son muy

En el mapa de la página 38 puede verse el mapa de Centroamérica y se destaca la ubicación de El Salvador. Es importante señalar el hecho de que la región se encuentra muy cerca de los océanos Pacífico y Atlántico, lo cual influye en el clima de cada uno de los países centroamericanos. Esta influencia es válida también para El Salvador, que sólo tiene costa en el Pacífico y limita con Honduras al norte.

Las corrientes marinas y «El Niño»

La circulación general y las diferencias en la densidad de las aguas del mar dan lugar a corrientes marinas que transportan agua caliente o fría de una región a otra del globo. Las costas de El Salvador son bañadas por corrientes marinas que producen efectos indirectos muy importantes. La presencia de la corriente contraecuatorial caliente en el Pacífico oriental desplaza hacia el sur la corriente de Humboldt y se produce el fenómeno de «El Niño», que

afecta a varias regiones del mundo, aumentando o disminuyendo la cantidad de precipitaciones.

«El Niño» es la expresión que se usa para nombrar el fenómeno oceanográfico caracterizado por un amplio calentamiento, hasta 5°C, de la parte superior del océano en la región tropical del Pacífico oriental. Este fenómeno ha sido estudiado en el mundo desde hace muchos años y se presentaba una vez cada diez años en las primeras décadas del siglo XX. Su nombre fue dado por los pescadores de Perú y Ecuador, debido a que sus primeras manifestaciones coinciden con la época de Navidad, en la que se celebra el nacimiento del niño Jesús. Actualmente, se presenta de cada dos a siete años.

Cuando baja la temperatura, El Niño se enfría. El fenómeno inverso provocado por las bajas temperaturas se conoce como «La Niña». Las anomalías climáticas asociadas al Niño son más pronunciadas que aquellas asociadas a la Niña, que en algunas zonas suele oponerse a las primeras.

En el Pacífico oriental, la corriente contraecuatorial caliente desplaza al sur las frías aguas de la corriente de Humboldt, dando lugar al fenómeno de El Niño: una interacción entre la atmósfera y el océano que extrema cíclicamente las condiciones climáticas de vastas regiones del planeta. En El Salvador, El Niño perturba el régimen de lluvias que causa inundaciones y sequías devastadoras.

Ambos fenómenos, El Niño y La Niña, están vinculados a la Oscilación Austral (OA), que es como se conoce al cambio de presión atmosférica caracterizado por el movimiento oscilante de la presión atmosférica que se registra entre las regiones occidental y central del océano Pacífico. La magnitud de la Oscilación Austral se mide a través del Índice de Oscilación Austral (IOA), que se obtiene calculando la diferencia entre la presión atmosférica en Tahití y en Darwin, Australia.

Efectos de El Niño: un campesino examina las pérdidas causadas por la sequía en un maizal de San Rafael Obrajuelo (La Paz).

Debido a la estrecha relación existente entre El Niño y la Oscilación Austral, ambos fenómenos son designados de forma conjunta como «El Niño/Oscilación Austral» o ENOA. Los científicos se han referido al fenómeno como El Niño o «fase cálida del ENOA» A la fase fría la han denominado La Niña, «fenómeno frío ENOA» o «fase fría de ENOA».

Aunque en ocasiones se aplica a la fase fría el término «El Viejo», resulta más común que sea designada como La Niña.

Repercusiones de El Niño

De manera más amplia y popular El Niño se refiere actualmente al complejo fenómeno acoplado atmósfera-océano que produce diversas perturbaciones en distintas partes del mundo. Mientras en Colombia, Perú y Ecuador se suceden lluvias torrenciales y aumentan las precipitaciones, en Florida, Brasil y en ciertas regiones de África y Australia hay sequía. Las consecuencias del Niño en la agricultura, el nivel de los embalses, las inundaciones, pesca, transportes, industria, finanzas, etc., son graves. En El Salvador y en otras zonas del Pacífico centroamericano se manifiesta como una perturbación del régimen de lluvias. A veces retrasa el inicio o adelanta el final de la estación lluviosa, y otras veces interrumpe la estación lluviosa y produce sequías de efectos devastadores.

Una idea sobre la importancia de los efectos del Niño la proporciona la revisión de los daños que el fenómeno causó en 1982-1983. Durante 1983, en Norteamérica las condiciones fueron anormales, en Australia hubo grandes sequías e incendios forestales devastadores, no hubo monzones en el océano Índico. Las pérdidas totales se estimaron entre 8,000 millones y 13,000 millones de dólares de Estados Unidos, y se perdieron más de 2,000 vidas humanas.

El Niño 1997-1998 es objeto de un profundo estudio debido a que los efectos de destrucción y muerte a escala mundial a él asociados fueron muy severos. En Latinoamérica, lluvias torrenciales, prolongadas sequías, inundaciones y sobrecalentamiento del océano Pacífico, son sólo algunas muestras del poder destructor del fenómeno, que afectó a 17 países latinoamericanos, desde México a Argentina.

En Centroamérica, entre junio y octubre de 1997, las condiciones fueron anormalmente secas. En El Salvador no se llenaron las represas y hubo que emplear más combustible para mantener en funcionamiento las plantas termoeléctricas y geotérmicas. Esto significó un aumento de 18 millones de dólares en la factura del combustible. Además, se reportan pérdidas aún no cuantificadas en granos básicos, café, azúcar, mariscos y otros productos.

La elevación y las zonas climáticas

La distribución de las alturas del terreno contribuye a la determinación del clima. Su ubicación, forma y altura influyen en las características locales. Los vientos transportan calor y humedad siguiendo la influencia de las montañas; unas veces ascienden y otras descienden. Asimismo, influyen sobre las distintas zonas de lluvias. El comportamiento de las lluvias difiere en un lado y otro de la montaña: en la ladera que da el viento (barlovento), éste sube y se enfría; en cambio, en la ladera protegida del viento (sotavento), éste desciende, se calienta y reseca el ambiente. Por esta razón, en la vertiente pacífica de Centroamérica llueve menos que en la vertiente atlántica.

Según la altitud, en El Salvador se distinguen tres zonas climáticas: las tierras calientes o sabanas tropicales; las tierras templadas o sabanas tropicales calurosas, y las tierras con clima tropical de altura. Esta última, a su vez, comprende: las tierras templadas y las tierras frías. Esta clasificación se basa en las definiciones climáticas de Köppen, Sapper y Lauer. El sistema de clasificación de Köppen toma como base los elementos esenciales del clima: la temperatura y las precipitaciones. Son los elementos que se registran con mayor facilidad y sobre los cuales los observatorios conservan más datos.

La altura sobre el nivel del mar es un factor determinante del clima. En la imagen, bosque de la cordillera de El Bálsamo (La Libertad), correspondiente al dominio climático de las llamadas tierras calientes o sabanas tropicales, que se elevan hasta los 800 m.

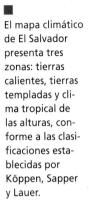

El mapa climático de El Salvador presenta tres zonas: tierras calientes, tierras templadas y clima tropical de las alturas, conforme a las clasificaciones establecidas por Köppen, Sapper y Lauer.

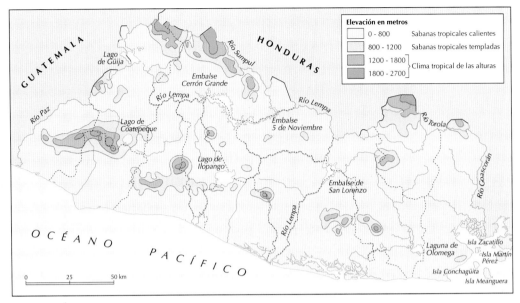

Tierras calientes o sabanas tropicales

Se encuentran ubicadas hasta los 800 m sobre el nivel del mar. Según Köppen, pertenecen al clima cálido con época seca larga (Awaig), que se caracteriza por tener una estación seca invernal en los meses de noviembre a abril. La temperatura máxima se da en marzo y abril, poco antes de la estación lluviosa. La temperatura del mes más caluroso sobrepasa los 22° C. Las temperaturas anuales según la altura, se manifiestan así: en las planicies costeras, entre 22 y 27 °C; en las planicies internas, entre 22 y 28 °C. Esta tipificación se manifiesta en todas las cabeceras departamentales, excepto en Cojutepeque y Santa Tecla.

Tierras templadas o sabanas tropicales calurosas

Se encuentran entre 800 y 1,200 m sobre el nivel del mar. Según Köppen pertenecen al clima cálido con época seca larga (Aw^{big}), que se caracteriza por tener una estación seca invernal de noviembre a abril. La temperatura del mes más caluroso es inferior a 22 °C, pero al menos cuatro meses del año presentan temperaturas mayores de 10 °C. Las temperaturas anuales se manifiestan según la altura: en las planicies altas y valles, 20 y 22 °C; en las faldas de las montañas, 19 y 21 °C. Este tipo de tierras son típicas en las cabeceras departamentales de Cojutepeque y Santa Tecla.

Clima tropical de las alturas: tierra templada y tierra fría

Estas tierras se encuentran entre los rangos de 1,200 a 2,700 metros sobre el nivel del mar y, según Köppen, pertenecen al clima templado con época seca larga (C^{wbi}). Las tierras templadas se ubican entre los 1,200 y los 1,800 metros sobre el nivel del mar. Las temperaturas anuales son, según la altura, las siguientes: en las planicies altas y valles, 16 y 20 °C, con posibles heladas en diciembre, enero y febrero. En las faldas de las montañas, de 16 y 19 °C, sin peligro de heladas. Las tierras frías se encuentran entre 1,800 y 2,730 m, y la elevación más alta, El Pital, en el departamento de Chalatenango, es de 2,730 m. En los valles y hondanadas las temperaturas anuales oscilan, según la altura, entre 10 y 16 °C. Cada año se presentan escarchas y heladas. La estación seca en las cordilleras fronterizas con Honduras se reduce a tres o cuatro meses ■

La flora en El Salvador

S ituado en la zona tropical, El Salvador posee un patrimonio natural de gran riqueza caracterizado por la biodiversidad: una de sus características más destacadas es la variedad de sus zonas naturales, en las que, separados por pocos kilómetros, se localizan bosques nebulosos y planicies semiáridas, pinares y formaciones de palmeras. Desafortunadamente, el paisaje primario ha variado drásticamente como consecuencia de la actividad humana desarrollada desde la colonización. La mayor parte de los bosques autóctonos han sido talados en aras de la agricultura y la urbanización. Los insecticidas de las plantaciones y los residuos industriales amenazan ríos y costas.

La flora

Las evidencias históricas disponibles revelan que la vegetación primaria de El Salvador fue bosque en su totalidad. Los bosques actuales son apenas un vestigio de aquéllos. Pero este hecho no impide la existencia de enormes diferencias en la vegetación salvadoreña, determinadas por aspectos tales como los factores climáticos, el tipo de suelo y la altura sobre el nivel del mar.

Los bioclimas

El mapa actualizado de los bioclimas relacionados con las formaciones vegetales de El Salvador se debe al doctor L. R. Holdridge. El

La biodiversidad, característica esencial de la flora salvadoreña.

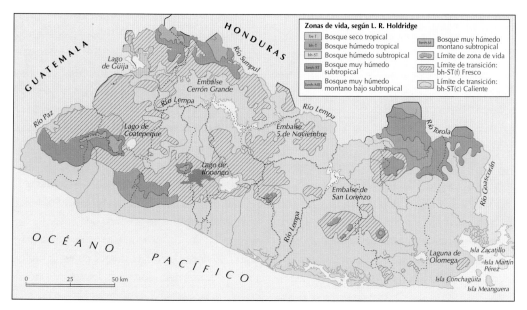

Mapa de los bioclimas o zonas de vida salvadoreños, según el doctor L. R. Holdridge.

La diversidad es la característica más destacada del bosque seco tropical, cuya extensión no alcanza el uno por ciento del territorio salvadoreño y registra un nivel de precipitaciones inferior a los 1,350 milímetros anuales.

mapa demarca seis zonas de dominio boscoso: seco tropical, tropical húmedo, húmedo subtropical, muy húmedo subtropical, muy húmedo montano subtropical y muy húmedo montano bajo subtropical.

Bosque seco tropical

La extensión actual de este bioclima es de unas 17,460 hectáreas que ocupan el 0.83 por ciento del territorio nacional. Se encuentra en los alrededores de los lagos de Güija y Metapán, en el norte del país, y en parte de los departamentos de San Miguel, Morazán y La Unión, en el oriente. Es una zona de baja precipitación (menos de 1,350 milímetros al año). Ejemplo de este bioclima es el remanente del bosque natural de San Diego, en las afueras de Metapán, que no ha sido talado por tratarse de tierras no utilizadas para la actividad agropecuaria. Es un bosque con una gran diversidad y constituye la única asociación formada por especies forestales consideradas solteras en el país. Algunas

pequeñas áreas de esta formación, especialmente en las partes planas, están siendo utilizadas para cultivos de granos básicos y pastos mejorados. Las áreas de alta pendiente, especialmente los cultivos cubiertos con lava, que por ser de uso fundamentalmente forestal no ofrecen ninguna posibilidad agropecuaria, sería recomendable que fueran preservadas como parque nacional o reserva natural. Cualquier plan de reforestación de esta zona de vida debería llevarse a cabo con especies como caoba (*Swietenia humilis*), paraíso (*Melia azederach*) y chaquiro (*Colubrina ferruginosa*).

Bosque húmedo tropical

Esta zona de vida posee una extensión de 64,890 hectáreas, que representan el 3.09 por ciento de la superficie del país; cubre ciertas áreas ubicadas entre los departamentos de Sonsonate y La Libertad, y otra al norte de San Francisco Gotera, en la cuenca del río Torola. Es una zona con una precipitación anual de unos 2,000 milímetros, y una elevación sobre el nivel del mar que oscila entre 450 y 700 m, donde la precipitación sobrepasa los 2,000 milímetros al año. En el área de Morazán, toda la zona ha sido utilizada para fines agropecuarios. Las pendientes de estas áreas se sitúan en su mayoría en torno al 50 por ciento, observándose un alto grado de erosión del suelo, que facilita la existencia de grandes afloramientos rocosos, como en la zona de Osicala. La zona ubicada en Sonsonate, conocida como costa del Bálsamo, ha sido durante muchos años fuente de extracción de la resina del Bálsamo, único producto forestal de valor comercial que exporta el país. Posiblemente el interés económico de esta zona de vida ha determinado modificaciones significativas de la vegetación natural, que señala un predominio de las siguientes especies: caoba de Honduras (*Swietenia macrophylla*), cedro (*Cedrela salvadorensis*), ceiba (*Ceiba petandra*), bálsamo (*Miroxylon balsamun*), copinol (*Hymenae coubaril*), cortés negro

Las tierras de Sonsonate (a la izquierda, vistas desde Cerro Verde), ejemplo de bosque muy húmedo subtropical.

El bosque húmedo tropical recibe una precipitación de más de 2,000 milímetros por año y ocupa poco más del 3 por ciento de la superficie del país. Junto a estas líneas, una zona de vida de este bioclima en Perquin-Morazán.

(*Tabebueia guayacán*) y chichipate (*Crudia choussyana*). Gran parte de esta zona está siendo utilizada para el cultivo de granos básicos y pastos, y los mejores suelos para el café con sombra de Bálsamo. Las áreas clasificadas de uso forestal podrían repoblarse con pino caribe (*Pinus caribea*. var. *hondurensis*) de manera intensiva para formar masas boscosas, y las de mucha peligrosidad desde el punto de vista de la erosión, deberían ser declaradas parques nacionales o reservas naturales.

Bosque húmedo subtropical

Cubre un área bastante extensa del país (1,811,800 hectáreas), que representa el 86.34 por ciento del territorio nacional y constituye la principal zona de vida de El Salvador. La precipitación por año varía entre 1,400 y 2,000 milímetros, siendo la principal característica de este régimen de precipitación su distribución concentrada en el año. El patrón climático es definitivamente monzónico, con sus meses de lluvia persistente y sus meses de sequía. La condición anterior ha dado lugar a una vegetación más xerofítica, en la que predominan las especies deciduas. La formación del bosque húmedo subtropical abarca desde el nivel del mar hasta los 1,700 m y se divide en dos subzonas:

a) Subzona baja con temperatura alta, también denominada de bosque húmedo tropical caliente.

b) Subzona baja, también llamada de bosque húmedo subtropical fresco, en el que predominan temperaturas menores a las de la subzona anterior.

La fisiografía de este bioclima es variada. Presenta pendientes pronunciadas en la cadena volcánica y planicies costeras en las que predominan los suelos aluviales. En las partes erosionadas y suelos pobres de esta zona de vida se encuentran los chaparrales, formados por el chaparro (*Curatella americana*), a veces mezclado con nance (*Byrsonima crassifolia*) y, en algunas áreas, con roble (*Quercus aleoidas*). En el área que corresponde a la zona de vida húmeda subtropical caliente, las condiciones son bastante favorables para el crecimiento de especies forestales exóticas como la teca (*Tectona grandis*) y la melina (*Gmelina arborea*), que son las más aconsejables para esta zona debido a su carácter de árboles deciduos. Especies como el eucalipto (*Eucalyptus deglupta*), el cadán (*Anthocephalus cadamba*) y el pino caribe (*Pinus caribea*) deben marginarse de los programas de repoblación emprendidos en el bosque húmedo subtropical caliente, ya que por ser perennifolios no se adaptan a las condiciones de sequía.

Bosque muy húmedo subtropical

Su extensión es de 170,280 hectáreas, que representan al 8.11 por ciento del territorio nacional. Es la zona inmediata superior al húmedo subtropical (fresco), comprendida entre los 1,000 y los 1,500 m, donde la precipitación sobrepasa los 2,000 milímetros anuales. Este dominio bioclimático se localiza tanto en la cadena volcánica central, como en la cordillera del norte. El cultivo del café en los suelos andosoles de estos lugares representa un uso muy rentable. Posiblemente sobre las escorias de las áreas con suelos poco profundos existía la asociación de roble (*Quercus tristis*) con especies tales como zopilocuavo (*Piscidia grandiflora*),

tambor (*Alchornea latifolia*), capulín de monte (*Trema micrantha*) y otras especies de la familia de las laureáceas (*Lauraceae*). Un ejemplo típico de una asociación que caracteriza este dominio se ha encontrado en la hacienda San Benito, en Ahuachapán, que se extiende entre 450 y 1,200 metros sobre el nivel del mar. Las especies de mayor volumen son: mulo (*Drypetas lateriflora*), níspero (*Manilkara chicle*) y ojushte (*Brosimun sp*). Aunque el área de esta zona de vida se está utilizando en algunas partes para pastoreo extensivo y a veces para agricultura de barbecho, el mejor uso, y probablemente el más extendido, es el forestal, dedicado a la producción de madera en rollo y leña, utilizando las especies que mejor se adaptan a estas condiciones, como el ciprés (*Cupressus lusitanica*).

Bosque muy húmedo montano bajo subtropical

Ocupa el 1.61 por ciento del territorio nacional (33,750 hectáreas). Esta zona de vida se encuentra ubicada en la región de Sabanetas, La Palma y Montecristo, en la montaña fronteriza, y comprende bosques de coníferas en más de un 50 por ciento de los casos. El resto de esta zona de vida ocupa las partes altas de los volcanes San Miguel, San Vicente, San Salvador y Santa Ana, donde la media de precipitación anual se encuentra entre 2,000 y 4,000 milímetros. Como la condensación registrada anualmente aumenta de forma progresiva con la altura de la vegetación, el uso más apropiado para estas áreas debería ser la producción de agua y la conservación de la zona de transición entre diferentes tipos de bosques.

Bosque muy húmedo montano subtropical

Es la zona de vida de menor extensión del país. Representa apenas unas 360 hectáreas, equivalentes al 0.02 por ciento del territorio nacional y restringidas a la parte alta del cerro El Pital en el departamento de Chalatenango.

■ **Superficie de las zonas de vida en El Salvador**

Bosque	Superficie (ha)	Porcentaje
Seco tropical	17,460	0.83
Húmedo tropical	64,890	3.09
Húmedo subtropical	1,811,800	86.34
Muy húmedo subtropical	170,280	8.11
Muy húmedo montano bajo subtropical	33,750	1.61
Muy húmedo montano subtropical. Bosque nebuloso El Pital.	360	0.02
Total	**2,098,620**	**100.00**

El cultivo del café se ve favorecido por las condiciones bioclimáticas del bosque muy húmedo subtropical, que se sitúa entre 1,000 y 1,500 m de altitud y recibe más de 2,000 milímetros de precipitaciones lluviosas. Cafetales en las laderas del cerro Grande de Apaneca, en la cadena volcánica central.

La elevación dominante sobre el nivel del mar oscila entre 2,500 y 2,730 m, predominando el relieve de alta pendiente. Las temperaturas frías y la inaccesibilidad del área han permitido que la vegetación de esta zona de vida se mantenga casi intacta. En la parte más baja de esta formación se encuentran el *Pinus ayacahuite* y el *Abies religiosa*, y en el centro de la fomación vegetal el *Taxus globosa*. La fisiografía de la vegetación es más bien de arbustos (*Eircaceae* y *Bacharis*) y abundantes helechos. Esta formación debería ser considerada en su totalidad como reserva ecológica.

Otros tipos de vegetación
Los bosques salados

Los manglares ocupan una extensión de poco más de 45,000 hectáreas que representan apenas el 2.0 por ciento del territorio nacional continental. La importancia ecológica y el impacto económico y social de estos ecosistemas naturales son, sin embargo, más significativos que lo que las cifras sugieren.

Tradicionalmente fueron considerados como áreas de escaso valor, y más bien indeseables, por su difícil penetración y por las condiciones de calor e insalubridad que conllevan. Pero en 1970 Heald y W. Odum señalaron que los manglares poseen una función análoga a la de los estuarios de gramíneas en áreas templadas, confirmando los estudios que había realizado E. P. Odum casi diez años antes. Los manglares pasaron así a ser considerados áreas de alta productividad orgánica y biológica; lo que incluye muchas especies estuarinas de gran valor comercial y alimenticio. Basta ver la gran cantidad de moluscos, crustáceos y peces comestibles que se obtienen de manglares no muy dañados, así como la gran actividad reproductora de especies marítimas frente a estos bosques, para caer en la cuenta de que los manglares son bosques «marinos» de producción de alimentos.

La estructura de los manglares es, a primera vista, muy sencilla. Está formada, a lo sumo, por cinco especies de árboles con sólo tres especies dominantes. Parecería que estos bosques podrían «manejarse» con la sencillez con la que se trata de ordenar muchos de los bosques de pino en la América Central, si se compara con las cerca de cien especies de árboles de Nancuchiname, las 140 en Montecristo y las más de trescientas en El Imposible, todas ellas constitutivas de bosques de planicie costera, altura y altura media respectivamente. Sin embargo, habría que aclarar que los manglares no son «comunidades biológicas» de cinco especies de árboles, sino más bien «sucesiones» de las cinco especies; es decir, que estas especies tienen requisitos ambientales diferentes (Serrano, 1976). Así el mangle rojo o colorado (*Rhizophora mangle*) es una especie pionera que se establece y vive en las partes más expuestas a las aguas marinas. A medida que se va formando o elevando el suelo alrededor de sus raíces, la exposición al agua del mar, la circulación, la salinidad y otras características del ecosistema van cambiando también, dándose condiciones apropiadas para las otras especies: el mangle negro o el istatén (*Avicennia nitida* y *A. bicolor*, respectivamente); éstos, a su vez, crean condiciones favorables para el mangle blanco o cincahuite (*Laguncularia racemosa*). Por último, allí donde el agua del mar sólo alcanza durante las mareas más altas, es decir, cuando están en fase de conversión a tierra dulce, se da el botoncillo (*Conocarpus erectus*).

El bosque muy húmedo montano subtropical apenas representa el 0,02 por ciento de la superficie de El Salvador y es, en consecuencia, la zona de vida de menor extensión del país. Se circunscribe a unas 360 hectáreas de más de 2,500 metros de altura pertenecientes al cerro El Pital (Chalatenango).

En la actualidad la mayor parte de los manglares son de propiedad estatal y están administrados por el Ministerio de Agricultura y Ganadería (MAG) a través del Centro de Recursos Naturales (Cenren) con sus servicios de Desarrollo Forestal y de Parque Nacionales y Vida Silvestre. En el pasado muchas áreas de manglares han sido eliminadas, en particular las colindantes con bosques dulces o tierras cultivadas, para lo cual se han utilizado diques que impiden el paso del agua del estero para convertirlos en «tierra dulce», salineras o chacalineras. Se cree que, por lo menos, el 25 por ciento del manglar original ha sido eliminado, aunque el experto forestal Marc Leon Rocher, ya fallecido, dice que de la vegetación original de manglares se habían eliminado alrededor de 30,000 hectáreas, lo que equivale a más del 40 por ciento del área original. A pesar de todo, aún puede considerarse como el bosque mejor conservado del país. La sobreexplotación y el raleo excesivo siguen siendo dos de las principales amenazas que sufren los bosques salados de El Salvador.

Otro factor ha sido la abundante entrada de pesticidas y sedimentos a los esteros. El impacto de este segundo factor, en especial sobre las especies que viven en el fondo del lodo o de la arena, como las almejas, cangrejos y camarones, aún no ha sido estudiado. Si a lo anterior se suma la total falta de vedas de caza y pesca en casi todos los manglares (salvo en la barra de Santiago a partir de 1978), puede deducirse que la situación de los manglares del país es muy precaria.

La sabana

La sabana es un tipo de vegetación donde predominan las gramíneas, con algunos árboles característicos dispersos. Se da en suelos de poca lixiviación, es decir, de drenaje deficiente, fangoso en la época lluviosa y duro y agrietado en la estación seca. Las especies dominantes corresponden a las familias *Malpighiaceae*, *Di-*

lleniaceae, *Bignoniaceae* y *Graminae*. En nuestro país se encuentra, además, la familia *Myrtaceae* y alguna otra compuesta. Hay también tiliáceas y malváceas.

Las gramíneas dominantes comprenden en general los géneros *Hiparrenia*, *Paspalum* y *Andropogon*. La sabana cubre una extensión de 58,276 hectáreas. En las zonas más representativas el árbol dominante es el morro. Se encuentra en la parte oriental del país (San Miguel, La Unión, Morazán) y Chalatenango. Parte de estas comunidades vegetales, especialmente la que es dominada por morro, quedaron inundadas por el embalse del Cerrón Grande, especialmente al lado de Colima.

Esta vegetación puede tener gran importancia en la alimentación de los salvadoreños, pues se ha comprobado que el fruto del morro es alto en contenido proteínico. El ganado ha utilizado el fruto como alimento, tomando la leche un sabor especial y olor fragante, aparte de que el fruto contiene sustancias medicinales expectorantes. Hasta hace algunos años, esta comu-

nidad se utilizaba sólo para la extracción de leña, pero en la actualidad se ha estado talando para la siembra de arroz, ya que en época lluviosa el terreno es apropiado, especialmente cuando es llano. La sabana dominada por *Curatella* y *Byrsonina* ocupa suelos quebradizos y se distribuye por casi todos los lomeríos de Chalatenango, parte de Santa Ana y San Vicente. El estrato herbáceo está dominado por la gramínea jaraguá, que fue introducida de África. Algunos autores sostienen que la sabana es transitoria y que es inducida por el fuego, pero en El Salvador es una comunidad en equilibrio cuyos factores básicos son el suelo y su estructuración.

El palmeral

En este tipo de vegetación destacan las palmas, coyoles, cuilotes o pacayas. Esta comunidad vegetal no ha sido estudiada hasta la fecha por ningún autor, dado que en El Salvador está casi extinta. Sin embargo, en el pasado formó verdaderos bosques. Tal es el caso de los palmares constituidos por palma de sombrero (*Brahea salvadorensis. Wedl*) y por la palma conocida como coyol suche o coyol real (*Acrocomia vinifera*). La primera predominó en los palmares de la costa, distribuida en los bordes del manglar entre los 3 y los 300 m, mientras que la segunda abundaba entre los 100 y los 700 m en la parte central del país.

Los manglares o bosques salados representan una fuente de riqueza de la que no se ha tomado conciencia hasta épocas recientes, cuando ya su superficie se ha visto drásticamente reducida a menos del 2 por ciento del territorio nacional. Imagen de los manglares de la barra del Lempa (San Vicente).

■ **Vegetación de la sabana**

Nombre común	Nombre técnico	Familia
Lengua de vaca, chaparro o molcajete	Curatella americana. L	Dillinaceae
Morrito	Crescentia alata. H.B.K.	Bignoniaceae
Nance	Byrsonina crassifolia (L) D.C.	Malpighiaceae
Guayabillo	Psidium molle. Bertholine	Myrlaceae
Güiligüishte	Karwinskia calderoni. Standl.	Rhamnaceae

El huiscoyol y la pacaya están asociados a las selvas y forman el estrato bajo de esta vegetación del país. Asociado al palmar se encontraban las siguientes especies: *Acacia farnesiana* (L), Wild, leguminosas, *Ficus costarricana* (Liemb) y algunas especies de gramíneas, como el jaraguá (*Hiparrenia rufa*), y orquídeas del género *Catasetum*.

Las palmáceas cubrieron un espacio de 6,070 hectáreas (Clinton Bournet y otros, 1946). Los suelos de estas comunidades son innumerables y se empantanan en invierno, debido al poco drenaje y a su baja lixiviación. Los palmerales más extensos se ubican en el golfo de Fonseca, la bahía de Jiquilisco, el estero de Jaltepeque, Pimental y la barra de Santiago. En esta última comunidad dominó la palma de sombrero. Actualmente las zonas de palmáceas casi se han extinguido en el golfo de Fonseca, la bahía de Jiquilisco y la barra de Santiago. Las del estero de Jaltepeque y el Pimental están bastante deterioradas.

Desde la época de los pipiles, esta zona de vegetación proporcionó la materia prima para la construcción de chozas. Posteriormente se utilizó para fabricar sombreros, petates, escobas y canastas. Su deterioro ha sido propiciado por el cultivo de algodón y la corta de palma empleada en la construcción de ranchos en las lotificaciones de playa. En algunos lugares sus palmerales han sido talados y drenados para el cultivo del arroz, como en las márgenes del estero de Jaltepeque en la hacienda El Nilo. Los palmares formados por el coyol suche se encontraban por encima de 300 m sobre el nivel del mar, asociados con la selva baja caducifolia. Esta palma es hoy bastante escasa. Hacia 1910, fue muy abundante en las haciendas de casi todo el país ubicadas en las alturas mencionadas. Cuando su fruto estaba maduro servía de alimento del ganado; proporciona a la leche un sabor y olor muy agradables y sirve de base para la elaboración del típico queso petacones. También a la llegada de los españoles se introdujo la costumbre de usar el cogollo y las flores de esta palma en los ritos religiosos del Domingo de Ramos, además de usarla en los altares de Semana Santa. Tales prácticas, junto con la tala inmisericorde, han contribuido a hacer cada vez más escasa esta planta ■

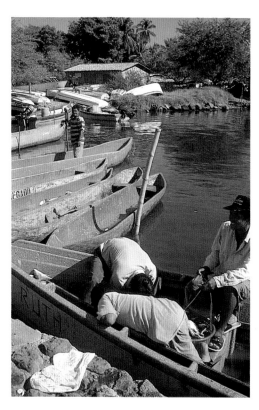

Los cambios sociales determinaron los diferentes usos dados a la materia prima procedente de los palmerales, comunidad de palmas, coyoles, cuilotes y pacayas prácticamente extinta. Su decadencia viene asociada a la sustitución de materiales operada en el proceso industrial y urbanizador, y a las nuevas actividades de sustitución generadas. Imágenes del palmeral y de los pescadores del estero de Jaltepeque (La Paz).

La fauna

Las comunidades vegetales de El Salvador cobijan una considerable variedad de formas de vida animal. A ellas habría que agregar la fauna que habita las aguas nacionales: la fauna de agua dulce y la fauna marina. El inventario de las especies que habitan el territorio salvadoreño sería demasiado extenso, por lo que se ha preferido enumerar las más importantes, especialmente aquellas que se encuentran amenazadas por la actividad humana.

No está de más insistir en que la alarmante reducción de áreas naturales sufrida por El Salvador supone una verdadera amenaza para varios millares de especies vegetales y animales que, si no se han extinguido ya, se encuentran en grave peligro de extinción.

Insectos

Los insectos, en particular las mariposas y los escarabajos, han sido durante mucho tiempo piezas codiciadas por los coleccionistas y naturalistas de todo el mundo. Además, las alas de los escarabajos son empleadas frecuentemente en joyería y otros elementos de bisutería de gran aceptación comercial. El uso de los pesticidas en la agricultura industrial ha tenido un impacto significativo en todas las variedades de insectos, incluso en aquellos beneficiosos para el ser humano, como la abeja común o aquellos que ejercen control biológico (depredadores) sobre variedades nocivas, insectos como la mantis religiosa o algunos coleópteros

como los escarabajos de los géneros *Pasimachus*, *Chlaenius*, *Cicindela* y *Megacephala*, los cuales, tanto en estado larval como adulto, depredan huevos, larvas y pupas, sobre todo de lepidópteros (mariposas).

Peces de agua dulce

La fauna ictiológica de agua dulce se caracterizó siempre en El Salvador por su pobreza. De hecho, se han registrado tres especies primarias, 16 secundarias y 16 periféricas. Las tres primarias son de origen suramericano. En años recientes, esta reducida fauna de apenas cuarenta especies se ha visto seriamente afectada y modificada por cambios ambientales adicionales inducidos por el hombre. Uno de estos

■
La introducción de especies exóticas en varios lagos del país ha conllevado desequilibrios importantes en la ictiofauna autóctona. En el lago Coatepeque, tales desequilibrios fueron provocados por la voracidad de la tilapia.

■ En contraste con las escasas especies de la ictiofauna de agua dulce de El Salvador, el litoral marino proporciona una gran variedad de especies, aunque sólo unas pocas son explotadas comercialmente. En la imagen, crustáceos del estero de Jaltepeque expuestos en un mercado local.

■ Tortuga marina, quelonio que ostenta la triste marca de ser la principal víctima de la depredación ejercida por el ser humano sobre el medio marino.

Peces marinos

El número de especies marinas explotadas comercialmente en El Salvador no alcanza las ochenta, a pesar de que existen por lo menos unas setecientas especies (inclusive hasta unas mil) frente a la costa. Esta evidente variedad en las aguas costeras de El Salvador compensa la pobreza de su ictiofauna de agua dulce. Por su importancia económica, resultan destacables el camarón (*Penaeus sp*) y el langostino (*Pleurocondes planipes*). Esta última alcanzó en 1981 un valor de 54 millones. Otra especie muy codiciada y de alto precio es la langosta (*Panutiris gracilis*), especialmente abundante en el extremo oriental del país. Muchas de estas especies son de gran atractivo y valor acuarista, pero varias otras tienen notable valor comercial y no han sido aún debidamente aprovechadas.

Anfibios

En El Salvador, la diversidad de los anfibios es relativamente baja en comparación con la de Guatemala, Honduras y Nicaragua, en donde la existencia de extensas áreas naturales favorece la preponderancia de un alto número de especies dentro de esta clase. A lo anterior habría que agregar la señalada reducción de áreas naturales y el drenado de numerosas áreas acuáticas existentes en tierras medias y bajas. Un segundo aspecto que influye en la marcada reducción de estas especies es el factor climático-geográfico,

cambios lo produjo la introducción de especies exóticas de notable agresividad y voracidad, como por ejemplo la tilapia (*Melanopleura* y otras especies), que no dio los resultados esperados y fue descartada en vistas a investigaciones posteriores. Algunas de estas especies son muy voraces y se adaptaron al hábitat del lago Coatepeque y la laguna de Apastepeque, causando cambios considerables en la ictiofauna de esos cuerpos de agua. Otro cambio, consecuencia de la deforestación, fue la reducción del caudal de los ríos, particularmente crítica al final de la estación seca. Un tercer cambio importante procede de la contaminación de la mayoría de ríos por residuos domésticos, pesticidas, fertilizantes y sedimentos, hecho que ha provocado también la reducción de las especies de agua dulce, aunque en términos generales se puede afirmar que no hay ninguna especie de agua dulce extinguida; sin embargo, todas sus poblaciones se han visto mermadas en una mayor o menor medida.

especialmente significativo: la marcada división entre las estaciones seca y lluviosa afecta a este grupo de animales que requieren condiciones de humedad favorables para poder respirar y lugares con agua para reproducirse y tener una mayor diversificación.

Reptiles

Se trata de un grupo en la actualidad también muy reducido, especialmente por la caza inmisericorde a que han sido sometidos, tanto por su carne como para otros usos. El caso más dramático es el de las tortugas, tanto terrestres como acuáticas, cuyas poblaciones han sufrido drásticas reducciones por causa de una persecución abusiva favorecida por la falta de regulación. La demanda de tortugas se orienta al consumo alimentario y, en el caso de las especies terrestres de menor tamaño, a satisfacer la demanda de mascotas. Un hecho muy alarmante es la mortandad de tortugas marinas causada accidental e intencionadamente por barcos pesqueros, sobre todo los camaroneros que las atrapan en sus redes.

Entre los saurios o lagartijas, la iguana (*Iguana iguana*) y el garrobo (*Ctenosaura similis*) han sufrido excesivas persecuciones por lo apetecido de su carne. Tanto el caimán como el cocodrilo (*Caiman crocodylus* y *Crocodylus acutus*) corren serio peligro de extinción en El Salvador. Ambas especies han sido muy perseguidas: para satisfacer la demanda de la industria de la piel y los curtidos, y por el miedo ancestral del hombre ante la voracidad de esta especie. El cocodrilo era antes muy común en el Lempa, en los lagos Olomega, Jocotal y Güija y en otros ríos con vegetación acuática. El caimán fue preponderante en las áreas pantanosas costeras, en particular en los manglares, donde, evidentemente, se veía menos sometido a la competencia de su pariente más cercano, el cocodrilo. Tanto el caimán como el cocodrilo de El Salvador están reconocidos mundialmente como especies en peligro de extinción y no hay duda de que el país posee una de las subpoblaciones más reducidas en su rango geográfico original, lo cual sólo viene a destacar lo irónico de la incomprensible resistencia a subscribir los convenios internacionales de protección de la flora y la fauna. Entre las serpientes o culebras sólo dos especies sufren mucha persecución como alimento: la masacuata (*Boa constrictor*) y la cascabel (*Crotalus durissus*).

Aves

De las 513 especies de aves catalogadas en El Salvador, 193 son migratorias. Descartada la existencia del águila crestada real en el bosque El Imposible —donde indujo a confusión la existencia de un ave similar de nombre común «pascua florida»—, sí se ha podido comprobar la existencia y hasta la reproducción de otra es-

La masacuata (*boa constrictor*), reptil de cabeza alargada y grandes maxilares, alcanza hasta 5 m de longitud. El tucán, ave piciforme del género *Ramphastos,* anida en las cavidades y se alimenta de frutos y pequeños animales.

pecie muy cercana y previamente desconocida en El Salvador, el águila crestada negra (*Spizaetus tyrannus*), cuyo juvenil plumaje claro, posiblemente haya inducido a la creencia inicial de que existían dos especies diferentes. Lo mismo ha ocurrido con la guara y el gavilán pescador en 1962 y 1981, respectivamente.

Algunas especies implantadas en más de un lugar cuentan con poblaciones tan reducidas que, posiblemente, estén más amenazadas que otras cuya supervivencia se debe a la protección de que gozan las áreas naturales en las que habitan. Entre estas últimas especies están el pato aguja, la garza rosada, el sargento (*Mycteria americana*), el pato real, el rey zope, el milano «de dos dientes» (*Harpagus bidentatus*), el gavilán de cola blanca y el halcón pescador. El pavo real tiene como problema adicional el saqueo de sus nidos: cuando al fin logra encontrar un bosque pantanoso adecuado para la reproducción, es privado de sus huevos, que son puestos a incubar por patos domésticos (o aún por gallinas), aprovechando que la especie se desarrolla con facilidad en cautiverio.

Otras aves son sometidas también a fuertes presiones en la época reproductiva, aunque, la mayoría de las veces con un objetivo distinto al que se persigue en el caso del pavo real, pues se trata de obtener animales para mascotas. Entre las especies más perseguidas para ese fin están la lora de nuca amarilla, la cotorra de frente blanca, los dos pericos pequeños – la catalnica y el chocoyo—, los picos de navaja (*Pteroglossus torquatus*), el peretete y varias chiltotas. Algu-

El quetzal (*Pharomacrus mocinno*), ave trogoniforme de unos 40 cm de longitud, alcanza los 80 cm de envergadura debido a las coberteras centrales de su cola. Habita en bosques de hasta 2,000 m de altura, es de régimen frugívoro y anida en los troncos huecos de los árboles.

nas de éstas, en particular las loras y las cotorras, están en grave peligro de desaparecer a corto plazo si esta actividad se continúa.

Mamíferos

En El Salvador hay registradas hasta la fecha unas cien especies de mamíferos, 41 de los cuales son quirópteros (sobre todo murciélagos) y treinta roedores. Éste es otro grupo cuya diversidad, por ser en su mayoría de hábitos nocturnos, ha sido menos estudiada. Los que más atención han recibido, y proporcionado resultados más novedosos, han sido los del grupo de los murciélagos y de los ratones silvestres, sin que, hasta la fecha, se haya encontrado ningún registro nuevo de un mamífero mediano, ni mucho menos de uno grande.

Ciertos mamíferos, como el jaguar y la danta o tapir, requieren extensiones tan grandes o aisladas (10,000 hectáreas para una pareja de jaguares) que ni siquiera puede concebirse un plan de reintroducción con vistas al futuro. La situación de los mamíferos grandes, y aun de algunos medianos, es de las más precarias de toda la fauna de El Salvador. El puma o león, el mono araña, el cuche de monte, el venado

rojo, y aún la tayra y la tamandúa, son especies en grave situación poblacional. Incluso felinos «medianos», como el ocelote, el gato margay y el gato zonto o yaguarundi, se encuentran en grave peligro de extinción, en particular el ocelote.

Por otro lado, otros mamíferos medianos observados en áreas naturales que gozan de una cierta protección —aunque no legalmente establecidas como parques nacionales— muestran claramente un buen potencial de restauración si se les procuran las condiciones naturales apropiadas. Entre los más notables se encuentran el venado de cola blanca, la cotuza, el conejo silvestre y el pezote. Aun el cuche de monte ha mostrado fuerte tendencia de recuperación tanto en Montecristo como en El Imposible, a pesar de las sospechas de que en ambos lugares están sufriendo la presión de algunos, aunque escasos, felinos mayores. Sólo un mamífero, el tacuazín de agua, da muestras de estar sobreespecializado en un área (el valle del Zapotitán), con la consecuente amenaza de desaparecer por completo del país al perderse las pequeñas «bolsas» de bosques de galería existentes en las riberas del río Sucio ■

El mono araña es un simio perteneciente a la familia de los cébidos, subfamilia de los atelinos.

El tapir, miembro de la familia de los tapíridos perteneciente al género *Tapirus*, es un mamífero perisodáctilo dotado de una probóscide y cuatro dedos en las extremidades anteriores. De hábitos nocturnos, se alimenta de raíces y habita en pequeños grupos o en solitario, en las cercanías de lugares con agua. El tapir americano ronda los 2 m de longitud y 1.40 m de altura.

Destrucción y preservación de la naturaleza

studios realizados por el Centro de Recursos Naturales (Cenren) muestran que El Salvador cuenta con unos 1,903 km² de bosque (excluyendo la vegetación arbustiva y los cafetales), lo cual representa tan sólo el 9 por ciento del territorio nacional. Según algunas estimaciones (Núñez y otros, 1990), esta superficie se ha reducido en una tercera parte, de modo que la superficie con área boscosa apenas representa un 6.0 por ciento del territorio nacional.

■ **Superficie estimada de bosque, en hectáreas**

Tipo de bosque	1977	Últimos años	Autor de la estimación
Naturales	184,519	37,210	MAG-DGRNR.
Coníferas	48,477	25,000	NUÑEZ, R. ET AL.
Latifoliados	90,759	52,000	NUÑEZ, R. ET AL.
Manglar	45,283	39,240	MAG-CENDEPESCA.
Plantaciones	3,853	6,593	MAG-DGRNR. CRUZ, E. Y GOMEZ, L.

■ **Dinámica de la cobertura forestal**

Proceso	Hectáreas por año	Año
Deforestación	11,653	–
Bosques primarios	7,153	1996
Bosques secundarios	4,500	1983
Reforestación	439	1996
Conversión área deforestada a bosque secundario	9,437	–

Fuente: CCAD, et al.

Degradación de las formaciones vegetales

A pesar de que El Salvador se cuenta entre los pocos países del mundo que estuvieron completamente poblados de bosques, en la actualidad posee una cobertura forestal exigua. En las últimas décadas, la cobertura boscosa ha continuado reduciéndose en beneficio de la expansión de cultivos como el café, el algodón, el maíz y la caña de azúcar, la cría de ganado, el desarrollo de infraestructuras urbanas y la obtención de madera para leña y construcción.

La oferta de leña no alcanza a satisfacer la demanda de una población rural en crecimiento, a la que abastece del 90 por ciento de sus necesidades energéticas. Además, la madera de los bosques es usada por la pequeña industria. Tales demandas de leña y madera ejercen una gran presión sobre los bosques, con el resultado de que cada vez son más reducidos.

El proceso de deforestación resulta preocupante porque los bosques protegen tres de los recursos más críticos del país: suelo, agua y energía. La cuenca hidrográfica del Lempa, la más grande de Centroamérica, cubre el 50 por ciento del país y ocasiona las más altas tasas de erosión y sedimentación, debido a la deforestación y a las prácticas agrícolas inadecuadas; lo cual lleva a tasas bajas de recarga en los mantos acuíferos, altas tasas de escorrentía e inundaciones y niveles elevados de sólidos suspendidos, abundancia de aguas superficiales y subterráneas. El desmonte de áreas ha mermado en forma acelerada, poniendo en peligro los recursos pesqueros del país. Dada la creciente escasez de madera y leña, así como la importancia de los bosques en la producción agrícola, energía, agua, infraestructura y estabilidad ecológica general, es difícil entender por qué los sistemas privados y públicos no invierten en reforestación.

En resumen, los altos costos económicos y sociales de la degradación de las formaciones vegetales (deforestación) y de la baja cobertura boscosa son bien conocidos, pese a que la falta de datos impide su cuantificación. Estos costos incluyen la pérdida de productos madereros y no madereros, la pérdida de biodiversidad y valores estéticos, la pérdida agrícola debida a la erosión del suelo y las inundaciones de los cursos fluviales inferiores, y los daños causados a la propiedad y a las infraestructuras.

Reservas ecológicas y parques nacionales

Más del 70 por ciento del territorio nacional ha sido estudiado detenidamente para tratar de delimitar las principales áreas naturales remanentes. Tales estudios han permitido establecer 37 áreas naturales, con voluntad de conservarlas como reservas naturales. Estas áreas, además de representar más de 40,000 hectáreas, no siempre están sujetas a un régimen de propiedad que garantice su preservación. Aun así, conviene describir brevemente las más importantes.

Parque Nacional de Montecristo

Situado casi en el extremo norponiente del país, el Parque Nacional de Montecristo abarca una extensión aproximada de 3,920 hectáreas, de las cuales 920 corresponden a El Salvador y las 3,000 restantes a Guatemala y Honduras. Posee más de 225 especies de orquídeas, 50 bromelias y 100 de helechos, así como otras de epífitas y plantas primitivas, que constituyen en

sus categorías respectivas la flora más diversa del país. La flora arbórea muestra una diversidad sorprendente: sobrepasa las 140 especies, entre las que predominan variedades de robles (*Fagaceae*) y laureles (*Lauraceae*). Esta variedad de árboles incluye cuatro especies recién descubiertas para la ciencia. La fauna incluye varias especies que, en El Salvador, están limitadas a esta reserva: el quetzal (*Pharomacrus mocinno*), la chacha negra (*Penelopinanigra*), la paloma codorniza (*Oreopeleia albifascies*), el venadito

La deforestación, consecuencia de la demanda de leña de una población rural en crecimiento y de las explotaciones agropecuarias y madereras. Tala en los márgenes de la carretera de Usulután.

■ Dependencia energética de leña en miles de personas, y porcentaje					
	1986	1987	1988	1989	1999
Población que usa leña	3.731	4.000	3.874	3.956	4.059
Porcentaje de la población total	77.0	77.3	77.0	77.0	77.3
Consumo per cápita (kg/persona/día)	3.15	3.15	3.15	3.16	3.16

Fuente: CCAD, et. al.

Sobre estas líneas, imagen del Izalco, cuyo cráter y lavas están adscriptos a la reserva Los Volcanes, que incluye el volcán de Santa Ana y las alturas de Cerro Verde. A la derecha, selva nebulosa en el Parque Nacional de Montecristo.

rojo (*Mazama americana*) y varias especies de musarañas, murciélagos y reptiles. El bosque nebuloso de Montecristo está rodeado por otras formaciones boscosas más extensas, donde conviven el roble, el encino, el pino y el ciprés, que es imperativo incluir en el parque nacional, ya que existe un notable movimiento migratorio de la fauna desde el bosque nebuloso a estos otros bosques.

Los Volcanes

Reserva situada en el departamento de Santa Ana y en el norte del departamento de Sonso-nate, en el occidente del país. Comprende el volcán de Izalco con sus lavas hacia el sur, así como las partes elevadas del Cerro Verde y del volcán de Santa Ana, con una extensión de alrededor de 6,500 hectáreas. Aquí encontramos el volcán más joven de El Salvador, el Izalco, el enorme cráter del volcán de Santa Ana, con su pequeña laguna azufrosa, y los bosques nebulosos de altura media-alta de ciprés (*Cupressus lucitania*), pinabete (*Alnus acuminata*) y otras comunidades naturales. Casi la mitad, incluyendo todo el Izalco y sus lavas, es de propiedad nacional. La flora epífita es muy atractiva, si bien de una diversidad mucho menor que la de Montecristo. El quetzal y la chacha negra, ya extintos en esta área, podrían ser reintroducidos con programas apropiados.

Volcán de San Vicente

Perteneciente al departamento homónimo, esta reserva consiste en un pequeño bosque nebuloso, situado en la parte superior de la formación volcánica, que tiene una extensión de 150 hectáreas y se encuentra dividido en dos cuerpos que corresponden a los dos conos del volcán. Uno de estos cuerpos ha sido donado al Estado.

Volcán de San Miguel

Situada en el oriente del país, esta reserva comprende el cráter volcánico activo, con algunos relictos de bosque de roble y latifoliadas de altura media alta en la falda sur. Su extensión es de unas 1,300 hectáreas que colindan en su parte sur con la laguna El Jocotal.

El Pital-Los Sisimiles

Situada en la parte norte del departamento de Chalatenango, contiene un pequeño relicto de 500 hectáreas correspondientes a lo que en el pasado fue el bosque nebuloso más diverso y extenso de El Salvador. Incluye la única área clasificada por Holdridge (1976) como bosque muy montano tropical. Aún cuando quedan algunos quetzales y chachas negras, habrá que adquirir por lo menos 1,000 hectáreas y realizar delicados trabajos de restauración para lograr la estabilidad mínima necesaria para que perduren las poblaciones más interesantes de la fauna nativa.

Volcán de Conchagua

Esta reserva ecológica se encuentra en un volcán situado en la esquina sur oriental del país, junto al golfo de Fonseca, en el departamento de La Unión. El volcán se eleva desde el nivel del mar hasta alcanzar 1,243 metros sobre el nivel del mar. Posee una franja de bosque que, desde su cima, desciende por las laderas orientales hasta la orilla del mar, asociada con un interesante conjunto de playas rocosas, arenosas y farallones. Ocupa una superficie de 500 hectáreas.

El Imposible

Se encuentra en el sudoccidente del país, en el departamento de Ahuachapán. Consiste en un área forestal ubicada en la vertiente sur de la cordillera de Apaneca, entre los 350 y los 1,350 m sobre el nivel del mar. Es por excelencia el bosque latifoliado de altura media baja más representativo del país. Posee la mayor diversidad de flora y fauna conocida en El Salvador, más de trescientas especies de árboles sin mayor predominancia de especies y una fauna muy llamativa. Ocupa un área de unas 5,000 hectáreas. Entre los animales más interesantes de esta área están el águila crestada negra (*Spizaetus tyranus*), el rey zope (*Sarcoranphus papa*), el gavilán blanco (*Leucopternis albicillis*), la paloma suelera rojiza (*Geotrygon montana*), el pajuil (*Crax rubra*), la pava de monte (*Penélope purpurascens*), el carpintero real o montañero (*Phloeoceastes guatemalensis*), el búho blanco y negro (*Ciccaba nigrolineata*), el puma (*Felis concolor*), el tigrillo mayor y ocelote (*Felis pardalis*), el cuche de monte de collar (*Tayasu tajacu*), el oso hormiguero o colmenero (*Tamandua tetradactyla*) y el tepezcuintle (*Agouti paca*). También encontramos en esta zona ríos cristalinos ricos en fauna invertebrada y el famoso pez

Imagen de la reserva de bosque del volcán Conchagua, con la playa Playitas, del golfo de Fonseca, en primer plano.

Bosques latifoliados de la Reserva Nacional El Imposible, con más de trescientas especies arbóreas que albergan la más variada y llamativa fauna del país.

«tepemechín» (*Agnostomus moticola*). Actualmente, casi la mitad del bosque se encuentra bajo custodia estatal del Servicio de Parques Nacionales y Vida Silvestre, aunque sólo mil hectáreas son de propiedad nacional.

Las Termópilas

Se encuentra en la parte sur central del país, en la vertiente sur de la cordillera del Bálsamo, departamento de La Libertad, y ha sido proyectada como reserva de bálsamo (*Myroxilon balsamun*), considerado el «árbol nacional». Esta zona forestal contiene, además, un bosque de transición entre el bosque latifoliado de tierra baja y el de tierra media-baja. De unas 500

hectáreas, su rango altitudinal es de 350 a 650 m. Se encuentra ubicado en la parte central de la cordillera del Bálsamo en el departamento de La Libertad.

Bosque de San Diego

Sorprende el hecho de que se encuentra a apenas unos kilómetros al sur del bosque nebuloso de Montecristo, una de las zonas más húmedas de El Salvador. El bosque de San Diego está ubicado en las faldas del volcán de San Diego (entre los 350 y los 780 m), al sur de la ciudad de Metapán, en la parte noroccidental del departamento de Santa Ana. Cubre unas 4,500 hectáreas. Está compuesto por caducifolias en más de un 90 por ciento y posee una interesante diversidad de cactáceas, incluyendo los cactus «órganos» (*Lemaireocereus eichlaii*) y las pitahayas (*Acantocerus pentagonus*). No parece contar con mucha fauna endémica, aunque es de los pocos sitios del país en que pueden observarse cotorras de frente blanca (*Amazona albifrons*) y la masacuata o boa de hule (*Loxocemus bicolor*).

Barranca del Sisimico

Constituye, sin lugar a dudas, el sitio de mayor interés paleontológico hasta ahora descubierto en el país y uno de los más interesantes de Centroamérica. Posee vestigios fósiles del Pleistoceno reciente. Abarca doscientas hectáreas y se encuentra en el departamento de San Vicente, a cinco kilómetros de la ciudad del mismo nombre. Por una inadecuada supervisión, este lugar es objeto de continuos saqueos.

Parque Deininger

Ubicado en el departamento de La Libertad, a unos cinco kilómetros al este del puerto del mismo nombre, comprende un rango altitudinal de 10 a 230 m. Está compuesto por un bosque secundario que presenta un gran potencial de restauración. Ocupa una extensión aproximada de 730 hectáreas, pero se hace necesaria la adquisición de unas 300 o 400 hectáreas adicionales, en la planicie que separa el bosque de la carretera del litoral, para asegurar la viabilidad de su población natural.

Nancuchiname

Constituye el último remanente de bosque de planicie costera apto para el establecimiento de un parque nacional. De aproximadamente 1,140 hectáreas, se encuentra en el departamento de Usulután, sobre la ribera oriental de la parte inferior del río Lempa. Representa poco menos del uno por ciento del bosque que una vez cubrió la planicie costera de El Salvador y que fue destruido con la introducción del cultivo del algodón. Aunque de diversidad menor que la de El Imposible o de Montecristo, este bosque llegaría a ser, una vez restaurado, muy atractivo, debido a la presencia de numerosas y llamativas especies: la lora nuca amarilla (*Amazona achrocephala*), el tucán de collar o pico de navaja (*Pterglossus torquatus*), la iguana (*iguana iguana*), el garrobo (*Ctenosaura similis*), el mono araña (*Ateles geoffroyi*) y la cotuza (*Dasyprocta punctata*). En 1998 la reserva sufrió un incendio que afectó a más de la mitad de su extensión.

Barra de Santiago

Esta área fue hasta hace poco el manglar más intacto y diverso en fauna de El Salvador. Sufrió recientemente un duro golpe ocasionado por un ciclón que azotó la costa suroccidental del país. Está ubicada en la costa del departamento de Ahuachapán, muy próximo a la frontera con Guatemala. Para mantener la diversidad de la fauna de esta zona se hace necesaria la protección de áreas complementarias tales como el Zanjón del Chino al occidente, y los bosques pantanosos y de planicie costera adyacentes.

Entre su fauna más interesante se cuenta la machorra (*Lepisosteus tropicus*), el cocodrilo (*Crocodylus acutus*), el caimán (*caiman crocodylus*), la garza rosada o morena (*Ajaia ajaja*), la cotorra de frente blanca (*amazona albifrons*) y muchas especies de aves acuáticas. La mayor parte de los manglares de esta área (más del 85%) son nacionales y se han beneficiado de varios proyectos de restauración y producción de vida silvestre llevados a cabo por el Servicio de Parques Nacionales y Vida Silvestre, que en la actualidad es su administrador y custodio.

La iguana común (*Iguana iguana*) es un lagarto de hasta 1.80 m de longitud y 15 kg de peso. Se encuentra amenazada por la presión demográfica y las necesidades alimenticias del hombre, que aprecia mucho su carne.

El Jocotal

Es una laguna pequeña que se encuentra directamente al sur del volcán Chaparrastique, en el sur del departamento de San Miguel. Las lavas de este volcán dan origen a los principales manantiales que alimentan la laguna. Una numerosa población de aves acuáticas, en particular gallinetas de agua y patos silvestres, la utiliza para reproducirse, en el caso de aves migratorias, o como área de descanso. Su extensión es de 500 hectáreas en la estación seca, pero se duplica durante la estación lluviosa. Su fauna mostró un notable incremento desde que el Servicio de Parques Nacionales y Vida Silvestre emprendió la vigilancia y restauración del lugar en 1976.

Los Cóbanos

Esta reserva se encuentra en las aguas territoriales del occidente del país. Está formada por un arrecife de coral situado al sureste del Puerto de Acajutla, en el departamento de Sonsonate. Su extensión aún no ha sido determinada con precisión, pero abarca por lo menos 8,000 hectáreas. Su valor es inestimable, ya que se trata del único arrecife de coral existente en la zona del Pacífico que corresponde a El Salvador y Guatemala. Recientemente se ha iniciado un inventario ilustrado de los peces de esta zona que se distingue por su variedad y colorido. Se trata del área marina de mayor importancia en la costa de El Salvador, por su diversidad biológica y su potencial atractivo turístico.

Preservar el patrimonio natural

Los salvadoreños disfrutamos de unas condiciones climáticas y una ubicación geográfica que han propiciado una envidiable riqueza de formas de vida natural. Es vital reconocer la influencia que las acciones de los seres humanos ejercen sobre el clima. La actividad humana de los últimos siglos se ha encargado de dañarla considerablemente. Las actividades industrial y agrícola debilitan la capa de ozono y aumentan la acidez de las lluvias. El ozono absorbe gran cantidad de rayos ultravioleta y les impide llegar a la superficie terrestre. Cuando es destruido, las radiaciones ultravioletas causan graves efectos en la vida humana y en la pequeña fauna acuática. La acidez daña los suelos y la vegetación, y afecta asimismo las condiciones climáticas.

La degradación del patrimonio natural es un problema que cada vez pesa más en la conciencia nacional. Sin embargo, el rescate de las formas de vida silvestre requiere de acciones concretas y de un marco legal que las posibilite. Importancia estratégica reviste apartar extensiones del territorio nacional para santuarios seguros y estables de formas de vida vegetal y animal dañadas por la actividad humana.

■ ■ ■ ■

La cotuza (*Dasyprocta punctata*) es un mamífero roedor que habita en los linderos o claros de los bosques, como el de Nancuchiname, reserva en el curso inferior del río Lempa, que constituye el último remanente del bosque de planicie costera salvadoreño.

RECURSOS HÍDRICOS

Algunos conceptos teóricos

Puede afirmarse que El Salvador es un país rico en recursos hídricos, si se considera la combinación de la topografía montañosa y los regímenes de lluvia de su territorio. Sin embargo, al examinar las distintas regiones hidrográficas, las estaciones climatológicas, el nivel de contaminación del agua superficial, el acceso a las fuentes y la demanda futura de agua, tal afirmación debe matizarse. De continuar los actuales ritmos de pérdida de cobertura vegetal, contaminación y erosión los salvadoreños estarán desperdiciando el recurso natural de mayor importancia para el desarrollo del país: el agua.

Antes de presentar la localización y descripción de los recursos hídricos con que cuenta El Salvador es conveniente introducir dos conceptos asociados con la disponibilidad de agua: el ciclo hidrológico y la cuenca hidrográfica.

El ciclo hidrológico

Ciclo hidrológico es un concepto empleado para describir la circulación del agua en el planeta Tierra. Parte del agua que, por efecto de la energía solar, se evapora del océano y es transportada como humedad atmosférica, puede precipitarse en forma de lluvia, granizo, rocío o, en algunos lugares, nieve. Al caer la lluvia sobre el suelo, una parte se evapora rápidamente, reintegrándose así a la humedad de la atmósfera. Otra parte se filtra en el terreno, desde donde puede ser absorbida y transpirada por la vegetación y luego evaporada a través del follaje de las plantas. Este mecanismo de retorno del agua a la atmósfera se conoce como «evapotranspiración». El resto del agua penetra por los intersticios del terreno hasta profundidades en las que alcanza y alimenta los mantos acuíferos o flujos de agua subterráneos, para continuar su lento movimiento descendente de regreso al mar. La última parte de la precipitación se escurre sobre el suelo, formando o alimentando los ríos que también desembocarán en el océano. Esta circulación del agua —del mar a la atmósfera, de la atmósfera a los suelos y de regreso al mar— se llama ciclo hidrológico.

Una estimación cuantitativa reciente del ciclo hidrológico en El Salvador indica que el volumen promedio anual de agua de lluvia que cae sobre el territorio es de 37,800 millones de metros cúbicos; de éstos el 95 por ciento se precipita durante los meses de mayo a octubre y el restante 5 por ciento entre noviembre y abril. Se estima que el 30 por ciento de todo este volumen de agua ($37,800 \times 10^6$ m^3) se escurre por los ríos hacia el mar, completando un volumen de $11,340 \times 10^6$ metros cúbicos. Un 10 por ciento del volumen de lluvia abastece los mantos de agua subterránea, lo que representa $3,780 \times 10^6$ metros cúbicos. El 60 por ciento restante de la lluvia caída ($22,680 \times 10^6$ m^3) regresa a la atmósfera en forma de evaporación y evapotranspiración proveniente de los suelos y

La cuenca del Lempa proporciona la mayor parte de los recursos hídricos salvadoreños: abastece de agua potable a las principales ciudades y es fuente de casi toda la energía hidroeléctrica generada. Imagen de la central hidroeléctrica 15 de Septiembre (180 MW), que, en el curso bajo del Lempa, aprovecha las aguas acumuladas en el embalse de San Lorenzo (departamento de San Vicente).

A pesar de su reducido curso y escaso caudal, los ríos salvadoreños resultan a menudo devastadores, en la medida que el régimen de lluvias, marcado por la estacionalidad, desborda frecuentemente los cauces. En la imagen, campesinos afectados en 1998 por el desbordamiento de las aguas tras el paso del huracán *Mitch*.

de las plantas, que a su vez utilizan el agua extraída de los suelos para su desarrollo. Esto representa un volumen de 22,680 x 106 metros cúbicos. Los lagos reciben a su vez la escorrentía de algunos de los ríos de su cuenca, con lo que ven aumentados sus niveles durante la época lluviosa.

Es importante destacar que este movimiento cíclico no constituye un proceso continuo y ordenado. Por ejemplo, las lluvias se precipitan estacional e intermitentemente, la evaporación que sigue a una lluvia es cuestión de horas y cierta cantidad de agua se mantendrá por mucho más tiempo en las capas subterráneas del terreno. Sin embargo, es necesario realizar la evaluación cuantitativa del flujo del ciclo hidrológico, pues permite estimar, por ejemplo, la cantidad de precipitación que recargará un

manto acuífero del que se toma agua y la cantidad de evaporación de un embalse.

Cuenca hidrográfica

Se da el nombre de cuenca hidrográfica al área o región geográfica que sirve como unidad natural de drenaje a las aguas que alimentan a un río, un lago o descargan en un estero. En general, las cuencas reciben el nombre del río que alimentan. Existen cuencas abiertas y cerradas. En una cuenca abierta el río que recibe o drena las aguas las descarga superficialmente en otro cuerpo de agua: por ejemplo, un río descarga en otro río. En cambio, en una cuenca cerrada como la de un lago de origen volcánico, para citar un caso, el agua no tiene salida o drenaje superficial, por lo que se descarga subterráneamente o mediante evaporación ■

Las cuencas hidrográficas de El Salvador

El Salvador es un país rico en recursos hídricos debido a la combinación de la topografía montañosa y a los buenos regímenes de lluvia. Todo su territorio constituye un sistema de cuencas hidrográficas que captan, canalizan y almacenan el preciado líquido.

Principales cuencas

1. La cuenca del río Lempa es la de mayor área de todas las que desaguan al océano Pacífico en la franja comprendida entre el istmo de Tehuantepec y el cabo de Hornos. Compartida internacionalmente con Honduras y Guatemala mide 18,243 km², de los cuales 10,255 corresponden a El Salvador.

2. La cuenca del río Paz, compartida internacionalmente con Guatemala, mide 2,011 km², de los cuales 843 pertenecen a El Salvador.

3. La cuenca entre los ríos Paz y Grande de Sonsonate abarca una superficie de 674 km². Está formada por regiones regadas por los siguientes ríos: San Francisco, Cara Sucia, Aguachapío, Guayapa, El Naranjo, El Rosario, Sunzacuapa y Copinula.

4. La cuenca de Sonsonate mide 875 km² y está formada por los ríos San Pedro, Sensunapán, Huiscoyol, Chimalapa, Ceniza y Banderas.

5. La cuenca entre los ríos Tazulate y Comalapa cubre un área de 1,400 km². Entre los ríos que la componen destacan el Pululuya, Apancoyo, Ayacachapa, Comasagua, El Muerto, Huiza, Tihuapa y Comalapa.

6. La cuenca del río Jiboa mide 608 km² y comprende parte de los territorios correspondientes a los departamentos de Cuscatlán, San Vicente y La Paz. El río Jiboa nace en el cantón Copinol (municipio de San Rafael Cedros) y es alimentado por el río Desagüe del lago de Ilopango.

7. La cuenca entre los ríos Jiboa y Lempa cubre una superficie de 971 km². Está formada principalmente por los ríos Nuestro Amo, Champato, Chichima, Jalponga, Sapuyo, Aguacate, Huiscoyolapa y San Lorenzo.

8. La cuenca entre los ríos Potrero y El Molino mide 971 km². La riegan los ríos El Potrero, El Borbollón, El Papayal, San Lázaro, Aguacayo y El Molino.

El río Jiboa define a lo largo de sus sesenta kilómetros de recorrido una cuenca de 608 kilómetros cuadrados que se beneficia de las aportaciones del río Desagüe, drenaje natural del lago Ilopango.

9. La cuenca del río Grande de San Miguel, que comprende regiones correspondientes a los departamentos de Morazán, La Unión, San Miguel y Usulután, abarca un área de 2,360 km².

10. La cuenca entre el río Grande de San Miguel y el Siramá abarca una extensión de 514 km². Incluye los ríos Managuara, El Zompopero y El Limón. Se conoce también como cuenca de Jucuarán.

11. La cuenca del río Goascorán, compartida internacionalmente con Honduras, presenta una superficie total de 1,727 km² que es alimentada por cinco ríos: Grande de Polorós −el de mayor caudal− y Anamorós, El Sauce, Agua Caliente y Pasaquina.

Además, en El Salvador existe un tipo único de cuenca, la del río San José, que desemboca en la laguna de Metapán, la cual no tiene desagüe superficial.

La cuenca hidrográfica más importante de El Salvador es la del río Lempa. Su potencial hídrico la convierte en la fuente de casi toda la energía hidroeléctrica que se genera en el país y en el principal abastecedor de agua potable para sus ciudades y poblaciones: San Salvador, Santa Ana, Chalatenango, Cojutepeque, Sensuntepeque, Nueva San Salvador y San Vicente ▪

■ Principales cuencas hidrográficas de El Salvador

Cuenca	Área total (km²)	Área nacional (km²)	Porcentaje de territorio
1 Cuenca del río Lempa*	18,243	10,255	48.38
2 Cuenca del río Paz	2,011	843	3.98
3 Cuenca entre el río Paz y Sonsonate	674	674	3.18
4 Cuenca de Sonsonate	875	875	4.13
5 Cuenca entre Sonsonate y el río Jiboa	1,400	1,400	6.60
6 Cuenca del río Jiboa	608	608	2.87
7 Cuenca entre los ríos Jiboa y Lempa	971	971	4.58
8 Cuenca entre los ríos Lempa y Grande de San Miguel	971	971	4.58
9 Cuenca del río Grande de San Miguel	2,360	2,360	11.13
10 Cuenca de Jucuarán	514	514	2.43
11 Cuenca del río Goascorán**	n/d	1,727	8.15

* Sujeto a confirmación con datos de Honduras y Guatemala.
** Se desconocen los datos de Honduras.

■
Mapa hidrográfico de El Salvador, con las once cuencas en que se divide el territorio nacional.

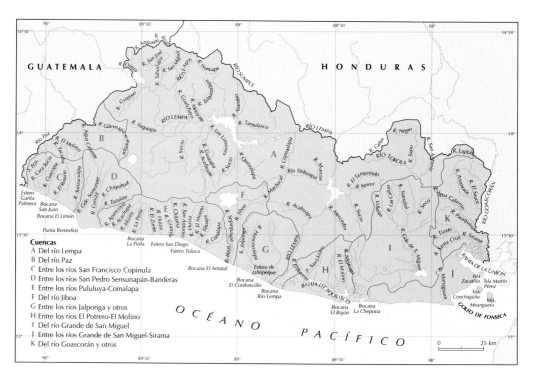

Cuencas
A Del río Lempa
B Del río Paz
C Entre los ríos San Francisco Copinula
D Entre los ríos San Pedro Sensunapán-Banderas
E Entre los ríos Pululuya-Comalapa
F Del río Jiboa
G Entre los ríos Jalponga y otros
H Entre los ríos El Potrero-El Molino
I Del río Grande de San Miguel
J Entre los ríos Grande de San Miguel-Sirama
K Del río Goascorán y otros

Hidrografía

La distribución de las aguas salvadoreñas está directamente determinada por la topografía y la geología del territorio y comprende los ríos, los lagos, las lagunas, los embalses y el mar. La superficie marítima se estima en 94,081 km² considerando los 355 kilómetros de litoral y las 200 millas náuticas que le corresponden al país.

Clasificación de los ríos por zonas hidrográficas

El régimen hídrico de los 360 ríos que forman la red fluvial del país está determinado por el régimen de lluvias y presenta los siguientes períodos acuáticos: de aguas altas (entre junio y octubre), de aguas bajas (de diciembre a abril) y período de transición (en mayo y noviembre). En su mayoría los ríos son cortos y de un caudal inferior a un metro cúbico por segundo, aunque algunos llegan a ser estacionales. Considerando su ubicación dentro del territorio nacional se pueden clasificar en:

Grandes ríos internacionales

Bajo esta categoría se incluyen los ríos que tienen parte de su cuenca fuera del territorio nacional. Entre ellos cabe citar el Lempa, cuya cuenca comprende parte del territorio guatemalteco y hondureño; el Paz, que prácticamente sirve de límite fronterizo con Guatemala, y el Goascorán, que es la frontera natural con Honduras. Todos ellos tienen las mayores

cuencas y, por tanto, se caracterizan por transportar grandes volúmenes de agua a lo largo de todo el año.

Ríos originados en la cadena de volcanes

En este grupo se incluyen el río Grande de San Miguel y los ríos Acelhuate, Sucio, Suquiapa, Acahuapa, Banderas y Sensunapán, que se caracterizan por mantener una buena cantidad de agua, aun durante la estación seca, gracias a la alta permeabilidad de los materiales geológicos de las zonas donde se ubican.

Ríos con origen en la cordillera del Bálsamo

Paralela a la costa, se alza la cordillera del Bálsamo. Esta zona, rica en vegetación, se caracteriza por contener la mayoría de ríos de corto

El río Paz es uno de los grandes ríos internacionales salvadoreños. Nacido en Guatemala, proporciona el límite fronterizo con este país desde la confluencia con el Güeveapa hasta la bocana de desembocadura en el Pacífico. Imagen de un puente sobre el río Paz.

recorrido, los cuales descienden desde las montañas hacia la planicie costera y desembocan al mar. Entre los principales cursos de agua originados en la zona merecen citarse el Cuilapa, El Rosario, El Naranjo, Cauta, Sunzal, Comasagua, San Antonio, Huiza y Comalapa. Todos ellos poseen pequeñas cuencas inferiores a los cien kilómetros cuadrados.

Ríos que se originan en las montañas de la frontera

Bajo esta categoría se incluyen los ríos que se forman en las montañas del norte, en la zona fronteriza con Honduras. Entre los principales deben mencionarse el Torola, Sapo, Negro o El Palmar, Sumpul, Nunuapa, Tamulasco, Rosario y San José, en Metapán. También tienen este origen los ríos Juputa, Angue y La Palma. Dada la fuerte estacionalidad de las lluvias y de las escorrentías, durante la época lluviosa estos ríos presentan fuertes crecidas de corta duración. En la época seca, algunos de ellos, según el estado de forestación de sus cuencas, mantienen pequeños caudales, mientras que otros prácticamente se secan.

Principales ríos de El Salvador

Por su caudal y longitud, los ríos más importantes son el Lempa, el Grande de San Miguel, el Paz, el Goascorán, el Jiboa y el Sucio.

Lempa

Nace el río Lempa en la montaña Las Moras, en las inmediaciones del templo del Cristo Negro de Esquipulas, departamento de Chiquimula, en la vecina república de Guatemala. Entra en territorio salvadoreño por el sitio fronterizo de El Poy, que se localiza a 700 metros de altura sobre el nivel del mar. Cuando penetra en El Salvador el río se desplaza en dirección norte-sur en un tramo estimado de 63 km. En dicho tramo recibe, como afluente importante, al río Guajoyo, el cual transporta las aguas que provienen del lago de Güija. Se encuentran en fase de proyecto la instalación en dicho tramo de las centrales hidroeléctricas Cimarrón (343 megavatios, MW), Zapotillo (215 MW) y Paso del Oso (131.8 MW). El caudal promedio del río medido en la estación Paso del Oso es de 71.23 metros cúbicos por segundo.

Al cambiar a la dirección oeste-este, se desplaza un tramo estimado en 126 kilómetros. Durante ese recorrido recibe en su margen derecha importantes afluentes: los ríos Suquiapa, Sucio, Acelhuate, Quezalapa y Copinolapa. Por la izquierda recibe todos los que descienden de la montaña fronteriza al norte de Chalatenango, entre ellos los ríos Mojaflores, Metayate, Grande, Tamulasco y Sumpul. En ese tramo se han construido las centrales hidroe-

El Lempa pasó de ser frontera natural entre las poblaciones indígenas autóctonas –lencas y pipiles– durante la Conquista y la Colonia, a simbolizar las capacidades de desarrollo de un territorio nacional integrado. Puente sobre el Lempa.

léctricas Cerrón Grande (135 MW) y 5 de Noviembre (82 MW), y se estudia la construcción de la central El Tigre (1,350 MW). El caudal promedio que se ha reportado en la estación El Tigre es de 176 metros cúbicos por segundo.

Después de recibir al río Sumpul, la trayectoria del Lempa sufre un nuevo cambio, tomando la dirección norte-sur. Este último segmento de su recorrido hacia el océano Pacífico es navegable y tiene una longitud estimada de 105 kilómetros. Se ha construido en él la central 15 de Septiembre (180 MW) y se estudia la construcción de la central San Marcos Lempa (55MW).

Los ríos más importantes que aumentan el caudal del «Titán Cuscatleco» en este tramo son el Titihuapa, el Acahuapa, el Torola y el Jiotique. El caudal promedio del río medido en la estación San Marcos es de 445.59 metros cúbicos por segundo.

LEMPA: TOPONIMIA E HISTORIA

El topónimo Lempa proviene del término indígena «atlempa», vocablo formado por las raíces *atl* («agua»), *tlentí*, («labio», «orilla»), y *pa* («en», desinencia de lugar), o sea que su etimología es: «lugar a orillas de las aguas» o «en la orilla de las aguas». Al perder el prefijo *at,* quedó (At)lempa.

El oidor licenciado Diego García de Palacio, en su *Carta de relación* al rey de España Felipe II, datada en Guatemala el 8 de marzo de 1576, dice: «Hay en dicha provincia [de San Salvador] una laguna que se dice Uxaca grande [lago de Güija] y que de su desaguadero se forma y hace el río Lempa, que es uno de los mayores deste distrito.

Cuentan los naturales indios antiguos que solía haber en ella culebras de extraña grandeza, y que un cacique de un lugar que se llama Atempa-Macegua [Atlempa-Mazahua, departamento de Santa Ana] topó una que, según la demostración (que) hacía, debía tener más de 50 pies. No tengo por cosa muy auténtica, porque nadie dice la ha visto, sino este cacique, aunque es notorio por la fama antigua en toda aquella provincia(...)».

El Lempa fue descubierto en 1522 por el piloto mayor Andrés Niño y, según refiere el soldado historiador Bernal Díaz del Castillo, cuando regresaba de Choluteca a Guatemala vía Cuscatlán, en compañía de Pedro de Alvarado (1526), «en aquella ocasión llovía mucho y venía un río que se decía Lempa, muy crecido, y no le pudimos pasar en ninguna manera; acordamos de cortar un árbol que se llama ceiba y era de tal grosor, que de él se hizo una canoa que en estas partes otra mayor no se había visto, y con gran trabajo estuvimos cinco días en pasar el río».

Citado por Jorge Larde y Larín, *Toponimia autóctona de El Salvador oriental*, San Salvador, Ediciones del Ministerio del Interior.

La central de Cerrón Grande (135 MW), en el valle superior del Lempa, fue la tercera de las centrales hidroeléctricas construidas para aprovechar los recursos hídricos del que ha sido calificado como Nilo salvadoreño.

La importancia económica, geográfica y agrícola que tienen para El Salvador estos 294 kilómetros de caudalosas aguas es indiscutible, por ello el Lempa es calificado como El Nilo salvadoreño. Proporciona energía a través de las centrales hidroeléctricas instaladas en su recorrido, sirve como fuente de agua potable, sus aguas se usan para el riego de cultivos y actúa como santuario para numerosas especies. En agradecimiento a esta generosidad, se descargan en este maravilloso río altas concentraciones de sedimentos en suspensión cargadas por los afluentes que provienen de las zonas deforestadas. También descargan estos afluentes los desechos domésticos e industriales de importantes centros de población del país. En resumen, a cambio de los bienes que da el Lempa, el ser humano lo contamina.

Fundalempa, fundación dedicada al rescate de esta cuenca hidrográfica, ha expresado su preocupación por el estado de rápido deterioro que registra este primordial recurso con las siguientes palabras: «Ha llegado la hora del Lempa; llegó la hora para que todos los salvadoreños, desde el Estado y la sociedad civil, nos decidamos a salvar nuestro río. El daño es inmenso, pero su destrucción no es inevitable; sin embargo, sólo será posible evitarla si estamos conscientes de no dejar pasar esta oportunidad por las graves implicaciones que eso tendría. Las consecuencias de nuestras actitudes y acciones ahora son de vital importancia para el futuro. Las grandes limitaciones ambientales que se oponen a nuestro desarrollo requieren atención inmediata, continua y creciente. El Lempa podría no perdonarnos».

Grande de San Miguel

Por su caudal y longitud el río Grande de San Miguel es el segundo en importancia de El Salvador: posee la mayor área de cuenca situada totalmente dentro del territorio nacional. Nace 6.8 km al norte de la ciudad de San Miguel, de la confluencia de los ríos San Antonio, Chávez o Guayabo y Cañas. Se desplaza en dirección norte-sur desde las montañas al norte de las poblaciones de San Francisco Gotera y Guatajiagua, hasta las cercanías de la laguna de Olomega en una longitud calculada en 66 kilómetros. Cambia hacia la dirección este-oeste y, siguiendo este curso, recorre una distancia estimada en 51 kilómetros, sirviendo de desagüe a las lagunas de San Juan y El Jocotal, hasta desembocar en la bahía de Jiquilisco. El caudal promedio reportado en metros cúbicos por segundo es: estación Hato Nuevo, 0.954; estación Villería, 5.98; estación Vado Marín, 27.55; estación Moscoso, 21.43; estación Las Conchas, 34.57.

Paz

El río Paz nace en la montaña de Castilla (Guatemala) con el nombre de Tempisque y sirve de límite fronterizo con Guatemala desde su confluencia con el río Güeveapa, Pampe o de Chalchuapa, hasta su desembocadura en el océano Pacífico. El cauce más largo del río mide 103 kilómetros y el recorrido principal estimado, siguiendo la dirección norte-sur, es de 81 kilómetros. El caudal promedio medido en las estaciones San Lorenzo y La Hachadura es de 4.02 y 28.29 metros cúbicos por segundo, respectivamente.

El río Grande de San Miguel es, por longitud y caudal, el segundo de los ríos salvadoreños. Define una cuenca de 2,360 km² que es la de mayor superficie de entre las que se sitúan totalmente dentro del territorio nacional.

Goascorán

Este otro río internacional nace en la montaña de La Paz (Honduras) y desde su confluencia con el Guajiniquil, Unire o Pescado hasta su desembocadura en el golfo de Fonseca, frente a la isla Conejo, sirve de límite fronterizo con el país hondureño.

El Goascorán efectúa un recorrido en dirección norte-sur de 69 km. El caudal promedio reportado para este río —medido en metros cúbicos por segundo— es el siguiente: estación Pasaquina, 5.11; estación El Sauce, 6.85, y estación Amatillo, 28.074.

Jiboa

Nace el río Jiboa en el cantón Copinol del municipio de San Rafael Cedros, departamento de Cuscatlán, y sirve de drenaje del lago de Ilopango a través del río Desagüe. Su curso, de dirección predominante norte-sur, es de aproximadamente 60 kilómetros. La cuenca que alimenta este río se considera de baja permeabilidad, escasos sedimentos, escorrentía deficiente y escasa vegetación. El caudal promedio que se ha reportado es el siguiente: estación El Desagüe, 3.62; estación Los Amates, 5.321, y estación Montecristo, 5.35 m³ por segundo, respectivamente.

Sucio

El Sucio es uno de los principales ríos que desembocan en el Lempa. Nace en la laguna del valle de Zapotitán, departamento de La Libertad, y después de recorrer 60 kilómetros en dirección noroeste desemboca en el Lempa, unos diez kilómetros aguas arriba del embalse de Cerrón Grande. La importancia de la cuenca de este río reside en que en ella se encuentran los dos distritos de riegos más importantes del país: Zapotitán y Atiocoyo.

Los lagos

En el territorio nacional se distinguen tres lagos principales: dos lagos «caldera», el Ilopango y el Coatepeque, formados por grandes masas de agua dulce depositada en depresiones volcano-tectónicas, y un lago «reposado», el de Güija, formado a partir del agua de los ríos retenida por una corriente de lava que cerró la salida de un valle.

Ilopango

Es el lago de mayor superficie de El Salvador; su cuenca, de aproximadamente 185 km², se encuentra entre los departamentos de San Salvador, La Paz y Cuscatlán. Tiene un área de espejo de agua de 70.52 km², un perímetro de 52.50 km y una profundidad máxima de 22,750 m. Se encuentra situado a 442 metros sobre el nivel del mar y diez kilómetros al este de la ciudad de San Salvador. Presenta a su alrededor algunas playas de suave pendiente y otras de acantilados bastante abruptos, lo que contribuye a variar su aspecto. Los afluentes del Ilopango son muy numerosos, siendo el mayor el río Guluchapa, que penetra por la población de Asino. Con el fin de evitar los daños causados por las inundaciones de sus riberas, se habilitó su drenaje actual, el río Desagüe, el cual vacía las aguas del lago en el río Jiboa.

Se estima que el lago de Ilopango se formó a partir de una serie de erupciones volcánicas seguidas de un hundimiento tectónico ocurrido

Riegos en el valle de Zapotitán (departamentos de Sonsonate y La Libertad), donde las aguas del río Sucio, afluente del Lempa, son aprovechadas con gran esmero proporcionando uno de los mejores ejemplos de agricultura de regadío salvadoreña.

Los lagos Ilopango (derecha), por su extensión el principal de El Salvador, y Coatepeque (izquierda), agraciado por la isla del Cerro y un entorno natural privilegiado, constituyen dos de las joyas del turismo del país.

hace aproximadamente dos millones de años. Como resultado de sucesos volcánicos posteriores se formaron en él varias islas bautizadas con pintorescos nombres: Cerro de los Micos, Isla de Los Patos, La Pequeña Isla, al frente de la península El Cocal, en la ribera sur. Haciendo honor a su origen, desde el 20 de enero hasta el 19 de marzo de 1880 se sucedieron curiosos fenómenos geológicos que culminaron con la aparición, en el centro del lago, de un volcán lávico de cuarenta metros de elevación sobre el nivel lacustre. Al cesar la acción hipogénica se distinguieron dos conos piroclásticos aislados, conocidos actualmente como Cerros Quemados. Cuentan los historiadores que cuando ocurrió este fenómeno «las aguas se saturaron de azufre, la tierra tembló y aparecieron tantos peces muertos que parecía que habían desaparecido para siempre».

Coatepeque

Ubicado a 745 metros sobre el nivel del mar en el cráter prehistórico de una montaña, se encuentra en el departamento de Santa Ana a cuatro kilómetros de la población de El Congo. El espejo de agua es de 24.8 km² de superficie y su profundidad máxima es de 115 m en el centro. A diferencia de lo que sucede con el Ilopango, la cuenca de este lago se considera un ejemplo de cuenca cerrada (endorreica), cuya área estimada es de 70.25 km². Se cree que existe un desagüe subterráneo que conecta el lago con el vecino río Agua Caliente.

Como evidencia de que el lago de Coatepeque se formó por el hundimiento de las cimas de un grupo de conos volcánicos, en una de sus bahías permanece erguida una pequeña isla llamada Cerro de la Culebra o Cerro Serpenteado.

Güija

El lago de Güija, ubicado a 435 metros sobre el nivel del mar y a 10.3 kilómetros al sur de la ciudad de Metapán, en el departamento de Santa Ana, es fuente de leyendas para los historiadores, pues guarda en su seno poco profundo ciudades aborígenes milenarias. Con sus playas de configuración caprichosa, una profundidad máxima estimada en 20 metros y bordeado por montañas, este lago es compartido con Guatemala. De los 442 km² de exten-

Mapa de embalses de El Salvador. El aprovechamiento de los recursos hídricos es uno de los prodigios del país.

sión superficial del espejo de agua, el 70 por ciento pertenece a El Salvador y el 30 por ciento a Guatemala. En él se encuentran la isla Tipa y los cerros Igualtepeque y El Tule.

El lago Güija sirve de desembocadura de los ríos Angue, Ostúa y Cuzmapa. Luego se drena al Lempa por medio del río Desagüe. Aprovechando el caudal de este drenaje natural, entre 1960 y 1963 se construyó la central hidroeléctrica de Guajoyo con un potencial de 15 MW.

Lagunas

Se define así a pequeñas masas de agua dulce depositadas en depresiones del terreno que alcanzan poca profundidad y extensión superficial. Generalmente, estos cuerpos de agua no reciben la descarga de ningún río, ni tampoco tienen desagüe superficial. Según su origen, se pueden clasificar de la siguiente manera:

a) cratérico, ubicadas en cráteres volcánicos, como las lagunas de Cuscachapa, Chalchuapa, Apastepeque, Alegría, Las Ninfas, Verde y Chanmico;

b) tectónico, formadas en fallas de la corteza terrestre: como las lagunas de Metapán, Olomega, San Juan, Los Negritos, Aramuaca, del Llano, Managuara, Nahualapa y El Jocotal.

Olomega

La laguna de Olomega, alimentada y drenada por el río Grande de San Miguel, es un importante cuerpo de agua superficial en avanzado estado de eutrofización. La eutrofización es un proceso natural de envejecimiento de lagos y lagunas mediante el cual se van azolvando (llenando de lodo) y adquiriendo mayor contenido orgánico y vida biológica. El resultado de este proceso es una gradual reducción de la profundidad y visibilidad, debidas también a un incremento de fitoplancton, vegetación y fauna acuática con gran productividad biológica.

Situada 15 km al sudeste del departamento de San Miguel, en la jurisdicción de Chirilagua, a una altitud de 30 metros sobre el nivel del mar, el espejo de agua de esta laguna tiene una extensión estimada en 18 km², un perímetro de 97 km, una profundidad promedio de 2.70 m y una cuenca de 27.7 km².

Llano del Espino

De un kilómetro cuadrado de extensión y una profundidad máxima de tres metros, se encuentra a 687 metros de altura, y a cuatro kilómetros al noreste de la ciudad de Ahuachapán. No posee tributario ni desagües superficiales.

Cuscachapa

Se encuentra situada al este de la ciudad de Chalchuapa, en la parte oeste del departamento de Santa Ana. Yace en un cráter volcánico y se llena de agua subterránea. Es de muy pequeña extensión superficial (de aproximadamente 0.5 km², con una profundidad máxima de seis metros). No posee tributarios superficiales ni desagües y tiene muy poca playa.

■ Laguna Verde, en el cráter del volcán Ahuachapán, ejemplo de formación lacustre de origen cratérico que no recibe aportes fluviales ni desagua en curso alguno de la red hídrica.

Verde

Se encuentra en el cráter volcánico del mismo nombre, al noroeste de la cadena de Ataco. De origen volcánico, está situada a 16 km al sudoeste de la ciudad de Ahuachapán y a 48 km al este de la población de Apaneca. Su altitud es de 1,722 m y ocupa el cráter del volcán de Ahuachapán. Es de poca extensión superficial: aproximadamente 0.12 km² (unas cinco hectáreas) y su profundidad máxima alcanza once metros en la parte central.

Las Ninfas

De origen volcánico, se encuentra en el cráter del volcán del mismo nombre, a 1.5 kilómetros de la villa de Apaneca, en el departamento de Ahuachapán. Se encuentra ubicada a una altitud aproximada de 1,720 m, tiene forma elíptica y posee un área estimada en 0.13 km². Este cuerpo de agua se forma por la circunstancia de que un lado del cráter en el cual descansa se encuentra desgastado; la construcción de un dique en el lado menos profundo permite mantener un promedio de agua de un metro y medio.

Metapán

Se cree que esta laguna, situada en el noroeste del país, en el municipio de Metapán, departamento de Santa Ana, se encuentra limitada por una falla escalonada. Durante la estación lluviosa, tiene una profundidad máxima de seis metros y su espejo de agua alcanza un área de cuatro kilómetros cuadrados. Durante la estación seca, la extensión de la laguna se reduce hasta aproximadamente un kilómetro cuadrado y la profundidad se reduce a un metro. Entre sus tributarios se encuentran los ríos Chimalapa y San José.

Chanmico

Está ubicada aproximadamente a 467 metros sobre el nivel del mar, 10.5 km al sur de la ciudad de San Juan Opico, departamento de La Libertad. Su espejo de agua es de 0.78 km² y su profundidad máxima en el centro es de 45 m. Sus aguas ocupan un antiguo cráter volcánico cuyas aguas subieron de nivel después del terremoto de 1917. La laguna es alimentada por las aguas subterráneas. En su mayor parte, las orillas de la playa son escarpadas y no tiene desagüe superficial ni aporte de tributarios. Su profundidad máxima, en el centro, es de 50 metros.

Apastepeque

Apastepeque significa «cerro de las vasijas grandes» en lengua nahuat. La laguna se encuentra ubicada 60 km al sur de San Salvador y a 15 km de la ciudad de San Vicente, en la jurisdicción de Santa Clara. Es de origen volcánico, su superficie alcanza 0.5936 km² y su profundidad máxima, en el centro, es de 35 m. La cuenca tiene un área de 2.06 km y está compuesta de bajas colinas que se levantan rápidamente desde la playa. Esta laguna es alimentada principalmente por aguas subterráneas.

Alegría

De aproximadamente 0.2 km², la laguna de Alegría está formada por el pequeño depósito de aguas sulfurosas que se encuentra en el cráter del volcán Tecapa (1,603 m), situado dos kilómetros al sur de la ciudad homónima, en la parte central del departamento de Usulután. El vocablo indígena *tecapa* significa «peñón de pedernal» o «peña sagrada». La original e imponente ubicación, las manifestaciones geotermales a lo largo de su orilla y la arboleda de sus empinadas laderas la convierten en un paisaje de extraordinaria belleza.

Aramuaca

La laguna de Aramuaca está ubicada en la jurisdicción de Uluazapa, cuatro kilómetros al este de la ciudad de San Miguel, en un pequeño volcán de sólo 33 m de altura situado a unos 10 km al este de la ciudad de San Miguel. Su espejo de agua tiene una extensión de 0.4 km² y se encuentra a 102 m de altitud. En el lado sudoeste existen grandes levantamientos rocosos de entre 30 y 35 m, donde se observa vegetación propia de este sustrato. Por los lados nordeste, norte, sur y sudoeste se encuentran terrenos elevados pero no tan rocosos, poblados de bosques naturales. Los únicos lados en que existe algo de playa son el este y el sudeste.

El Jocotal

Se encuentra situada a 150 metros sobre el nivel del mar, en el caserío El Borbollón, que forma parte del municipio de El Tránsito, al sudoeste del departamento de San Miguel. La laguna ocupa 1.2 km² de superficie y tiene 2.25

metros de profundidad. El Jocotal está ubicada en la parte baja de una cuenca cuya área mide tres kilómetros cuadrados y conduce el agua que se produce en la época de lluvia y las aguas subterráneas de los manantiales localizados a lo largo de su orilla norte. La laguna drena sus aguas durante todo el año por medio de un canal muy caudaloso que desemboca en el río Grande de San Miguel ∎

Laguna Aramuaca (San Miguel), «Peña de aguas y alacranes» en la etimología nahuat, se ubica en el cráter de un volcán de una treintena de metros de altura.

Laguna Alegría (Usulután): situado en el cráter del Tecapa, sus aguas sulfurosas proporcionan los beneficios de la hidroterapia a través de las fuentes termales que se localizan en sus márgenes.

Aprovechamiento de recursos hídricos

Uno de los usos más importantes dados en El Salvador a los recursos hídricos ha sido la generación hidroeléctrica, aprovechando la fuerza y el caudal de los ríos. Esta energía hidroeléctrica ha sido el principal factor del desarrollo industrial y comercial salvadoreño. A principios de la década de 1950 se inauguró la primera central hidroeléctrica en el río Lempa, la cual se bautizó como presa 5 de Noviembre. Posteriormente, se construyó la central hidroeléctrica de Guajoyo, que regula las aguas del lago de Güija y produce también energía eléctrica. A principios de la década de 1970 entró en servicio la de Cerrón Grande, la mayor central hidroeléctrica que se levanta sobre las aguas del Lempa.

Dependiendo del tamaño de la presa y su embalse se ha estimado que el período de vida útil de estas centrales oscila en torno a los cincuenta años. Dado el alto grado de deforestación de la cuenca del Lempa, principalmente en territorio de El Salvador, se depositan y

■ **Características de las centrales hidroeléctricas sobre el río Lempa**

	Guajoyo	Cerrón Grande	5 de Noviembre	15 de Septiembre
Año de puesta en servicio	1963	1977	1954	1983
Cuenca de drenaje (km²)	2,562	8,350	9,785	17,530
Área de embalse (km²)	55	135	16	35.5
Volumen de almacenamiento (millones de m³)	645	2,180	320	380
Almacenamiento útil (millones de m³)	490	1,430	87	37
Caída nominal (m)	42	57	50	30.5
Capacidad efectiva total (MW)	15	135	72	156.6
Tipo de operación	*	*	**	**

* Almacenamiento.
** Filo de agua.

acumulan grandes cantidades de sedimentos en el embalse. El fenómeno reduce la capacidad de almacenamiento de agua y, en consecuencia, el potencial de energía. Esta limitación determina la imposición de racionamiento de agua durante la estación seca, hecho que ocasiona pérdidas en todos los sectores económicos.

El eficiente aprovechamiento de los recursos hidráulicos para la generación de energía eléctrica es uno de los prodigios de El Salvador. Sin embargo, debido a la naturaleza estacional del recurso hídrico, la generación hidroeléctrica requiere de la construcción de embalses. Un embalse es el resultado de la construcción de una presa, la cual detiene o modifica el cauce natural del agua de un río. Esta acumulación formará un lago artificial cuya extensión y profundidad dependerán directamente de la altura de la presa y de la topografía existente alrededor del río.

Los principales embalses con que cuenta El Salvador son: El Guajoyo, Cerrón Grande, 5 de Noviembre y 15 de Septiembre.

Los recursos hídricos en la actualidad

El Salvador es un país con altos niveles de precipitaciones y numerosos cuerpos de agua, pero el grado de deterioro ambiental existente —debido principalmente a la deforestación (pérdida de fuentes de captación de agua) y a la contaminación de las aguas subterráneas y superficiales— determina que la capacidad de renovación del recurso acuático disminuya.

«El agua se termina...», «Caen las últimas gotas...», son algunos de los encabezados con los que la prensa ha descrito la crítica reducción de disponibilidad de agua en el país. Si no se resuelven los problemas de la deforestación y la contaminación con la prontitud que el caso

La central hidroeléctrica 5 de Noviembre (72 MW) es la más antigua de la red de centrales levantadas sobre el río Lempa.

La escasez de recursos hídricos debida a la sobreexplotación requiere una atención especial y, a menudo, fuerza a la adopción de medidas especiales para satisfacer la demanda. Imagen de transporte de agua potable a lomo de caballerizas en Yucuaiquín (La Unión).

demanda, se verán afectados todos los usos alternativos del agua: el riego, la producción hidroeléctrica, el uso doméstico e industrial, la pesca, la recreación y la asimilación y disposición de desechos. La pérdida continuada de este recurso natural conducirá irremediablemente el país a peores situaciones económicas y a un desequilibrio social más profundo.

Ecologistas como el doctor Ricardo Navarro han señalado que «en El Salvador el agua ha pasado, de ser un recurso esencial para la vida, a convertirse en una fuente de enfermedades y muerte, tanto por su contaminación como por su escasez. Ya son normales los brotes de violencia entre la población local y los cuerpos de seguridad, y no está lejos el día en que vamos a lamentar muertes violentas por causa del agua. Lo que antes era un problema ecológico se ha convertido en un problema social y está convirtiéndose en un problema político».

Esta dramática situación reclama una pronta y efectiva atención. Resolver los desequilibrios que la actividad humana descontrolada ha infringido en los hasta hace poco abundantes recursos hídricos es una de las mayores responsabilidades frente a las generaciones venideras.

■ ■ ■ ■

LA POBLACIÓN

Dinámica demográfica

La evolución demográfica está estrechamente relacionada con los procesos que se registran en los ámbitos político, económico y
social. El fenómeno es especialmente notable
en El Salvador, donde resulta claramente perceptible la influencia que tuvieron en la dinámica de la población los diferentes cambios
ocurridos en la organización social. Habría que
comenzar señalando la drástica reducción del
número de habitantes en los primeros siglos de
la Colonia, resultado de la introducción de enfermedades desconocidas en el continente
americano y de los trabajos forzados a que fueron sometidos los pueblos indígenas por los
conquistadores españoles. Un impacto asimismo significativo tuvo la introducción del café,
en la medida que supuso una considerable concentración de habitantes en la zona central del
país, donde se encontraban la mayoría de las
plantaciones de ese cultivo. En fechas mucho
más recientes se ha registrado un importante
movimiento migratorio del campo a la capital,
San Salvador, por razones económicas. Esa
tendencia se vio drásticamente acentuada a raíz
de la guerra civil (1979-1992) y los grandes
desplazamientos humanos que ésta provocó.

El predominio de lo rural sobre lo urbano
fue muy claro durante el período colonial, a lo
largo de todo el siglo XIX y aun durante las primeras siete décadas del siglo XX. Sin embargo,
en los últimos años la intensificación del proceso migratorio del campo a la ciudad y la emi-

gración internacional han dado como resultado
una relativa urbanización del país y una reducción del peso relativo de la población rural. El
Salvador ha dejado de ser un país eminentemente rural: la población se divide casi a partes
iguales entre las áreas urbana y rural, debido en
particular al desproporcionado crecimiento de
San Salvador.

■ Población de El Salvador

Año	Habitantes
1524	130,000
1551	60,000
1570	77,000
1770	132,092
1778	146,684
1796	161,035
1807	200,000
1821	250,000
1855	394,000
1878	554,785
1882	612,943
1887	664,513
1892	703,000
1899	758,945
1910	986,537
1917	1,120,537
1930	1,459,594
1940	1,787,930
1950	1,855,917
1961	2,510,984
1971	3,554,648
1992	5,118,599
Últimos datos	6,276,000

Fuente: Rodolfo Barón Castro, *La población de
El Salvador*, CSIC, Instituto Gonzalo Fernández
de Oviedo, Madrid, 1942. Dirección General de
Estadística y Censos, *II, III, IV y V Censo Nacional
de Población*, Ministerio de Economía.

■ La juventud es
la característica
más destacada
de la población
salvadoreña, en
la que la mitad
de los habitantes
no sobrepasa los
19 años de edad.
En la página an-
terior, fotografía
de una adoles-
cente moliendo
maíz en el ámbi-
to familiar.

La recuperación de la población tomó más de dos siglos, y no fue sino hasta 1770 cuando llegó a niveles similares a los observados antes de la Conquista. Para ese año el número de habitantes alcanzó la cifra de 132,092 personas y, a partir de entonces, el crecimiento se sucedió a tasas superiores al 2.5 por ciento. Sin embargo, la composición étnica cambió de forma drástica al reducirse fuertemente el porcentaje de población indígena del país y al multiplicarse la participación de españoles y ladinos.

Desde entonces la población salvadoreña ha tendido a duplicarse cada 20-25 años, hasta llegar a estimarse en más de 6 millones a principios del siglo XXI.

Perfil de la población

En la actualidad, El Salvador está considerado como uno de los países más densamente poblados de América Latina. Según últimas estimaciones, la densidad es de 298 habitantes por kilómetro cuadrado, mientras que en San Salvador, capital y ciudad más importante del estado, se estima una concentración próxima a 6,633 habitantes por kilómetro cuadrado.

Según el último censo, realizado en 1992, la distribución de los grupos de edad muestra que la población de El Salvador es mayoritariamente joven, pues más de la mitad (50.2%) no supera los 19 años de edad, mientras que los mayores de 65 años sólo representan un 5.1 por ciento del total. La población con edades comprendidas entre 20 y 64 años representa un 44.7 por ciento de la población total.

La distribución de la población por sexos revela que el porcentaje de mujeres es superior al de los hombres, pues mientras estos últimos representan el 48.6 por ciento, las mujeres constituyen el 51.4 por ciento. Si se considera la población con edades inferiores a 19 años, la relación se invierte, pues los hombres constituyen el 50.6 por ciento, mientras las mujeres representan el 49.4 por ciento. La población mayor de 65 años está distribuida por sexos de la

■ Crecimiento de la población entre los dos últimos censos

Departamento	1971	1992	Crecimiento
Ahuachapán	178,472	261,188	82,716
Cabañas	131,081	138,426	7,345
Chalatenango	172,845	177,320	4,475
Cuscatlán	152,825	178,502	25,677
La Libertad	285,575	513,866	228,291
La Paz	181,929	245,915	63,986
La Unión	221,015	255,565	34,550
Morazán	156,052	160,146	4,094
San Miguel	320,602	403,411	82,809
San Salvador	733,445	1,512,125	778,680
San Vicente	153,398	143,003	-10,395
Santa Ana	335,853	458,587	122,734
Sonsonate	237,059	360,183	123,124
Usulután	294,497	310,362	15,865
Total	**3,554,648**	**5,118,599**	**1,563,951**

Fuente: IV y V Censo Nacional de Población.

■ La distinción por sexos señala un mayor peso de las mujeres en el conjunto de la población, salvo entre los menores de 19 años. En la imagen, niños en un parque de San Salvador.

La población salvadoreña

Se estima que, antes de que en 1524 llegaran los conquistadores españoles, la población de El Salvador era de aproximadamente 130,000 personas de origen indígena. En los 27 años siguientes la población disminuyó a 60,000, cifra que abarcaba indios, españoles y mestizos. Las causas de este drástico descenso fueron el impacto negativo de la Conquista y la colonización: trabajo en encomiendas, viruela, sarampión, enfermedades venéreas, etcétera.

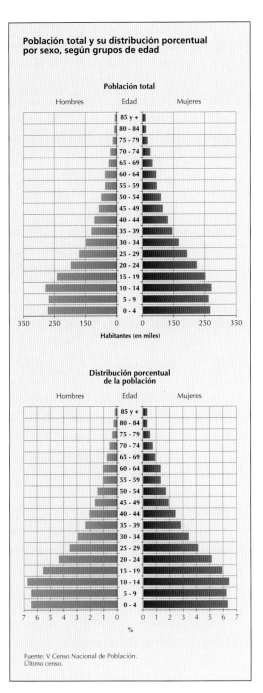

Población total y su distribución porcentual por sexo, según grupos de edad

Población total

Hombres | Edad | Mujeres

Grupos de edad: 85 y +, 80 - 84, 75 - 79, 70 - 74, 65 - 69, 60 - 64, 55 - 59, 50 - 54, 45 - 49, 40 - 44, 35 - 39, 30 - 34, 25 - 29, 20 - 24, 15 - 19, 10 - 14, 5 - 9, 0 - 4

350 250 150 | 0 | 150 250 350

Habitantes (en miles)

Distribución porcentual de la población

Hombres | Edad | Mujeres

7 6 5 4 3 2 1 0 | 0 1 2 3 4 5 6 7

%

Fuente: V Censo Nacional de Población.
Último censo.

personas, el 38 por ciento de la población total. Del total de la PEA, un 62 por ciento eran hombres y un 38 por ciento mujeres.

Crecimiento demográfico

Durante las dos últimas décadas, las tasas de crecimiento demográfico se han reducido de manera drástica, rompiendo la tendencia expansiva que habían mantenido históricamente.

Entre los censos de 1950 y 1961, la tasa de crecimiento demográfico fue de 2.77 por ciento, mientras que en el período intercensal 1961-1971 se elevó hasta 3.46 por ciento. En cambio, desde 1971 hasta el último censo la tasa de crecimiento de la población fue de sólo un 1.73 por ciento.

Los departamentos que han experimentado las menores tasas de crecimiento han sido aquellos que se convirtieron en escenarios de la guerra civil entre 1979 y 1992. Éstos son los de Cabañas, San Vicente, Cuscatlán, Chalatenango, Usulután, Morazán y San Miguel, los cuales, a excepción del último, crecieron a tasas por debajo del uno por ciento. Durante ese período, el departamento de San Vicente incluso experimentó un descenso de población, alcanzando una tasa anual negativa de 0.33 por ciento, hecho que resulta curioso después de que en las

Los movimientos migratorios internos del campo a la ciudad proporcionan una de las señas de identidad de la actividad urbana, como refleja la actividad comercial en la imagen de esta calle de Sonsonate.

siguiente manera: 45.9 por ciento son hombres, y 54.9 por ciento son mujeres. De la población con edades entre 20 y 64 años, 46.8 por ciento son hombres y 53.2 por ciento son mujeres.

En lo referente a la población económicamente activa (PEA), a principios de los años noventa estaba formada por cerca de 2,250,000

■ Tasa de crecimiento poblacional, por períodos intercensales

Departamento	1950-1960	1961-1970	1971-1992*
Ahuachapán	2.98	3.09	1.81
Cabañas	1.81	3.20	0.26
Chalatenango	1.66	2.98	0.12
Cuscatlán	1.99	3.03	0.73
La Libertad	3.19	3.37	2.81
La Paz	2.76	3.31	1.43
La Unión	2.77	3.88	0.69
Morazán	1.93	2.63	0.12
San Miguel	2.79	3.23	1.09
San Salvador	4.14	4.57	2.47
San Vicente	2.34	3.04	0.33
Santa Ana	2.27	2.56	1.48
Sonsonate	3.02	3.52	1.99
Usulután	2.24	3.54	0.25
Total	**2.77**	**3.46**	**1.73**

* Último censo.
Fuente: V Censo Nacional de Población.

décadas de 1950 y 1960 experimentara tasas de crecimiento superiores al 2 por ciento.

Es importante señalar que la reducción de la tasa de crecimiento global de la población no significa en realidad que las tasas de crecimiento natural hayan disminuido. Las menores tasas de crecimiento global durante las décadas de 1970, 1980 y 1990 se explican en función de la voluminosa emigración de población, estimada en más de 62,000 emigrantes anuales, pues las tasas de crecimiento natural se han mantenido altas.

Las tasas de fecundidad han experimentado una reducción durante las últimas décadas. Sin embargo, esto es válido sólo para el área metropolitana de San Salvador y para la zona rural, pues en las restantes áreas urbanas las tasas de fecundidad se han mantenido. A principios de los años noventa las tasas de fecundidad del área metropolitana de San Salvador, del resto del área urbana y de la zona rural eran 2.69, 3.52 y 4.96 por ciento, respectivamente.

Composición étnica

El grado de coexistencia registrado en El Salvador entre culturas distintas no ha sido mayor, en parte, por la escasa extensión territorial del país y por las características de la organización económica y social en él existente. La población indígena ha sido asimilada hasta el punto de ver prácticamente erradicados sus aspectos culturales, mientras que el influjo de población de otras culturas no ha sido lo bastante importante como para alterar de manera sensible la composición étnica de la población. Se considera que un 70 por ciento de la población es mestiza (mezcla de descendientes de europeos, amerindios y africanos), un 20 por ciento amerindia y un 10 por ciento criolla (descendientes de europeos). Sin embargo, conviene señalar que las cifras de población mestiza podrían ser incluso más altas, mientras que las de población indígena podrían estar sobreestimadas.

La población indígena no sólo sufrió un importante descenso en los primeros años de la Colonia, sino que en el transcurso de los siglos XVI, XVII y XVIII fue sometida a un fuerte proceso de ladinización —o de asimilación a la cultura española— que terminó reduciéndola a pequeños grupos aislados ubicados en la zona de los departamentos de La Paz y Sonsonate. Mucho más tarde, con los sucesos de 1932, se registró una nueva flagelación de la población indígena, especialmente en el departamento de Sonsonate, donde se concentraban los últimos vestigios de esta cultura.

INDICADORES DEMOGRÁFICOS BÁSICOS

Tasa de crecimiento natural: Indica el crecimiento porcentual anual de la población en base a la única consideración de nacimientos y defunciones.

Tasa de crecimiento global: Indica el crecimiento porcentual anual de la población en base al balance de nacimientos, defunciones, inmigraciones y emigraciones.

Tasa de fecundidad: Considera el número de hijos por mujer que han nacido en un período determinado.

■ **Tasas de crecimiento natural y global**

Quinquenios	Crecimiento natural	Crecimiento global
1970-1975	3.2	2.6
1975-1980	3.0	2.1
1980-1985	2.7	1.1
1985-1990	2.8	1.9

Fuente: Dirección Población, MIPLAN, «Indicadores demográficos de América Latina», *Boletín n°.1*, 1990.

■ **Tasas globales de fecundidad, por áreas**

Año	AMSS	Resto urbano	Rural
1978	3.6	3.6	8.7
1985	3.3	3.3	5.8
1988	3.0	3.0	5.9
1993	2.69	3.52	4.96

Fuente: Asociación Demográfica Salvadoreña, et al., *Encuesta Nacional de Salud Familiar (FESAL-88)*, 1989. Asociación Demográfica Salvadoreña, *Encuesta Nacional de Salud Familiar. (FESAL-93)*, 1994.

Importa considerar también que, como resultado de las inmigraciones, desde el siglo XIX existen en el país pequeños grupos de ascendencia europea y estadounidense que llegaron a controlar una gran proporción de la tierra cultivable y los servicios financieros. Asimismo, en las primeras décadas del siglo XX flujos migratorios originarios de países árabes como Siria y Palestina introdujeron un nuevo grupo étnico. Los descendientes de los inmigrantes árabes controlaron, casi desde su llegada, la actividad comercial y la industria textil.

Las migraciones

Los movimientos migratorios registrados en El Salvador se concentran en tres períodos cruciales de su historia de los siglos XIX y XX. Por su ámbito, se clasifican en migraciones internas y migraciones internacionales.

■ El proceso de ladinización redujo la presencia indígena a pequeños grupos relictuales. Indígenas en Nahuizalco.

LA FUSIÓN ÉTNICA

Nunca ha existido en El Salvador una diferencia geográfica marcada entre las dos culturas (española e indígena). Esto implica que, desde el principio, no hubo una distinción geográfica clara entre las formas de asentamiento y de uso de la tierra de españoles e indios. Es cierto que algunas comunidades indígenas aisladas sobrevivieron conservando su forma propia de gobierno local, organización social y actividad económica, basada en el cultivo de la tierra que poseía la comunidad. Pero el grado de autonomía de que disfrutaron varió de un pueblo a otro: en algunos, las tierras comunales permanecieron bajo control de un grupo indio; en muchos casos, los ladinos pudieron ejercer su autoridad. En otros poblados se desarrollaron de forma paralela distintos usos de la tierra —indígenas y ladinas—, en la misma tierra común.

El contacto temprano y sostenido de españoles e indios estimuló también una civilización o «ladinización» más rápida de la población nativa. Aunque, a mediados del siglo XVIII, la mayoría de los pueblos conservaban el lenguaje nativo, había muy pocos en los que no fuese el español el idioma administrativo. En la actualidad, el término «indio» ha dejado de tener significado racial ■

David Browning, *El Salvador, la tierra y el hombre*,
Dirección General de Publicaciones, Ministerio de Educación, San Salvador.

Migraciones internas

Se relacionan con los cambios socioeconómicos impulsados por la introducción del café, los avances de la industrialización y la modernización de la agricultura y el conflicto político-militar de los años ochenta.

Introducción del café y migraciones (1892-1932)

Durante la época colonial y las primeras décadas de vida independiente, el principal cultivo comercial de El Salvador era el añil y, por estar diseminado éste de forma equilibrada en todo el territorio, estimulaba una distribución de la población también relativamente equitativa, aunque con tendencia a concentrarse en la franja central del país y más especialmente en su parte occidental.

La crisis y desaparición del añil, conjuntamente con la introducción del café, sobredeterminaron que las mayores concentraciones de población se ubicaran en zonas urbanas. La erradicación de las tierras comunales y ejidales para introducir el cultivo del café originó contingentes de población sin tierra que optó por buscar su subsistencia en el ámbito urbano.

Coincidiendo con el auge del cultivo del café, las ciudades de San Salvador y Santa Ana experimentaron un rápido crecimiento. Como consecuencia, la primera de ellas se convirtió en la sede de las actividades del gobierno y en el centro comercial y artesanal del país. De esta forma la capital se expandió como resultado de las migraciones, hasta el punto de que, entre 1892 y 1930, casi triplicó el número de habitantes, mientras en el mismo período el conjunto de la población de El Salvador sólo se duplicó. Ello fue resultado tanto del crecimiento natural de la población, como del flujo de inmigrantes recibido por la ciudad durante ese período. La migración estaba a su vez alentada por la expropiación de tierras comunales y ejidales, y por el surgimiento de una masa de población sin tierra.

Industrialización y modernización de la agricultura (1950-1971)

El proceso de industrialización y de modernización agraria que tuvo lugar entre las décadas de 1950 y 1970 dio paso a una nueva etapa de reasentamientos de la población. En ese período se incrementaron las inversiones, especialmente las públicas, destinadas al desarrollo de la industria (la cual se concentró en el área metropolitana de San Salvador) y a la intensificación del cultivo de algodón en el litoral del país. Aumentaron así tanto las migraciones hacia San Salvador como los desplazamientos de población desde el litoral algodonero: las plantaciones de este producto condujeron a la eliminación de los cultivos de alimentos y provocaron el desplazamiento de la población que se dedicaba a ellos.

Las décadas de 1950 y 1960 se caracterizaron por la difusión de otros cultivos de exportación, pero también se desarrollaron actividades de producción manufacturera, en particular en San Salvador, Santa Ana, Nueva San Salvador, San Miguel y otras ciudades. Ello permitió recuperar los niveles de crecimiento demográfico a partir de 1960 y aceleró procesos de urbanización en diferentes departamentos del país, con desiguales ritmos o velocidades. Las mayores tasas de crecimiento por departamento y de crecimiento urbano correspondieron a San Salvador. Otros departamentos con importantes crecimientos urbanos fueron Cuscatlán, Sonsonate, San Miguel y La Libertad.

Las estimaciones señalan que, entre 1950 y 1971, la población inmigrante representaba cerca del 30 por ciento de los habitantes de San Salvador y que la tasa de crecimiento de dicho grupo poblacional era del 1.45 por ciento.

Durante ese período se masificó un proceso de migración campo-ciudad que se conjugó con un elevado crecimiento natural en las zonas urbanas. Particularmente, las cabeceras de municipios de los departamentos de Santa Ana, Chalatenango, La Libertad, San Salvador, Cuscatlán, San Miguel, Cabañas, Morazán y La Unión tuvieron un crecimiento de población urbana mayor con respecto al resto de la población del departamento.

La existencia de un importante flujo migratorio hacia Sonsonate, La Libertad, San Salvador y San Miguel permite suponer la existencia de polos de crecimiento económico en las zo-

La introducción del cultivo del café en detrimento de las tierras comunales y ejidales expulsó del campo a una población sin tierra que trató de hallar nuevas oportunidades en los núcleos urbanos. Imagen de cafetales en la ladera del volcán Santa Ana.

■ Las labores de la recolección del café multiplican la mano de obra necesaria en este cultivo. A la izquierda, una familia campesina durante las labores de recogida en el alto de Zapote.

■ La guerra civil dio paso a partir de 1980 a los primeros desplazamientos masivos de población. A la derecha, campesinos refugiados al comienzo del conflicto armado.

■ Número de emigrantes salvadoreños, por destino y naturaleza jurídica		
Destino	**Ilegales**	**Legales**
Estados Unidos	1,500,000	250,000
México	200,000	100,000
Guatemala	100,000	75,000
Canadá	–	30,000
Suecia y Europa	–	20,000
Australia	–	50,000

Fuente: Alto Comisionado de las Naciones Unidas para los Refugiados.

nas occidental, central y oriental del país. San Salvador se sitúa a la cabeza, experimentando la mayor atracción migratoria, por delante de los mencionados municipios.

Conflicto político-militar (1979-1992)

A principios de la década de 1980 la intensificación del conflicto armado y de las persecuciones políticas generó los primeros desplazamientos masivos de población rural, la cual trataba de refugiarse en las cabeceras o en las áreas urbanas de los respectivos municipios. En el curso del señalado proceso, los departamentos de la región oriental y norte del país fueron los que expulsaron mayores contingentes de población campesina.

El número de personas desplazadas llegó a 164,297 a finales de 1981, y alcanzó la cifra de 427,892 quince años después. Los departamentos más afectados fueron San Salvador, Morazán, San Miguel, San Vicente, Usulután y Chalatenango. Cerca del 20 por ciento de los desplazados se ubicaron en 14 municipios de San Salvador y provenían en su mayoría de Cuscatlán, Chalatenango, San Vicente y Cabañas.

Migraciones internacionales

De forma paralela a los fuertes desplazamientos internos de población provocados por el conflicto político-militar, se registró también un importante flujo de emigrantes hacia el exterior, en especial hacia Estados Unidos.

Del total de emigrantes (2,325,000 personas), el 75.3 por ciento (1,750,000) se dirigió a Estados Unidos y el 20.4 por ciento (475,000) a México y Guatemala, en la ruta hacia Estados Unidos. Las zonas de mayor expulsión de población suelen coincidir con las mismas señaladas en el caso de la población desplazada por el conflicto armado ■

Distribución de la población

Desde hace dos décadas, y como consecuencia de la dinámica seguida por las migraciones internas, más de la mitad de la población se ubica en los principales centros urbanos y en sus municipios periféricos. Esto implica que la población salvadoreña se ha concentrado cada vez más en la parte central del país y, en particular, en los municipios aledaños a la ciudad de San Salvador.

La densidad de población del departamento de San Salvador se ha multiplicado por dos y los municipios de otros departamentos cercanos, como Nueva San Salvador y Zaragoza, en el departamento de La Libertad, también han experimentado un importante crecimiento. Los municipios de San Salvador más densos son San Salvador, Mejicanos, Soyapango, Ciudad Delgado, Ayutuxtepeque, Apopa, San Marcos e Ilopango.

Ciudades y asentamientos rurales

En los primeros siglos de la Colonia, los asentamientos originales de los indígenas no fueron afectados drásticamente por los españoles, pues éstos optaron por mantener los sitios originarios. Aun después de la Conquista, la mayoría de los asentamientos españoles se localizaban

■ **Distribución y densidad de población (1992-2000)**

Departamento	1992			2000		
	Población	%	Densidad	Población	%	Densidad
Ahuachapán	261,188	5.1	211	319,800	5.1	258
Cabañas	138,426	2.7	125	152,800	2.4	138
Chalatenango	177,320	3.5	88	196,600	3.1	97
Cuscatlán	178,502	3.5	236	203,000	3,2	268
La Libertad	513,866	10.0	311	682,100	10.8	412
La Paz	245,915	4.8	201	292,800	4.7	239
La Unión	255,565	5.0	123	289,000	4.6	139
Morazán	160,146	3.1	111	173,500	2.8	120
San Miguel	403,411	7.9	194	480,300	7.7	231
San Salvador	1,512,125	29.5	1,706	1,985,300	31.6	2,240
San Vicente	143,003	2.8	121	161,100	2.6	136
Santa Ana	458,587	9.0	227	551,300	8.8	273
Sonsonate	360,183	7.0	294	450,100	7.2	367
Usulután	310,362	6.1	146	338,300	5.4	159
Total	**5,118,599**	**100**	**243**	**6,276,000**	**100**	**298**

Fuente: V Censo Nacional de Población.

El crecimiento de San Salvador se concreta en nuestros días en la creación de un área metropolitana que incluye 16 municipios. Imagen de la ciudad de Mejicanos, uno de los municipios integrados en el Gran San Salvador.

en las cercanías de las poblaciones indígenas. Los principales núcleos de población españoles fueron Sonsonate, Izalco, Santa Ana, San Salvador, San Vicente, Apastepeque, Zacatecoluca, Usulután y San Miguel.

Sin embargo, a finales del siglo XVII era ya perceptible un cambio en la ubicación de los asentamientos más grandes. Pasó a privilegiarse la franja central del país, especialmente su parte occidental, destacando las poblaciones de San Salvador y Santa Ana, que se convirtieron en las principales ciudades del país.

Sin lugar a dudas la capital, San Salvador, ha sido la ciudad más importante durante el siglo XX y en ella se ha concentrado la mayor parte de la población. Con anterioridad, aunque sede del gobierno, no era aún la concentración demográfica más importante, pues Santa Ana llegó a superarla hacia finales del siglo XIX.

La capital

Después de su fundación en 1525, San Salvador se expandió rápidamente, pasando a absorber las pequeñas poblaciones aledañas y el territorio circundante de los municipios en que se ubicaban. En la década de 1990, este proceso de absorción se concretaba en un área metropolitana de San Salvador integrada por los siguientes municipios: San Salvador, Cuscatancingo, San Marcos, San Martín, Santiago Texacuangos, Apopa, Ayutuxtepeque, Mejicanos, Ciudad Delgado, Soyapango, Ilopango, Nueva San Salvador, Nuevo Cuscatlán, Tona-

■ Proyección de la población por departamentos (2000-2010)

Departamento	2000	2010
Ahuachapán	319,800	392,400
Cabañas	152,800	160,900
Chalatenango	196,600	206,900
Cuscatlán	203,000	222,300
La Libertad	682,100	880,100
La Paz	292,800	344,800
La Unión	289,000	316,700
Morazán	173,500	184,800
San Miguel	480,300	599,200
San Salvador	1,985,300	2,357,800
San Vicente	161,100	180,800
Santa Ana	551,300	667,400
Sonsonate	450,100	568,700
Usulután	338,300	357,900
Total	**6,276,000**	**7,440,700**

La capital del país ha absorbido ocho municipios vecinos y concentra gran parte de la población urbana salvadoreña. Panorámica del centro de San Salvador, con la plaza Libertad a la derecha.

catepeque, Santo Tomás y Antiguo Cuscatlán. A esta aglomeración se le ha llamado también Gran San Salvador.

Esto implica que de su extensión y población originales, San Salvador ha avanzado hasta absorber un conjunto de ocho municipios adicionales, concentrar a más de 1.9 millones de habitantes y presentar una densidad de 6,633 habitantes por kilómetro cuadrado. Este incremento ha sido posible por el importante flujo migratorio absorbido por la ciudad a lo largo de todo el siglo XX. Ya en 1929, un 51.51 por ciento de la población era inmigrante, y el 70 por ciento de ésta se encontraba en edad de trabajar. La capital concentra la mayor parte de la actividad industrial, comercial, financiera, gubernamental y de servicios de la nación.

Principales ciudades

Aunque tras la Conquista se fundaron las ciudades españolas de San Salvador y San Miguel, la población hispana continuó concentrándose en las zonas aledañas a las nuevas haciendas y en las cercanías de las poblaciones indígenas preexistentes. En algunos casos, como el de

Zacatecoluca, la población de origen español llegó a desplazar y a convertir en minoría a la población indígena. Aparte de San Salvador, las fundaciones españolas más importantes fueron San Miguel y San Vicente, pero las mayores concentraciones demográficas correspondían a Santa Ana, Zacatecoluca, Sonsonate, Apastepeque, Usulután e Izalco.

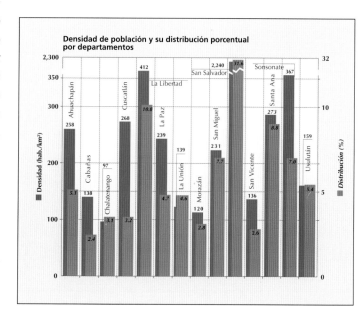

Densidad de población y su distribución porcentual por departamentos

Santa Ana, segunda concentración urbana del país, disputó tras la Independencia la capitalidad económica de la nación a San Salvador, e incluso llegó a superarla en número de habitantes durante la fase de expansión que siguió a la introducción del café. Imagen de una calle del centro de Santa Ana.

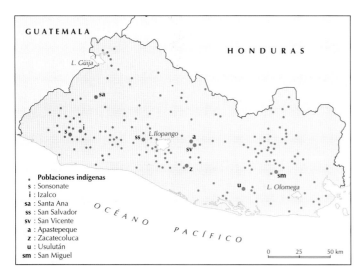

Mapa de asentamientos españoles a comienzos del siglo XVI (arriba).

Tercera ciudad del país por población, San Miguel se distingue por la riqueza de su sector agropecuario y su industria de tejidos e hilados. A la derecha, imagen de la iglesia de San Miguel, capital del departamento.

Después de la Independencia las principales ciudades eran San Salvador y Santa Ana. Esta última competía con la primera en cuanto a la intensidad de las actividades económicas y el número de habitantes. Incluso en los momentos de auge del cultivo de café llegó a superar el número de habitantes de San Salvador, pero posteriormente perdió dinamismo y en la actualidad se considera la segunda ciudad del país. La tercera ciudad por orden de importancia es San Miguel, en donde se concentra un importante número de población y de actividades comerciales.

Cabe destacar que aun cuando las ciudades de San Ana y San Miguel se consideran segunda y tercera en orden de importancia, ambas se encuentran muy lejos de las dimensiones demográfica y territorial de la capital. En términos de población, estas ciudades sólo alcanzan a concentrar, en conjunto, un 25 por ciento de la población que puebla San Salvador.

Ciudades asimismo destacadas son Sonsonate y Usulután, las cuales concentran, conjuntamente, un 8.4 por ciento de la población de San Salvador. Del total de la población urbana, un 53 por ciento se concentra en la ciudad de San Salvador, un 13 por ciento en las ciudades de Santa Ana y San Miguel, y un 34 por ciento se distribuye entre once ciudades cabeceras de igual número de departamentos y otras 68 ciudades diseminadas en todo el país.

Dispersión de los asentamientos rurales

En la época precolombina la población rural de El Salvador se encontraba distribuida de modo más o menos uniforme en todo el territorio. No existía concentración en ninguna zona específica. Con la aparición de los asentamientos españoles y las ciudades esta situación permaneció relativamente inalterada y la población continuó diseminada en pequeñas concentraciones que se denominaron caseríos: agrupaciones de viviendas rústicas construidas de paja o bahareque (llamadas localmente «ranchos») que, en la práctica, suman unas pocas decenas. Existen aproximadamente 8,072 caseríos diseminados en todo el país, lo cual implica una media de cuatro caseríos por cada diez kilómetros cuadrados de territorio nacional.

■ Población de San Salvador y Santa Ana

Año	San Salvador	Santa Ana
1586	750	–
1768	8,048	–
1807	12,059	–
1821	15,000	12,000
1852	25,000	–
1887	30,000	–
1892	30,000	33,000
1905	50,304	50,854
1930	89,281	41,210

Fuente: Rodolfo Barón Castro.
Censos Nacionales de Población.

■ Población de las principales ciudades

Ciudad	Población*
San Salvador (Área Metropolitana)	1,959,000
Santa Ana	248,963
San Miguel	239,038
Sonsonate	96,772
Usulután	69,099

* Estimaciones al año 2000.

Los asentamientos rurales con importantes concentraciones de población son limitados y, entre ellos, cabe mencionar Chalchuapa y Metapán (departamento de Santa Ana), Izalco y Nahuizalco (departamento de Sonsonate, donde aún se encuentran vestigios de la cultura indígena), Atiquizaya y San Francisco Menéndez (departamento de Ahuachapán), Nueva Concepción y La Palma (departamento de Chalatenango), Ilobasco y Villa Victoria (Cabañas), Aguilares y Guazapa (departamento de San Salvador), Suchitoto y San Pedro Perulapán (departamento de Cuscatlán), Ciudad Arce y Quezaltepeque (departamento de La Libertad), Apastepeque y San Sebastián (departamento de San Vicente), Santiago Nonualco y San Pedro Masahuat (departamento de La Paz), Jiquilisco y Berlín (departamento de Usulután), Chirilagua y Chinameca (departa-

■ La población rural se halla por lo general dispersa en caseríos. Un número limitado de ellos mantiene las tradicionales construcciones de paja o bahareque, que han pasado a ser sustituidos progresivamente por materiales de construcción modernos. Imagen de un caserío en Arambala (Morazán).

mento de San Miguel), Cacaopera y Corinto (departamento de Morazán) y San Alejo y Pasaquina (departamento de La Unión).

El futuro

El Salvador constituye un caso singular en América Latina por su exiguo territorio y lo densamente poblado del mismo. Sin embargo, sigue la tendencia regional en lo referente a la juventud y fecundidad de sus habitantes y al proceso de acelerada urbanización experimentado en las últimas décadas. Esta población joven y dinámica, que ha mostrado una sorprendente adaptabilidad a los ritmos de la vida moderna, representa un gran potencial de crecimiento y prosperidad. La sociedad salvadoreña, sin embargo, demanda en nuestros días la puesta en marcha de políticas económicas, educativas y sociales susceptibles de convertir ese potencial en un agente dinámico que actúe como motor y promueva el bienestar y el desarrollo nacional.

El potencial contenido en las jóvenes generaciones salvadoreñas es la mejor garantía de futuro. Imagen de niños en una playa de La Unión.

■ ■ ■ ■

LAS REGIONES

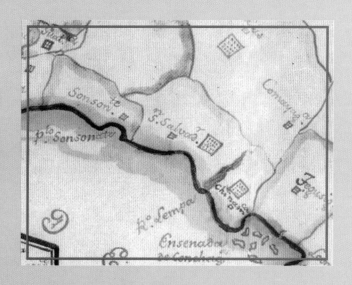

División político-administrativa

De acuerdo al artículo 101 de la Constitución en vigencia, para su administración política el territorio nacional se divide en departamentos. Éstos, a su vez, se subdividen en municipios. De esta manera, la república de El Salvador cuenta con un total de catorce departamentos agrupados en cuatro zonas geográficas y 262 municipios. Cada departamento posee una cabecera departamental y, además, contiene un conjunto de agrupaciones humanas divididas en ciudades, villas, pueblos, cantones y caseríos.

Además de ser la capital de la república, San Salvador es la cabecera del departamento y municipio homónimos. Las cuatro zonas geográficas de El Salvador, los departamentos que las componen y las cabeceras de estos últimos son los que se señala en el cuadro adjunto sobre la división político-administrativa.

Todas las cabeceras departamentales ostentan el rango de ciudades. Según la ley del Ramo municipal las cabeceras municipales pueden tener la categoría de ciudad, villa o pueblo. Cada una de estas unidades se subdivide en barrios y colonias. La comprensión rural del municipio es dividida por el alcalde en cantones y caseríos.

Historia de la administración del territorio

En el pasado que precedió a la Conquista, el territorio actualmente ocupado por la república de El Salvador se dividía en tres regiones que se correspondían con los tres señoríos precolombinos existentes:
- El Señorío de los Izalcos.
- La comarca de Chaparrastique.
- El reino de Payaquí (norte-centro del país).

La división administrativa colonial

Tras la conquista, de 1524 a 1542, el territorio pasó a formar parte de la Gobernación de Guatemala, y luego a la jurisdicción de la Audiencia de los Confines del Virreinato de la Nueva España, cuya sede era la ciudad de México. En 1568 este mismo territorio pasó a integrar la Capitanía General de Guatemala. Fue entonces cuando se efectuó la primera división

Consagrada por la Constitución, la división político-administrativa de El Salvador se fundamenta en los departamentos y tiene en los municipios sus núcleos básicos. Imagen de la bandera nacional en la plaza Masferrer de San Salvador.

■ División político-administrativa

Zona	Departamento	Cabecera
Occidental	Ahuachapán Santa Ana Sonsonate	Ahuachapán Santa Ana Sonsonate
Central	Chalatenango Cuscatlán La Libertad San Salvador	Chalatenango Cojutepeque Nueva San Salvador San Salvador
Paracentral	Cabañas La Paz San Vicente	Sensuntepeque Zacatecoluca San Vicente
Oriental	La Unión Morazán San Miguel Usulután	La Unión San Francisco Gotera San Miguel Usulután

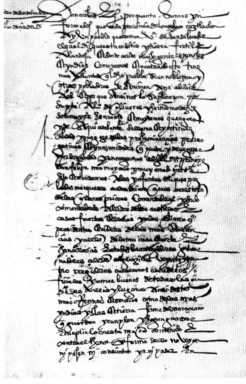

La administración colonial llevó a cabo la primera división del territorio salvadoreño en 1568, tras integrarlo en la Capitanía General de Guatemala. Sonsonate, el otrora territorio de los Izalcos, quedó adscrito como provincia a la Alcaldía Mayor de San Salvador. Arriba, mapa de Sonsonate elaborado en 1632 por Nicolás de Cardona.

A la derecha, Real Provisión del 27 de septiembre de 1546 por la cual el emperador Carlos V concede el título de ciudad a la villa de San Salvador.

administrativa colonial, con la creación de tres provincias adscritas a la Alcaldía Mayor de San Salvador: la provincia de los Izalcos o Sonsonate, la provincia de Cuscatlán o San Salvador y la provincia de San Miguel-Choluteca.

La provincia de los Izalcos comprendía la región situada desde la margen izquierda del río Paz hasta la margen derecha del río Chiquihuat, exceptuando las regiones que hoy forman los municipios de San Julián, Cuisnahuat y Santa Isabel Ishuatán; la provincia limitaba al norte con la sierra Apaneca-Lamatepec y al sur con el océano Pacífico; la zona situada al norte de la sierra pertenecía al reino de Guatemala. Formaron la provincia de Cuscatlán o San Salvador las regiones que hoy constituyen los departamentos de La Libertad, Chalatenango, San Salvador, Cuscatlán, Cabañas, La Paz y San Vicente, y los siguientes actuales municipios de Sonsonate: San Julián, Cuisnahuat y Santa Isabel Ishuatán. La provincia de San Miguel-Choluteca comprendía el territorio de lo que ahora forman los cuatro departamentos de la zona oriental del país y los departamentos que hoy constituyen la zona marítima meridional de la vecina república de Honduras.

En 1658 se creó la provincia de San Vicente en la jurisdicción de la Alcaldía Mayor de San Salvador. Constituyeron esta provincia los que fueron los distritos de Zacatecoluca, San Vicente, San Sebastián y Sensuntepeque. En 1732 la provincia de Choluteca fue segregada de la Alcaldía Mayor de San Salvador.

En 1785 el gobierno colonial de Guatemala creó el partido de Ahuachapán, que estuvo integrado por los pueblos de Ahuachapán (cabecera), Ataco, Tacuba, Apaneca y Atiquizaya; durante la colonia estos pueblos y los de Guaymango, Jujutla y San Pedro Puxtla formaban parte de la provincia de los Izalcos.

El rey español Carlos III elevó, en 1786, la Alcaldía Mayor de San Salvador al rango de Intendencia, la cual se dividió en las provincias de San Salvador, Santa Ana, San Vicente y San Miguel, y en quince partidos correspondientes a las localidades de: Santa Ana, Metapán, Chalatenango, Tejutla, Opico, San Salvador, Cojutepeque, Olocuilta, Zacatecoluca, San Vicente, Usulután, San Miguel, Gotera, San Alejo del Pedregal y Sensuntepeque.

El espíritu emprendedor de Carlos III se tradujo en un sinfín de medidas administrativas que también alcanzaron a la Colonia, cuando en 1786 elevó la Alcaldía Mayor de San Salvador al rango de Intendencia. Alegoría del pintor español Vicente López: el monarca reparte tierras entre los colonos alemanes llevados a España para repoblar sierra Morena.

División administrativa tras la Independencia

El 22 de diciembre de 1823, ya proclamada la Independencia, el territorio de la Alcaldía Mayor de Sonsonate fue segregado del estado de Guatemala y anexado a la Intendencia de San Salvador. Con esta medida el territorio salvadoreño adquiría, a grandes rasgos, una configuración muy parecida a la actual. Sin embargo, el camino hasta la actual división departamental avanzó a través de diferentes actos administrativos de creación de departamentos.

Por artículo constitucional del 12 de junio de 1824 se crearon los departamentos de Sonsonate, San Salvador, San Vicente y San Miguel.

El 13 de mayo de 1833, durante la administración del jefe de Estado Joaquín San Martín, se creó el departamento de Tejutla sobre la base territorial de los distritos de Tejutla y Metapán. En virtud de un decreto ejecutivo, el 29 de abril de 1834 quedó extinguido el departamento de Tejutla, pasando el distrito homónimo al

departamento de San Salvador. El 22 de mayo de 1835 se creó el departamento de Cuscatlán; la ciudad de Suchitoto fue su primera cabecera, pero a partir del 12 de noviembre de 1861 lo fue la ciudad de Cojutepeque; constituían el departamento los distritos de Cojutepeque (creado en 1786) y Suchitoto (erigido el 22 de mayo de 1835).

Se constituyó el departamento de La Paz el 21 de febrero de 1852, y lo fomaron los distritos de Zacatecoluca y Olocuilta (creados en 1786), San Pedro Masahuat (erigido el 7 de abril de 1892) y San Pedro Nonualco (constituido el 10 de abril de 1912).

El 8 de febrero de 1855 se erigió el departamento de Santa Ana y el 14 de febrero del mismo año el de Chalatenango. Los distritos del departamento de Santa Ana fueron los de Santa Ana y Metapán, que ya habían sido creados en 1786, y el de Chalchuapa, erigido el 1 de marzo de 1880. Los distritos del departamento de Chalatenango fueron los de Chalatenango y

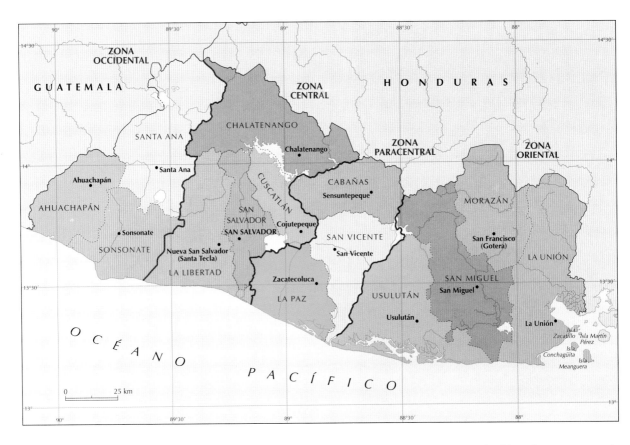

Mapa de la división por zonas y departamentos de El Salvador, con sus correspondientes cabeceras, vigente desde 1887.

Tejutla, que también databan ambos de 1786, y el de Dulce Nombre de María, erigido el 15 de julio de 1919.

Por decreto del 28 de enero de 1865 se creó el departamento de La Libertad y el 22 de junio del mismo año se constituyeron los departamentos de Usulután y La Unión. Formaron el departamento de La Libertad los distritos de Nueva San Salvador (creado el 28 de enero de 1865), Opico (que ya databa de 1786) y Quezaltepeque (constituido el 5 de mayo de 1915). Los distritos del departamento de Usulután fueron los siguientes: Usulután (creado en 1786), Jucuapa (4 de febrero de 1867), Santiago de María (llamado antes de Alegría, el 26 de octubre de 1948) y Berlín (el 12 de noviembre de 1947). Fueron distritos del departamento de La Unión: el homónimo La Unión (antes San Alejo del Pedregal, creado en 1786) y Santa Rosa de Lima (antes San Antonio El Sauce, erigido el 5 de marzo de 1827).

El departamento de Ahuachapán se constituyó el 9 de febrero de 1869 y estuvo formado por los distritos de Ahuachapán (creado el 4 de julio de 1832) y Atiquizaya (erigido el 26 de febrero de 1869).

El 10 de febrero de 1873 se creó el departamento de Cabañas con los siguientes distritos: Sensuntepeque (antes La Puebla de Tihuapa, creado en 1786) e Ilobasco (erigido el 20 de junio de 1835).

El 14 de julio de 1875 se constituyó el departamento de Gotera. Inicialmente la cabecera del departamento fue Osicala, aunque sus competencias se trasladaron el 8 de febrero de 1877 a San Francisco Gotera, la nueva cabecera. El 14 de marzo de 1887 el departamento de Gotera cambió su nombre por el de Morazán; sus distritos fueron San Francisco Gotera (creado en 1786), Osicala (erigido el 17 de marzo de 1836) y Jocoaitique (antes El Rosario, creado el 19 de febrero de 1883) ∎

Los catorce departamentos

Convienen dos puntualizaciones, antes de hacer una breve descripción de cada uno de los catorce departamentos que componen la República de El Salvador. En primer lugar, sólo se explicará la toponimia de aquellos departamentos cuyo nombre tiene el origen en alguna de las lenguas indígenas, principalmente náhuat. En segundo lugar, los datos de población corresponden a 1992, año en que se realizó el último censo de población.

Ahuachapán

El nombre del departamento es de origen náhuat y es un compuesto de las siguientes voces: *ahua* (roble o encino), *cha* (casa) y *pan* (lugar), lo que se puede traducir como «ciudad de las casas de encino».

Los productos agrícolas más cultivados son café, granos básicos, caña de azúcar, semillas oleaginosas, plantas hortenses, cacao, cocotero y frutas. Cuenta además con la avicultura, la apicultura y la ganadería vacuna y bovina. Las industrias más importantes son el beneficiado de café, la energía geotérmica, la textil y la fabricación de productos alimenticios y materiales de construcción.

Los puntos de interés más importantes son la propia ciudad de Ahuachapán, el sitio arqueológico precolombino de Cara Sucia, diversos puntos de la sierra Apaneca-Lamatepec como las poblaciones de Apaneca y Ataco, los geiseres conocidos como los ausoles de Ahuachapán, la reserva ecológica de El Imposible y las playas de Bola de Monte y Barra de Santiago.

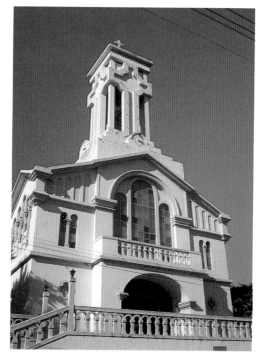

■ Las iglesias, espacio tradicional de nexo en las comunidades agrícolas, constituyen un elemento destacado del paisaje urbano salvadoreño. Imagen de una iglesia de Ahuachapán.

Ahuachapán

- ■ **Fundación**: 9 de febrero 1869
- ■ **Cabecera**: Ahuachapán
- ■ **Municipios**: Ahuachapán, Apaneca, Atiquizaya, Concepción de Ataco, El Refugio, Guaymango, Jujutla, San Francisco Menéndez, San Lorenzo, San Pedro Puxtla, Tacuba, Turín
- ■ **Superficie**: 1,239.6 km²

El municipio de Apaneca, limítrofe con la cabecera departamental (Ahuachapán), es atravesado por la sierra Apaneca-Lamatepec. Panorámica del núcleo urbano de la cabecera municipal.

Sensuntepeque, ubicada entre los cerros de la sierra de Cabañas, presenta un trazado viario que se caracteriza por sus pronunciadas pendientes.

Cabañas

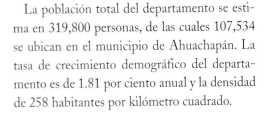

- **Fundación**: 10 de febrero 1873
- **Cabecera**: Sensuntepeque
- **Municipios**: Sensuntepeque, Cinquera, Dolores, Guacotecti, Ilobasco, Jutiapa, San Isidro, Tejutepeque y Villa Victoria
- **Superficie**: 1,103.51 km²

La población total del departamento se estima en 319,800 personas, de las cuales 107,534 se ubican en el municipio de Ahuachapán. La tasa de crecimiento demográfico del departamento es de 1.81 por ciento anual y la densidad de 258 habitantes por kilómetro cuadrado.

Cabañas

En lenca *Sequechtepepeque* significa «lugar de muchos cerros», «cerro grande», «en la cima de los cerros»; proviene de las raíces *centzunt* (grande) y *tepec* (cerro).

Sus principales cultivos son: forrajes, granos básicos, café, caña de azúcar, semillas oleaginosas, añil y frutas. Existe crianza de ganado vacuno, porcino, caballar, asnal, mular y caprino.

La industria fabrica productos lácteos, jarcia, alfarería y productos pesqueros.

Los puntos de interés son la planta hidroeléctrica 5 de Noviembre, los ríos Lempa, Quezalapa y Tihuapa, numerosas grutas con petrograbados y los restos arqueológicos de El Caracol y Los Llanitos. También tienen interés la población de Ilobasco y su producción artesanal alfarera.

Chalatenango, cabecera del departamento homónimo, fue fundada hacia el siglo VI por los lencas y conquistada en el XV por los pipiles. Imagen de una de sus iglesias.

La población total del departamento se estima en 152,800 habitantes, de los cuales 41,068 se ubican en el municipio de Sensuntepeque. La tasa de crecimiento demográfico es de 0.26 por ciento anual y la densidad de 138 habitantes por kilómetro cuadrado.

Chalatenango

Shalatenango, Chaltepec o *Chalatenango* significa en náhuat «lugar defendido por agua y arena». Proviene de las raíces *shal* (arena), *at* (agua, río) y *tenango* (lugar amurallado, valle).

Los productos agrícolas más cultivados son los granos básicos, el café, henequén, pastos, frutas, plantas hortenses y vegetales. Hay silvicultura, crianza de ganado vacuno y bovino. Existen yacimientos de cal, arcilla, yeso, oro, plata, plomo y zinc, pequeñas industrias alfareras, forestal, peletera, láctea y de materiales de construcción.

Los puntos de atracción más importantes son la ciudad de Chalatenango, las poblaciones de La Palma, San Ignacio y Citalá, situadas en la zona fronteriza con Honduras; los cerros el Pital, Miramundo y otros puntos de la elevada cordillera Alotepeque-Metapánsus, elevadas montañas ubicadas al norte del departamento.

La población total del departamento se estima en 196,600 habitantes, de los cuales 30,096 se ubican en el municipio de Chalatenango. La tasa de crecimiento demográfico es de 0.12 por ciento anual y la densidad de 97 habitantes por kilómetro cuadrado.

Chalatenango

- **Fundación**: 14 de febrero 1855
- **Cabecera**: Chalatenango
- **Municipios**: Chalatenango, Agua Caliente, Arcatao, Azacualpa, Cancasque, Citalá, Comalapa, Concepción Quezaltepeque, Dulce Nombre de María, El Carrizal, El Paraíso, La Laguna, La Palma, La Reina, Las Flores, Las Vueltas, Nombre de Jesús, Nueva Concepción, Nueva Trinidad, Ojos de Agua, Potonico, San Antonio de la Cruz, San Antonio Los Ranchos, San Fernando, San Francisco Lempa, San Francisco Morazán, San Ignacio, San Isidro Labrador, San Luis del Carmen, San Miguel de Mercedes, San Rafael, Santa Rita, Tejutla
- **Superficie**: 2,016.58 km²

Cuscatlán

- **Fundación**: 22 de mayo 1835
- **Cabecera**: Cojutepeque
- **Municipios**: Cojutepeque, Candelaria, El Carmen, El Rosario, Monte San Juan, Oratorio de Concepción, San Bartolomé Perulapía, San Cristóbal, San José Guayabal, San Pedro Perulapán, San Rafael Cedros, San Ramón, Santa Cruz Analquito, Santa Cruz Michapa, Suchitoto, Tenancingo
- **Superficie**: 756.19 km²

Cuscatlán

Cuscatlán o *cuz catán* significa en lengua *náhuat* «lugar de los pendientes o aretes», «lugar de las joyas». Proviene de las raíces *cuzcta* (joya) y *tlan* (lugar, país, región, ciudad).

Los productos agrícolas cultivados son granos básicos, pastos, café, caña de azúcar, plantas hortenses, frutas cítricas, tabaco, palma, semillas y cocotero. Abunda el ganado vacuno y porcino y, en menor escala, el caballar y el caprino. Existen yacimientos de oro, plata y lignito que no son explotados. Las industrias más importantes se dedican a la fabricación de productos lácteos, sombreros de palma, embutidos de carne, alfarería, cestería. También tienen importancia las relacionadas con la actividad pesquera.

Los sitios turísticos más destacados son el lago Suchitlán, embase artificial de la central hidroeléctrica de Cerrón Grande; el turicentro del cerro Las Pavas, los ríos Lempa y Quezalapa, el lago de Ilopango, los restos arqueológicos coloniales del valle de las Bermudas, la población de Suchitoto, muy representativa de la arquitectura colonial, donde destaca la iglesia; también es de interés de la iglesia colonial de Tenancingo.

La población estimada es de 203,000 habitantes, de los cuales 53,122 se ubican en el municipio de Cojutepeque. La densidad es de 268 habitantes por kilómetro cuadrado y la tasa de crecimiento anual es 0.73 por ciento.

El lago Suchitlán remeda, desde su naturaleza artificial de embalse hidroeléctrico, la belleza original del paisaje. Imagen aérea de una isleta en el interior del lago.

La Libertad

Los productos agrícolas más cultivados son granos básicos, café, bálsamo, algodón, caña de azúcar, pastos, frutas, cacao, plantas hortenses y semillas oleaginosas. Se desarrolla también la ganadería vacuna, porcina y equina, la crianza de aves de corral y la apicultura. Destacan las industrias textil, de fabricación de jabones, velas, muebles, fósforos, ropa, calzado, objetos de piel, productos lácteos, materiales de construcción y diversos productos alimenticios y licores.

Los sitios de atracción turística más importantes son el complejo turístico del puerto de La Libertad, los turicentros de Los Chorros y La Toma de Quezaltepeque, el cráter del volcán de San Salvador, conocido como El Boquerón; las playas de San Diego, El Obispo, Conchalío, El Majahual, El Zunzal, El Balsamar, El Zonte; el autódromo El Jabalí; el peñón de Comasagua; las iglesias coloniales de Ji-

La Libertad

- **Fundación**: 28 de enero 1865
- **Cabecera**: Nueva San Salvador (Santa Tecla)
- **Municipios**: Nueva San Salvador, Antiguo Cuscatlán, Ciudad Arce, Colón, Comasagua, Chiltiupán, Huizúcar, Jayaque, Jicalapa, La Libertad, Nuevo Cuscatlán, Opico, Quezaltepeque, Sacacoyo, San José Villanueva, San Matías, San Pablo Tacachico, Talnique, Tamanique, Teotepeque, Tepecoyo, Zaragoza
- **Superficie**: 1,652.88 km²

calapa y San José Villanueva; los sitios arqueológicos precolombinos de San Andrés y Joya de Cerén. Este último fue declarado patrimonio cultural de la humanidad por la Organización de las Naciones Unidas para la Educación, la Ciencia y la Cultura (Unesco).

La población se estima en 682,100 habitantes, de los cuales 158,207 se ubican en el municipio de Nueva San Salvador. La tasa de crecimiento demográfico es de 2.81 por ciento anual y la densidad de 412 habitantes por kilómetro cuadrado

■ En el centro, panorámica de Nueva San Salvador, cabecera del departamento de La Libertad.

■ El peñón de Comasagua destaca, por su singular morfología, como una de las imágenes más características de la sierra Central.

La creación de infraestructuras para el sector turístico es vista como una estrategia de desarrollo que revierte en los restantes sectores productivos. Imagen de un complejo recreativo en la Costa del Sol.

Zacatecoluca fue una de las poblaciones precolombinas más importantes y suma a esa herencia las huellas de un pasado colonial particularmente destacable en su arquitectura. Imagen de una iglesia colonial en la cabecera del departamento de La Paz.

La Paz

- **Fundación**: 21 de febrero 1852
- **Cabecera**: Zacatecoluca
- **Municipios**: Zacatecoluca, Cuyultitán, El Rosario, Jerusalén, Mercedes La Ceiba, Olocuilta, Paraíso de Osorio, San Antonio Masahuat, San Emigdio, San Francisco Chinameca, San Juan Nonualco, San Juan Talpa, San Juan Tepezontes, San Luis Talpa, San Luis La Herradura, San Miguel Tepezontes, San Pedro Masahuat, San Pedro Nonualco, San Rafael Obrajuelo, Santa María Ostuma, Santiago Nonualco y Tapalhuaca
- **Superficie**: 1,223.61 km^2

La Paz

Los productos agrícolas más cultivados son el algodón, los granos básicos, el café, la caña de azúcar, las frutas y las verduras. Hay crianza de ganado vacuno, porcino, equino y caprino. Las principales industrias consisten en la fabricación de objetos de palma, productos lácteos, implementos agrícolas, artículos de cuero, materiales de construcción, alfarería y cestería.

La variedad es la característica más destacada del litoral de La Unión, cuyas recortadas costas, marcadas por la rotundidad del golfo de Fonseca, se abren a través de esteros, islas, playas, cabos y bahías a todas las posibilidades del mar.

Los sitios de atracción turística más notables son Ichanmichen y Costa del Sol, el lago de Ilopango, la laguna de Nahualapa, el estero de Jaltepeque, las playas La Zunganera, San Marcelino, Costa del Sol, Los Blancos y la isla Tasajera. La población del departamento se estima en 292,800 habitantes, de los cuales 62,352 se ubican en el municipio de Zacatecoluca. La tasa de crecimiento demográfico se estima en 1.43 por ciento anual y la densidad en 239 habitantes por kilómetro cuadrado.

La Unión

Sus productos agropecuarios más importantes son: café, granos básicos, pastos, frutas, cacao, semillas oleaginosas y caña de azúcar; crianza de ganado vacuno; fábrica de objetos de palma, productos lácteos, objetos de carey, panela, extracción de mangle y pesca.

Cuenta con algunos yacimientos de oro, plata, hierro, cobre, molibdeno, bario, amianto y mercurio. Posee asimismo importantes explotaciones forestales, en especial de quebracho, cedro y laurel

La Unión

- **Fundación**: 22 de junio de 1865
- **Cabecera**: La Unión
- **Municipios**: La Unión, Santa Rosa de Lima, San Alejo, Pasaquina, El Carmen, Yucuaiquín, Conchagua, Intipucá, San José, Yayantique, Bolívar, Meanguera del Golfo, Anamorós, Nueva Esparta, El Sauce, Polorós, Concepción de Oriente y Lislique.
- **Superficie**: 2,074,34 km²

Los sitios de atracción turística son el golfo de Fonseca y, en éste, las islas de Meanguera, Conchaguita y Zacatillo; las playas El Icacal, Las Tunas, Maculis, Playa Negra, El Tamarindo y Playitas; el volcán de Conchagua, el muelle de Cutuco, las ruinas de Nicomongoya, numerosas cuevas donde existen con escrituras rupestres y el delta del Goascorán.

La población total se estima en 289,000 habitantes, 40,371 en el municipio de La Unión. La tasa de crecimiento demográfico es del 0.69 por ciento anual, mientras que la densidad es de 139 habitantes por kilómetro cuadrado.

Morazán

- **Fundación**: 14 de marzo 1887
- **Cabecera**: San Francisco Gotera
- **Municipios**: San Francisco Gotera, Arambala, Cacaopera, Corinto, Chilanga, Delicias de Concepción, El Divisadero, El Rosario, Gualococti, Guatajiagua, Joateca, Jocoaitique, Jocoro, Lolotiquillo, Meanguera, Osicala, Perquín, San Carlos, San Fernando, San Isidro, San Simón, Sensembra, Sociedad, Torola, Yamabal, Yoloaiquín
- **Superficie**: 1,447.43 km²

Corinto, Corozo, La Comidera, Gualpuca, del Pueblo, Araute y Agua Caliente; las cuevas o grutas, algunas de ellas con escritura rupestre y de las cuales la más famosa es la de Corinto; las lagunetas; los sitios arqueológicos de los municipios de Cacaopera y Delicias de Concepción; la iglesia colonial de San Francisco Gotera, la población de Perquín —ubicada en la cordillera de Nahuaterique—, la poza de Los Fierros y el cementerio indígena ubicado en el municipio de Delicias de Concepción.

La población total se estima en 173,500 habitantes, de los cuales 21,181 se ubican en San Francisco Gotera. La tasa de crecimiento demográfico anual es del 0.12 por ciento anual y la densidad de 120 habitantes por kilómetro cuadrado.

San Miguel

Los productos agrícolas más cultivados son los granos básicos, el café, henequén, caña de azúcar, frutas, semillas oleaginosas, tule, mangle y pastos. Hay crianza de ganado vacuno, bovino, equino, porcino, caprino y mular, de aves de corral y de abejas. Las manufacturas más importantes consisten en la fabricación de productos alimenticios, bebidas, hilos, hilazas y tejidos de algodón, ropa, artículos de cuero, fertilizantes, fungicidas, productos farmacéuticos, jabones, detergentes, velas, lácteos, material de construcción y las industrias gráficas.

San Francisco Gotera denota su pasado precolombino en el origen lenca de su mismo nombre (*Gotera*: «cerro alto»). Imagen callejera en la fiesta de la Candelaria.

Morazán

Producción agrícola: granos básicos, henequén, caña de azúcar, pastos, tule, plantas hortenses, cacao, café, piña, guineo, plátano y otras frutas; hay asimismo crianza intensiva de ganado mular, asnal, caballar y ovino. Sus industrias importantes son el beneficiado de café, la fabricación de productos lácteos, sombreros de palma y objetos de tule; jarcia, alfarería, avicultura y apicultura.

Los sitios de atracción turística más importantes son las cascadas formadas por los ríos

La actividad agropecuaria de la población de San Miguel, mayoritariamente rural, tiene su contrapunto en la industria textil algodonera de su cabecera departamental homónima, que es la tercera ciudad del país. Imagen del río Grande de San Miguel, cuya cuenca es la segunda del país.

Los lugares turísticos más importantes son el turicentro Altos de la Cueva, la playa El Cuco, las lagunas de Olomega y El Jocotal, el volcán San Miguel, los sitios arqueológicos de Moncagua, Quelepa y Uluazapa; los ausoles de Chinameca, San Jorge y Carolina; los baños fluviales de los ríos, las cascadas y grutas.

La población total es de 480,300 habitantes, de los cuales 239,038 viven en el municipio de San Miguel. La tasa de crecimiento demográfico se estima en 1.09 por ciento anual y la densidad en 231 habitantes por kilómetro cuadrado.

San Miguel

- **Fundación**: 12 de junio 1824
- **Cabecera**: San Miguel
- **Municipios**: San Miguel, Carolina, Ciudad Barrios, Comacarán, Chapeltique, Chinameca, Chirilagua, El Tránsito, Lolotique, Moncagua, Nueva Guadalupe, Nuevo Edén de San Juan, Quelepa, San Antonio, San Gerardo, San Jorge, San Luis de la Reina, San Rafael Oriente, Sesori, Uluazapa
- **Superficie**: 2,077,1 km²

Conseguir una imagen de la ciudad como mercancía es, en todos los rincones del planeta, uno de los objetivos prioritarios del nuevo urbanismo. Tampoco El Salvador se libra de esa concurrencia del diseño exigida por unos intereses inmobiliarios que fundamentan sus proyectos urbanísticos en la espectacularidad de sus actuaciones e implican con frecuencia a empresas multinacionales del ramo. En la imagen, monumentalidad del estadio nacional «Flor Blanca» de San Salvador.

Panorámica de San Salvador, cabecera departamental y capital de la República.

Puerta del Diablo, sitio de Panchimalco, en las estribaciones de la cadena costera central.

San Salvador

Los productos agrícolas más cultivados son los granos básicos, el café, el algodón, la caña de azúcar, las plantas hortenses, las frutas cítricas, el tabaco y las semillas oleaginosas. Hay crianza de ganado vacuno y bovino, equino, porcino y mular, de aves de corral y es asimismo importante la apicultura. En el lago de Ilopango se practica la pesca de manutención.

Entre las industrias manufactureras sobresalen las fábricas de productos alimenticios, gaseosas, bebidas alcohólicas e hilos.

Los sitios de atracción son el turicentro de Apulo —en el lago de Ilopango— y el parque Balboa, los estadios, el zoológico, los parques Cuscatlán e Infantil, las ruinas arqueológicas precolombinas de Sihuatán y la iglesia colonial de Panchimalco.

La población total del departamento es de 1,985,300 habitantes, de los cuales 1,959,000 se ubican en el Área Metropolitana de San Salvador. La tasa de crecimiento demográfico es de 3.47 por ciento anual y la densidad de 2,240 habitantes por kilómetro cuadrado.

San Vicente

Los productos agrícolas más importantes son granos básicos, caña de azúcar, café, plantas hortenses, frutas cítricas, semillas oleaginosas, camote, pastos, cocotero, mangle, guineo, plátano y yuca. Existe crianza de ganado vacuno, bovino, equino, porcino y mular, de aves de corral y de abejas. Entre las industrias manufactureras más importantes se cuentan los materiales de construcción, los artículos de cuero, los dulces y productos lácteos, la ropa, los tejidos manuales y la peletería.

Los sitios turísticos de mayor importancia son los turicentros de Amapulapa y Apastepeque, la playa de Los Negros, las ruinas arqueo-

San Salvador

- **Fundación**: 12 de junio 1824
- **Cabecera**: San Salvador
- **Municipios**: San Salvador, Aguilares, Apopa, Ayutuxtepeque, Cuscatancingo, Ciudad Delgado, El Paisnal, Guazapa, Ilopango, Mejicanos, Nejapa, Panchimalco, Rosario de Mora, San Marcos, San Martín, Santiago Texacuangos, Santo Tomás, Soyapango, Tonacatepeque
- **Superficie**: 886.15 km²

San Vicente

- **Fundación**: 12 junio 1824
- **Cabecera**: San Vicente
- **Municipios**: San Vicente, Apastepeque, Guadalupe, San Cayetano Istepeque, San Esteban Catarina, San Ildefonso, San Lorenzo, San Sebastián, Santa Clara, Santo Domingo, Tecoluca, Tepetitán y Verapaz
- **Superficie**: 1,184.02 km²

A la izquierda, fachada principal del Palacio Municipal de San Vicente, la cabecera departamental.

Santa Ana, segunda ciudad salvadoreña, cuenta con un importante centro histórico caracterizado por su arquitectura colonial. A la derecha, imagen de la fachada del teatro de Santa Ana.

lógicas de la barranca del Sisimico y Tehuacán, el valle de Jiboa, la iglesia colonial del Pilar —en la propia ciudad de San Vicente— y los centros textiles manuales de San Sebastián.

La población se estima en 161,100 habitantes, de los cuales, 50,751 se ubican en el municipio de San Vicente. La tasa de crecimiento demográfico ha sido negativa, del -0.33 por ciento anual, es decir, la población experimentó un decrecimiento, y la densidad se sitúa en 136 habitantes por kilómetro cuadrado.

Santa Ana

Los productos agrícolas más cultivados son: granos básicos, café, caña de azúcar, pastos, plantas hortenses, semillas oleaginosas (especialmente maní), yuca, patata, tabaco, algodón, cocotero, guineo, plátano, frutas cítricas y otras; flores, sandía y melón.

También se desarrolla la ganadería vacuna, bovina, equina, porcina, caprina y mular. En este departamento existe el distrito minero de mayor producción nacional, específicamente mayor producción nacional, específicamente en el municipio de Metapán, donde en un área de cien kilómetros cuadrados se explotan yacimientos de cobre, plomo, hierro, zinc, plata, jaspe, arenisca, pizarra, caliza, magnetita, limonita, hematita, goethita y mercurio.

Existen fábricas de productos alimenticios, bebidas alcohólicas, gaseosas, hilos, hilazas y tejidos, herramientas, ropa, artículos de cuero, muebles, papel, fósforos, fertilizantes, insecticidas, pinturas, barnices, lacas, productos farmacéuticos, velas y cestería. La ciudad de Santa Ana es el segundo centro industrial del país.

Santa Ana

- **Fundación**: 8 de febrero de 1855
- **Cabecera**: Santa Ana
- **Municipios**: Santa Ana, Candelaria de la Frontera, Coatepeque, Chalchuapa, El Congo, El Porvenir, Masahuat, Metapán, San Antonio Pajonal, San Sebastián Salitrillo, Santa Rosa Guachipilín, Santiago de la Frontera, Texistepeque
- **Superficie**: 2,023.17 km²

Los sitios turísticos más destacables son los turicentros de Sihuatehuacán y Cerro Verde, los lagos de Coatepeque y Güija, la presa hidroeléctrica del Guajoyo, los bosques de Montecristo y San Diego, los centros industriales manufactureros, las iglesias coloniales de Metapán, Chalchuapa, Texistepeque y Ostúa, la catedral de Santa Ana, los balnearios de El Trapiche, Galeano, el Coco y Los Milagros, las lagunas de Cuscachapa y Metapán, y centros arqueológicos como las ruinas del Tazumal.

La población total del departamento es de 551,300 personas, de las cuales 248,963 se ubican en el municipio de Santa Ana. Su tasa de crecimiento demográfico es del 1.48 por ciento anual y la densidad es de 273 habitantes por kilómetro cuadrado.

Sonsonate

El nombre Sonsonate proviene de la palabra náhuat «Zonzonat», compuesta por los vocablos *Centzontli* (cuatrocientos), *atl* (agua) y *apan* (río), que se puede traducir como «río de muchas aguas» o «cuatrocientos ojos de agua».

Los productos agrícolas más cultivados son: granos básicos, café, algodón, caña de azúcar,

Sonsonate

- **Fundación**: 12 de junio 1824
- **Cabecera**: Sonsonate
- **Municipios**: Sonsonate, Acajutla, Armenia, Caluco, Cuisnahuat, Izalco, Juayúa, Nahuizalco, Nahulingo, Salcoatitán, San Antonio del Monte, San Julián, Santa Catarina Masahuat, Santa Isabel Ishuatán, Santo Domingo de Guzmán, Sonzacate
- **Superficie**: 1,225.77 km²

coco, frutas, bálsamo, pastos, palma, tule y plantas hortenses. Hay crianza intensiva de ganado vacuno, bovino, porcino, equino, caprino y mular, crianza de aves de corral y abejas. Tiene yacimientos de hierro, titanio, caolín y zinc.

Las industrias manufactureras más notables son las de productos lácteos, panela, azúcar de pilón, tejas y ladrillos de barro, muebles, ropa, tejidos manuales, calzado, velas, jabones y artículos de cuero. Entre las artesanías, sobresalen cerámica, alfarería, orfebrería, fábrica de objetos de tule, palma y mimbre. En la ciudad portuaria de Acajutla se fabrican fertilizantes y se refinan productos derivados del petróleo.

A la izquierda, Acajutla, principal puerto industrial salvadoreño, acapara el tráfico cementero, de fertilizantes y derivados de petróleo, refinados en sus instalaciones.

A la derecha, panorámica de la sierra de Apaneca, donde se concentra la mayoría de la población del departamento.

Los sitios de interés más notables son el turicentro de Atecozol, las playas de Metalío y los Cóbanos, las ruinas coloniales de las iglesias de Caluco, Izalco y las aduanas de Acajutla, las iglesias coloniales de Izalco y Sonsonate, los centros manufactureros, el complejo industrial de la ciudad de Acajutla y diversas bellezas naturales como el volcán de Izalco y la sierra de Apaneca-Lamatepec, entre otras.

La población del departamento se estima en 450,100 habitantes, de los cuales 96,772 se ubican en el municipio de Sonsonate. La tasa de crecimiento de la población se estima en 1.99 por ciento anual y la densidad en 367 habitantes por kilómetro cuadrado.

Usulután

En náhuat *ucelután* significa «ciudad de los ocelotes», «diente de iguana negra»; proviene de las raíces *usulut, ucelut* (ocelote, tigrillo) y *tan* (ciudad).

Los productos agrícolas más cultivados son los granos básicos —hay que destacar que Usulután es el departamento con mayor producción de maíz—, café, caña de azúcar, semillas oleaginosas, plantas hortenses, frutas y tabaco.

Usulután

- **Fundación**: 22 de junio 1865
- **Cabecera**: Usulután
- **Municipios**: Usulután, Alegría, Berlín, California, Concepción Batres, El Triunfo, Ereguayquín, Estanzuelas, Jiquilisco, Jucuapa, Jucuarán, Mercedes Umaña, Nueva Granada, Ozatlán, Puerto El Triunfo, San Agustín, San Buenaventura, San Dionisio, San Francisco Javier, Santa Elena, Santiago de María, Tecapán.
- **Superficie**: 2,130.44 km²

Hay crianza de ganado vacuno, equino, porcino, caprino y mular. Las industrias manufactureras más importantes son las de productos lácteos, la panela, el azúcar de pilón, los tejidos manuales, el jabón, las capas de hule, tejas y ladrillos de barro, ropa, muebles y calzado.

Los sitios más notables son la bahía de Jiquilisco, los cerros y volcanes de la sierra de Tecapa-Chinameca, la laguna de Alegría, la península de San Juan del Gozo, la playa de El Espino y la iglesia colonial de Ereguayquín; también hay ausoles, cascadas y grutas.

La población estimada es de 338,300 habitantes, de los cuales 69,099 están ubicados en el municipio de Usulután. Su tasa de crecimiento es del 0.25 por ciento anual y la densidad de 159 habitantes por kilómetro cuadrado.

A la izquierda, vista aérea de la bocana La Chepona que da salida al río Grande de San Miguel.

A la derecha, bahía de Jiquilisco: embarcaderos en el dédalo de esteros y canales que abren los manglares al mar.

■ Educación, salud pública y división administrativa

Departamento/ Cabecera	Educación		Salud pública					División administrativa				
	Primaria	Media	Hospitales	Unidades de salud	Puestos de salud	ISSS	Otros centros	Ciudades	Villas	Pueblos	Cantones	Caseríos
Ahuachapán	149	31	1	5	8	2	6	2	4	6	128	401
Ahuachapán	52	16	1	1	–	2	2	1	–	–	29	92
Cabañas	210	16	1	1	6	4	–	2	6	1	88	525
Sensuntepeque	87	10	1	–	–	2	–	1	–	–	22	279
Chalatenango	244	34	1	2	20	2	–	5	8	20	195	892
Chalatenango	47	7	1	–	–	2	–	1	–	–	6	36
Cuscatlán	177	36	2	2	7	2	–	4	5	7	129	313
Cojutepeque	24	12	1	–	–	2	–	1	–	–	7	9
La Libertad *Nueva*	248	81	1	6	12	3	–	6	8	8	194	594
San Salvador	45	35	1	–	–	–	–	1	–	–	14	40
La Paz	206	40	1	3	12	2	–	6	6	9	180	445
Zacatecoluca	44	11	1	1	–	2	–	1	–	–	53	103
La Unión	245	38	1	2	16	2	–	6	8	4	136	705
La Unión	28	9	1	–	1	2	–	1	–	–	11	29
Morazán *San Francisco*	195	31	1	5	9	2	–	5	8	13	108	476
Gotera	12	3	1	–	–	2	–	1	–	–	6	19
San Miguel	248	58	1	7	1 2	4	–	5	1 1	4	159	686
San Miguel	82	31	1	–	–	2	–	1	–	–	32	104
San Salvador	561	302	1	18	4	10	–	12	5	2	132	500
San Salvador	270	170	1	6	–	8	–	1	–	–	8	37
San Vicente	173	31	1	5	4	2	–	5	7	1	113	458
San Vicente	44	10	1	–	–	2	–	1	–	–	23	67
Santa Ana	213	105	3	14	5	4	13	5	2	6	155	1,000
Santa Ana	76	64	1	7	–	2	2	1	–	–	36	337
Sonsonate	155	49	1	6	6	5	4	7	–	9	132	488
Sonsonate	37	18	1	–	–	2	1	1	–	–	12	81
Usulután	245	54	2	4	1 3	7	–	8	8	7	209	589
Usulután	30	20	1	–	–	2	–	1	–	–	14	57

■ ■ ■ ■

LA ECONOMÍA

El sector agropecuario

esde tiempos de la Colonia hasta mediados del siglo XX, la economía salvadoreña dependió fundamentalmente del sector agropecuario. Éste fue la principal fuente de producción, empleo y exportaciones durante los primeros siglos coloniales, al principio con el cultivo del añil, después con el del café y luego con la producción de caña de azúcar y algodón. A partir de la década de 1950 se registraron las primeras grandes inversiones estatales y privadas en el sector industrial, iniciándose así una diversificación del aparato productivo que se tradujo en instalaciones dedicadas a la fabricación de calzado, textiles, químicos y productos de asbesto y cemento.

Al igual que la mayoría de los países en vías de desarrollo, la economía salvadoreña presenta una clara heterogeneidad en las formas y relaciones de producción. Por una parte se encuentra el sector moderno, integrado por las empresas agropecuarias e industriales de exportación, por ejemplo, y por el otro los productores campesinos y una amplia masa de microempresas y trabajadores por cuenta propia que suministran bienes y servicios a los sectores de población que no pueden acceder a la oferta del sector moderno. Tales productores integran el llamado sector informal.

Hasta la década de 1990 los sectores agropecuario e industrial se constituyeron en las principales actividades económicas del país, tanto por su participación en el Producto Interno

PRODUCTO INTERNO BRUTO (PIB)

Es el valor de los bienes y servicios finales producidos en el interior de un país. En el cálculo del PIB no se toma en cuenta si los factores de producción son propiedad de extranjeros o residentes. Incluye el valor de bienes —como casas y alimentos— y el valor de servicios —como los de auditores contables y mecánicos automotrices—. La producción de cada uno de ellos se valora multiplicándola por su precio de mercado y sumando luego los aportes sectoriales ■

El sector agropecuario ha pasado de ser la tradicional fuente de riqueza y principal componente del PIB, a representar sólo una parte, bien que significativa, de dicho indicador económico, por detrás de sectores más pujantes como la industria manufacturera y el sector servicios. Imagen de un almacenaje de caña de azúcar, uno de los cultivos de la agroexportación tradicional en retroceso.

Bruto (PIB) como por su capacidad de generar exportaciones y de mantener el equilibrio macroeconómico. Hacia finales de la década de 1990 la importancia de ambos para satisfacer dos de los factores citados (PIB y equilibrio macroeconómico) ha sido sustituida por las remesas familiares enviadas por trabajadores salvadoreños emigrantes. La participación del sector informal también ha ido ampliándose a partir de la década de 1980 hasta llegar a representar cerca de una tercera parte de la producción total.

La dinámica económica ha tenido efectos considerables sobre los recursos naturales. La introducción de cultivos de exportación y ganado implicó una deforestación masiva generalizada, con sus consecuentes efectos erosivos y de pérdida de productividad agrícola. La actividad industrial y el crecimiento de los centros urbanos provocaron luego importantes presiones sobre el abastecimiento de agua y hasta sobre la calidad del aire.

El sector agropecuario

Uno de los rasgos más característicos de la agricultura en El Salvador ha sido su vocación agroexportadora. Desde el siglo XVI, con el advenimiento de la conquista española, las mejores tierras se dedicaron exclusivamente a la producción de cacao, añil, café, algodón y caña de azúcar; además se procedió a la introducción del ganado. El cultivo de alimentos básicos para la dieta de la población nacional, como el maíz y los frijoles, se realizó de forma marginal en comunidades indígenas y tierras que no se utilizaban para los cultivos de exportación. Hacia finales del siglo XIX, y con la desaparición de las tierras comunales indígenas, la producción de alimentos se realizó fundamentalmente en tierras degradadas.

De todos los cultivos de exportación, sin duda el que ha tenido mayores repercusiones económicas y sociales es el café. Además de convertirse en principal fuente de producción, empleo, exportaciones e ingresos tributarios, exigió la expropiación de las tierras comunales indígenas de la cadena volcánica ubicada en la parte central del país y, con ello, sentó las bases para la concentración de la propiedad de la tierra y el empobrecimiento de la mayoría de la población rural.

Durante las dos últimas décadas del siglo XX, y ante una grave crisis político-militar, se realizaron esfuerzos en dos direcciones distintas para democratizar la propiedad de la tierra. El primero, en 1980, fue la reforma agraria que afectó las tierras excedentes de 500 hectáreas y todas aquellas parcelas arrendadas con extensión menor a las siete hectáreas. Se considera que esta reforma incidió sobre un 19 por ciento, aproximadamente, de la tierra con vocación agrícola del país, es decir cerca de 283,000 hectáreas. El segundo, como resultado del acuerdo de paz que puso fin al conflicto político-militar, se puso en marcha en 1992 mediante la ejecución de un programa de transferencia de tierras que abarca las de extensión superior a 245 hectáreas, las tierras estatales, las ocupadas y las ubicadas en antiguas zonas de conflicto. Se

■ Principales recursos de El Salvador

Sector agropecuario	
(en miles de quintales)	
Algodón oro	0
Arroz oro	781
Café	3,056
Frijol	1,287
Maicillo	3,957
Maíz	13,468
(en miles de toneladas)	
Caña de azúcar	-
Mandioca	78
Naranjas	4,036
Nuez de coco	107
Pesca	32
(en miles de cabezas)	
Ganado porcino	140
Ganado vacuno	180

Producción minero-industrial	
(en kilogramos)	
Oro	31
Plata	700
(en miles de toneladas)	
Azúcar	287
Cemento	444
Fertilizantes	3
Hilados de algodón	4.3
Sal	3
(en hectolitros)	
Cerveza	344
(en millones de cigarrillos)	
Tabaco	1,961

cree que con este programa quedará afectado cerca de un 16 por ciento de la tierra agropecuaria del país.

A continuación se presenta una descripción de la evolución de la agricultura de exportación y del cultivo de granos básicos; se reseñan asimismo las principales implicaciones que tuvo la introducción del ganado en El Salvador.

Cultivos de exportación

Desde los primeros años de la Colonia la agricultura fue la principal actividad económica de exportación y, al efecto, se retomaron los cultivos de los indígenas, aunque orientados con fines eminentemente comerciales.

Cacao, bálsamo y añil

El cacao se cultivó como materia prima para la elaboración de una bebida con propiedades reanimantes: el chocolate. El bálsamo se consumía por sus cualidades medicinales y aromáticas, mientras que del añil se extraía un colorante para tejidos.

En el siglo XVI el cultivo del cacao se había extendido por todo el país, especialmente en la zona del sudoeste, considerada la principal abastecedora de cacao en América. Se desarrollaba fundamentalmente en las tierras comunales y ejidales, en manos de comunidades indígenas, y no en las haciendas administradas por los españoles. Para finales del siglo XVII este cultivo había decaído de forma notoria, al grado de que en las principales zonas de cultivo sólo existían vestigios de las plantaciones.

El bálsamo, al igual que el cacao, también se cultivaba en tierras comunales y ejidales y era extraído en forma de tributo por los españoles. El Salvador era la única región de América en la que se producía, aunque erróneamente se lo denominaba «bálsamo del Perú».

El añil, en cambio, se convirtió en una empresa por entero española, al intensificarse su cultivo en las nuevas colonias de América. Los colonos españoles decidieron que el modo más

eficaz de conseguir un crecimiento rápido del suministro de añil consistía en dedicarle tierras propias, emplear indios para su cultivo y vigilar su manipulación en molinos especialmente construidos para ello.

Durante el primer siglo de la Colonia, el cultivo del añil se impuso como principal producto de exportación de El Salvador, en menoscabo del cacao y del bálsamo, que pasaron a tener una menor importancia relativa. La expansión del añil implicó una primera fase de descuaje de bosques y selvas, en consonancia con el he-

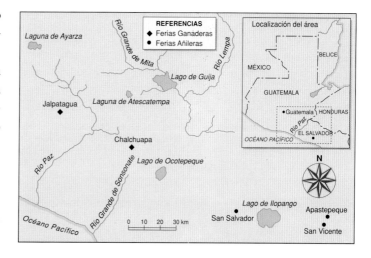

■ Mapa de las localidades con ferias añileras y ganaderas del siglo XVIII.

■ El añil, tinte tropical muy apreciado desde la Edad Media, se fija al contacto con el aire. Piezas de añil de Chalatenango.

■
Reconstrucción de un obraje de añil del siglo XVIII en San Andrés: entre las ventajas del añil frente al glasto –el tinte europeo con el que competía aquél en los mercados– destaca el hecho de que no requería de otra sustancia para lograr la fijación del color y en que su rendimiento por peso era doscientas veces mayor.

cho de que este cultivo se caracteriza por exigir la remoción total de la vegetación cercana. Fue el principal producto de exportación y la principal actividad económica hasta finales del siglo XIX, estimándose que en el área centroamericana El Salvador proveía cerca del 90 por ciento de la producción total.

El cultivo del añil requería jornadas de trabajo intensivas, desarrolladas generalmente por la población indígena bajo condiciones infrahumanas, que resultaron en alta mortalidad de los trabajadores, especialmente de aquellos concentrados en los molinos.

El café

Con el auge de la demanda internacional de café comenzó el ciclo de sustitución del añil: a partir de la segunda mitad del siglo XIX sus exportaciones comenzaron a declinar, mientras que las de café se incrementaban. La cadena volcánica central ofrecía las condiciones climáticas idóneas y concentraron las haciendas cafetaleras más importantes.

Mediada la década de 1850, fue notable el desarrollo de cafetales en las afueras de San Salvador, donde para plantarlos se talaron bosques enteros e incluso se procedió a despejar con fuego grandes extensiones. Entre 1860 y 1880 el cultivo del café tomó un impulso mu-

LAS CONDICIONES DE TRABAJO EN LA EXTRACCIÓN DEL AÑIL

Aparte de la disminución general de la población, el plantador tenía que hacer frente a una elevada mortalidad, que registraba su índice más elevado entre los trabajadores de los molinos. Muchos trabajadores murieron por el excesivo trabajo, las duras condiciones de vida y el maltrato recibido. Pero la razón más destacada de la mala fama de los molinos del añil fue la propagación de enfermedades infecciosas resultante de la concentración de trabajadores en situaciones insalubres. Para 1636 grandes poblaciones indígenas resultaron prácticamente diezmadas después de que se instalaran molinos de añil en las proximidades de sus asentamientos, pues la mayoría de los indígenas que entraban a trabajar en los molinos enfermaban al poco tiempo debido a los trabajos forzados a que se veían sometidos y al efecto de las pilas de añil en descomposición que debían amontonar. El fenómeno fue particularmente notable en la provincia de San Salvador.

Los observadores de los siglos XVI y XVII atribuyeron la elevada mortandad indígena a una constitución débil, al trabajo y al calor. Pocos hallaron relación entre las enfermedades y las plagas de moscas, inseparables en cada molino; hasta 1798 no se recomendó ni puso en práctica la quema de los desechos de añil en descomposición que quedaban tras la extracción del colorante ■

cho mayor: las exportaciones se multiplicaron por treinta entre 1864 y 1881. La introducción del café favoreció la mejora de la red de transportes, pero más importante fue su efecto sobre la propiedad de la tierra, al propiciar la abolición de las formas comunales y ejidales aún existentes en las comunidades indígenas.

Las rutas de transporte de El Salvador se orientaron hacia el sur, donde las distancias eran más cortas y resultaba más fácil la construcción de carreteras aptas para las carretas con tiro de bueyes. En 1845 se emprendió un programa de construcción de carreteras en el que destacó la de San Miguel a La Unión, terminada en 1847, y la mejora de las comunicaciones entre Acajutla, Sonsonate y Santa Ana. Mediante los ingresos de los gobiernos locales y central provenientes de los impuestos sobre el café, durante el resto del siglo XIX se amplió y mejoró una red de carreteras de eje este-oeste a través del centro del país, y ramales auxiliares norte-sur. Este sistema fue seguido por las carreteras pavimentadas hasta la década de 1950.

En 1853 se instó al gobierno a que desarrollara los servicios en el puerto La Libertad y mejorara la carretera de ésta con San Salvador. Ambas iniciativas se pusieron en marcha ese mismo año, al tiempo que se promocionaron los puertos de Cutuco, en La Unión, y Acajutla, en Sonsonate.

La introducción del café indujo, por otra parte, a que a mediados del siglo XIX los gobiernos del país repararan en la necesidad de reformar el uso y la tenencia de la tierra. Los motivos residían en las peculiaridades de las plantaciones cafetaleras: el carácter perenne del cultivo, la necesidad de una inversión considerable de capital, la demanda de mano de obra y, especialmente, el hecho de que tal producto sólo podía cultivarse en las tierras altas centrales, una zona de reducida extensión que, a mediados de ese siglo, estaba ya densamente poblada.

Los gobiernos manifestaron su compromiso de reformar la propiedad de la tierra y su desprecio por la estructura tradicional de la colonización y el uso que se hacía de ella. Un gobierno plenamente identificado con los intereses cafetaleros decidió luego abolir todo aspecto de tenencia, uso o asentamiento del hombre que obstaculizara el rápido establecimiento de plantaciones de café: se abolió la po-

Las crisis de precios, característica destacada de la economía del café. Imagen de la Bolsa neoyorquina, Wall Street, al día siguiente del «Jueves negro» (24-X-1929) en que se produjo el *crash* que dio paso a la Gran Depresión.

sesión comunal de la tierra en beneficio de la propiedad individual. Una serie de decretos aprobados en muy corto espacio de tiempo trató de desarticular la estructura agraria asentada durante cuatro siglos, y sustituirla por un sistema asentado en exclusiva en la propiedad privada de la tierra. Entre 1879 y 1881 se abolió todo régimen de tenencia común, primero en las tierras altas centrales, y luego en todo el territorio. Aumentó sustancialmente el número de agricultores sin tierra, se multiplicaron las migraciones campo-campo y campo-ciudad, y se extendió la pobreza.

El empleo generado por el cultivo del café es estacional y se concentra en la recolección, entre noviembre y enero. El resto del año se reduce drásticamente, hasta el extremo de que en El Salvador la tasa de subempleo es muy cercana al 50 por ciento.

Debido a que las exportaciones dependen de los precios en el mercado internacional, el cultivo de café resiente las caídas de precios. La crisis más notable coincidió con la Gran Depresión originada en 1929 en Estados Unidos. Ese año la caída del patrón oro y la quiebra de Wall Street afectaron a la economía salvadoreña y condujeron a conflictos económicos, sociales y políticos. Las principales consecuencias se tradujeron en una drástica caída de la demanda y de los precios internacionales del café, disminución de las importaciones, contracción del crédito, descenso de los ingresos fiscales, desempleo, quiebra de las pequeñas empresas industriales y pauperización de la clase campesina. El descenso de precios acarreó la caída del empleo y de los salarios rurales. La población indígena, desposeída de sus tierras ancestrales, optó por la revuelta: comenzó en 1932, para culminar con la masacre de no menos de quince mil personas. Hubo otras crisis de precios a finales de la década de 1950 y principios de las de 1970 y 1990.

Han existido asimismo épocas de auge en los precios internacionales, especialmente en las décadas de 1940 y 1950. Como resultado de éstas los productores, beneficiadores y exportadores de café incrementaron fuertemente sus ingresos y tuvieron la capacidad de iniciar un proceso de modernización agropecuaria, de diversificación de agroexportaciones y de industrialización, limitada esta última, en realidad, a los productos textiles, químicos y de aluminio.

La diversificación agrícola

La modernización y diversificación de la producción agrícola se inició en la década de 1950 al intensificarse el cultivo del algodón, provo-

cando cambios significativos en la composición de las exportaciones agrícolas. La participación del café en las exportaciones agrícolas de 1950 y 1962 fue de 90.4 y 55.8 por ciento, respectivamente; en cambio, para el algodón fue de 3.8 por ciento y 23.7 por ciento.

Otro aspecto muy importante de la diversificación agrícola fue que la producción dejó de orientarse de manera exclusiva al mercado externo. El algodón, por ejemplo, empezó a usarse como materia prima industrial. Mientras el 95 por ciento del café se destinaba al mercado externo, un 80 por ciento del algodón se exportaba y un 95 por ciento de su semilla era utilizada por la industria como materia prima.

El auge del algodón sólo duró tres décadas (de 1950 a 1970, inclusive) debido sobre todo a que la reorientación agrícola de mediados del siglo XX implicó el uso de métodos de producción intensivos con el objeto de elevar los rendimientos de la tierra. Se procedió a la utilización intensiva de productos químicos (fertilizantes y pesticidas) y hubo un cierto grado de mecanización agrícola. El *boom* en los rendimientos del algodón fue notable: pasó de 560 kilogramos por hectárea, en 1940, a 1,000 en 1950 y 2,040 en 1960. El café pasó de un rendimiento de 630 kilogramos por hectárea en 1950, a 700 en 1960 y 850 en 1970.

Al mismo tiempo que se intensificaba el cultivo del algodón, también el de la caña de azúcar mostró un alto dinamismo. Entre 1961 y 1971 la producción creció a un promedio del 11 por ciento anual, muy por encima del crecimiento del sector agropecuario (de sólo 3.7 %). Estos incrementos permitieron que, a finales de la década de 1960, el azúcar pasara a ser un producto principal de exportación. Importa señalar que el algodón y el azúcar se destinan tanto a la exportación como a materia prima industrial. Cabría afirmar que, en la década de 1970, ambos dejaron de ser simples cultivos susceptibles de proporcionar ganancias extraordinarias en los mercados internacionales, pa-

La introducción de los cafetales implicó profundos cambios sociales: modificó la tenencia de la tierra, originó migraciones internas, empobreció al salariado. La estacionalidad del cultivo aumentó la tasa de subempleo. Imagen de un campesino en el secado del café.

ra proporcionar cada vez más insumos y espacios empresariales para el sector industrial.

Con la modernización agropecuaria, se introdujo también el cultivo del arroz, aunque en una escala menor que el algodón y la caña, y orientado en su totalidad al consumo nacional.

Tal como había sucedido con la introducción del café, la modernización agropecuaria concentró las inversiones en las mejores tierras y prescindió de las de menor calidad: la población campesina dedicó éstas al cultivo de granos básicos. Este proceso generó una nueva

exportación y la modernización del sector, la producción se diversificó; el fenómeno no implicó el abandono de los cultivos tradicionales, que siguieron desarrollándose en el seno de las comunidades rurales.

Durante la Colonia, en todas las haciendas existían agricultores que cultivaban pequeñas parcelas para la autosubsistencia: sembraban maíz y frijoles, y criaban un número limitado de animales para subvenir las necesidades inmediatas de la familia, y en algunos casos para el intercambio o la venta local; se les permitía

El cultivo del maíz se ha visto postergado a tierras marginales para el cultivo de autosubsistencia. Imagen de un maizal en las afueras de San Salvador.

tendencia hacia la concentración de la tierra y el crecimiento de los trabajadores agrícolas sin acceso a parcelas, los cuales constituyen cerca de un 45 por ciento de la población rural.

Granos básicos

El cultivo de alimentos fue, y continúa siendo, la principal actividad agropecuaria salvadoreña. Con las nuevas haciendas dedicadas a la agro-

asimismo vivir en la hacienda. Los trabajadores que habitaban en ellas (colonos) tenían derecho a usar dichas parcelas como parte de su salario. Los arrendatarios explotaban la parcela por una renta preestablecida o canon que podía abonarse en dinero o con parte de la cosecha.

La mayoría de las haciendas no eran simples plantaciones comerciales trabajadas por mano de obra residente y subordinada. Partes considerables de ellas se arrendaban, y los hacendados estimaban en mucho el dinero y los productos que los arrendatarios residentes les pagaban. Las vinculaciones de estos arrendatarios y aparceros eran realmente débiles; quienes se hallaban bajo un convenio o una obligación

El cultivo del arroz, consecuencia de la diversificación introducida por la modernización agropecuaria. A la izquierda, secado de arroz al sol.

con el hacendado podían abandonar la propiedad, mientras que los usurpadores establecidos en las haciendas formaban un número creciente de agricultores nómadas que no pagaban renta. Esta migración irregular se veía favorecida por la demanda estacional de mano de obra.

En la actualidad, la producción de granos básicos presenta las mismas características; se realiza aún en pequeñas parcelas arrendadas, aunque, debido a la concentración en la propiedad y a que se dedican las mejores tierras a la agroexportación, el cultivo de granos básicos se ha trasladado a tierras marginales, en particular laderas y suelos degradados.

Se estima que casi un 60 por ciento de la cosecha de granos básicos se destina al autoconsumo y son 250,000 los productores que los cultivan, cerca del 75 por ciento del total de productores agrícolas, ocupando más de la mitad del área cultivada del país. La gran mayoría de estas explotaciones (85%) no ocupan más de cinco hectáreas y no poseen ningún grado de tecnificación.

Ganadería

Las enfermedades y el ganado introducidos por los conquistadores españoles causaron en la vida y la propiedad de los nativos estragos de mayor magnitud y duración que los que había producido la guerra de Conquista.

La introducción del ganado implicó la sustitución de hombres por animales, que se multiplicaban prodigiosamente y se movían sin control por las tierras, sin respetar los intereses de los agricultores indígenas.

La irrupción del ganado significó el surgimiento de una agricultura extraña al nativo y planteó una amenaza para las comunidades sedentarias, a la vez que proporcionaba a los españoles un poderoso instrumento de control de la tierra. América ofrecía condiciones ideales para el crecimiento de manadas de ganado semisalvaje, muy apreciadas entre los primeros colonizadores.

Abundan los relatos sobre la introducción del caballo y la formación de manadas salvajes en el continente. Ilustración del clásico de finales del siglo XVIII *Truxillo del Perú*, de Baltasar Jaime Martínez Compañón.

Desde finales del siglo XVI en El Salvador se dejó pastar libremente al ganado; éste era ocasionalmente sacrificado para el consumo local o transportado a Guatemala, a las ferias de La Laguna y Cerro Redondo, donde los tratantes compraban hasta seis mil cabezas en una sola transacción. Proveía de carne y sebo la ciudad de Guatemala y, lo que era más importante, se exportaban las pieles a España.

A pesar de las formidables pérdidas sufridas durante los largos viajes, cada año llegaban a destino muchos miles de reses y en los momentos de mejor producción del siglo XVIII se sacrificaban más de cincuenta mil cabezas al año. Con frecuencia se quemaban grandes cantidades de pieles porque la oferta era excesiva. Los rebaños se movían sin control, libremente, y provocaban grandes pérdidas en los cultivos, sobre todo en los maizales y huertos de los indígenas.

En los dos siglos que siguieron a la introducción del ganado, la legislación colonial vetó la ganadería a los indígenas. La crianza de un pequeño número de animales en pastizales cercanos al pueblo fue adoptada sólo gradualmente.

Mientras sobrevivió la comunidad indígena rural —hasta mediados del siglo XIX—, el pastoreo sin control siguió siendo una amenaza constante para los campos sin cercar que constituían la base de la vida aldeana.

La cría de ganado no fue nunca una actividad agrícola estrechamente organizada y controlada. Durante la modernización agropecuaria de las décadas de 1960 y 1970, la ganadería adquirió sin embargo gran pujanza: en 1972 representó un 14 por ciento del PIB del sector agropecuario; en 1977 declinó al 7 por ciento, y en la década de 1990 recuperó su importancia con cerca del 15 por ciento.

El sector agropecuario en la actualidad

Durante la década de 1990 el sector agropecuario ha perdido importancia como generador de producción, exportaciones y alimentos. En conjunto pasó de representar un 16.5 por ciento del total del PIB en 1992 a sólo el 13.6 por ciento a mediados de los noventa, y se redujo de manera notable el volumen tanto de los cultivos de alimentos como de los principales productos de exportación. Merece una mención especial el algodón, que ya desde la década de 1980 enfrentaba problemas de inviabilidad ambiental y que finalmente desapareció del sector rural y de la contabilidad nacional en 1995.

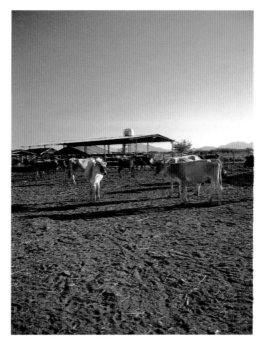

La ganadería tropezó con leyes restrictivas que impedían su práctica a los indígenas, pero acabó ganándose un puesto en el proceso de modernización agropecuaria. Imagen de ganado vacuno en una granja de San Miguel.

Aunque no ha disminuido el volumen de producción de ganado vacuno, en el último quinquenio ha crecido apenas un 7.8 por ciento, mientras que el ganado porcino prosiguió una tendencia declinante.

Es importante destacar que, pese a la reducción de las cosechas, su área de cultivo se duplicó en las tres últimas décadas ■

■ Volúmenes de producción de los principales productos agropecuarios

Producto	1992	1993	1994	1995	Últimos datos
(en miles de quintales)					
Algodón oro	97	79	41	0	0
Arroz oro	1,017	1,052	913	722	781
Café	3,631	3,308	3,076	3,040	3,056
Frijol	1,354	1,367	1,344	1,121	1,287
Maicillo	4,656	4,410	3,957	4,369	3,957
Maíz	15,374	13,716	10,405	14,148	13,468
(en miles de toneladas)					
Caña de azúcar	4,464	4,148	3,929	3,875	4,036
(en miles de cabezas)					
Ganado porcino	152	135	134	138	140
Ganado vacuno	167	148	162	175	180

El sector industrial

El Estado jugó un importante papel dinamizador del proceso de industrialización, aunque ello no habría sido posible sin las bases económicas que proporcionaron el auge de los precios y de las exportaciones de café.

De la economía de exportación a la producción de bienes

El ingreso real del sector exportador creció a partir de 1945, quintuplicándose en los cinco años siguientes, pero se puso en evidencia que las posibilidades de acumulación en la producción de café eran limitadas con relación a la dimensión de los excedentes económicos que podían invertirse.

Los efectos de la expansión del sector agroexportador y la necesidad de crear un mecanismo que permitiera transferir a otros sectores los excedentes potencialmente acumulables, generaron las condiciones para una transformación del papel del Estado. Esta modificación tuvo como objetivo primordial crear las condiciones para el desarrollo de un proceso de industrialización nacional, aunque también es-

---

EVOLUCIÓN DE LA INDUSTRIA EN EL PERÍODO 1952-1957

En 1952 comenzó, por ejemplo, la instalación de 256 telares mecánicos, que terminó en 1953 (año en que entró en servicio la presa hidroeléctrica 5 de Noviembre) y que representa el 8 por ciento del total de la capacidad de producción textil «fabril» de toda Centroamérica. En 1952 comenzó asimismo la inversión en dos fábricas de calzado que en 1953 fueron capaces de producir dos mil pares diarios y que compitieron con una artesanía y una producción de manufacturas simple que hasta entonces monopolizaba el sector. Se inició la acumulación en los productos químicos —en verdad reducidos a jabones, cosméticos y medicinas de fácil fabrica-

ción— y la producción de materiales de construcción de asbesto y cemento.

La acumulación invirtió la tendencia de la participación de la artesanía en el valor agregado industrial, que tras un máximo de 39.5 por ciento en 1954, descendió hasta llegar a 33.4 por ciento en 1960. Otro indicador del proceso de aumento del capital fijo es la utilización de energía eléctrica, que sigue, como es lógico, una tendencia inversa a la seguida por la participación de la artesanía en el valor agregado: en 1951 pasó de 0.28 kWh por cada colón agregado, a 0.24 kWh en 1954, para tomar una tendencia creciente que llega a 42.8 kWh en 1960 ■

Héctor Dada Hirezi, *La economía de El Salvador y la integración centroamericana 1945-1960*, UCA Editores, San Salvador.

La industria de transformación amplía hacia el consumo de masas las posibilidades del sector agroalimentario. Embalaje en una planta industrial de San Salvador.

timuló la modernización y diversificación de las agroexportaciones.

En la primera fase de la industrialización la producción se orientó fundamentalmente a los bienes de consumo: el Estado creó los incentivos necesarios mediante la Ley de Fomento Industrial de la Transformación. Las inversiones del Estado se triplicaron: su participación en la inversión aumentó cuando el gobierno comenzó a poner en práctica una nueva política económica, y se fue afirmando hasta 1953, año en que representó casi el 40 por ciento de la inversión bruta total.

Las inversiones públicas fueron las únicas que aumentaron la formación de capital entre 1949 y 1953, y gracias a ellas se amplió la capacidad productiva de los sectores básicos de la economía nacional. Se crearon así incentivos que hicieron posible las inversiones del sector privado industrial en el cultivo y la comercialización del algodón, en equipos de transporte y otras actividades derivadas. Según datos oficia-

les, la inversión en industrias de transformación registrada como extranjera pasó de 6.2 millones de colones en 1953 a 24.7 en 1960, es decir, se cuadruplicó, pasando del 38 al 54 por ciento de la inversión total.

Las características industrializantes de la economía tradicionalmente agroexportadora en expansión produjeron un crecimiento en el sector industrial que se verificó entre 1945 y 1960; en los primeros cinco años, ese período se incrementó en más del 70 por ciento, continuando a lo largo de la década siguiente a una tasa media anual de más del 5 por ciento.

Al mismo tiempo que se expandía la industria, se fue acrecentando la concentración económica en su interior. En 1980, las 45 empresas con más de cien empleados (que representaban el 3% de las empresas con más de cinco empleados) concentraban el 50 por ciento del total del capital industrial. Las empresas industriales con más de cincuenta empleados concentraban el 81.8 por ciento del total del capital fijo.

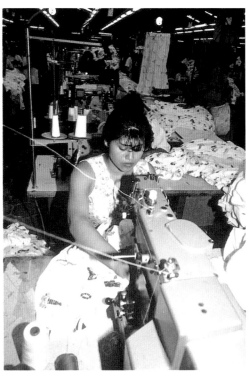

La maquila, aportación fundamental de la industria centroamericana al engranaje de la mundialización: las piezas ensambladas en El Salvador con materiales asiáticos son reexpedidas a Asia y, de allí, a todo el mundo. Maquila de zapatos (izquierda) y de confección (derecha) en la zona franca de San Bartolo (San Salvador).

Por otra parte, durante este período los industriales efectuaron una inversión considerable en la importación de maquinarias, arrojando un saldo favorable para la diversificación productiva; incrementaron también la mecanización progresiva de los procesos de beneficiado del café y del algodón, así como de la producción de café soluble destinado al mercado estadounidense. Sin duda este proceso industrial incidió de forma definitiva en la urbanización del país y en el fortalecimiento de la actividad comercial y bancaria.

Limitaciones del mercado nacional

Pese a su éxito aparente, la industrialización comenzaba a mostrar sus restricciones, debidas principalmente a la limitada rentabilidad del capital. Los sectores empresariales se enfrentaban a la pérdida de posibilidades de expansión rentable de una industria demasiado concentrada en los bienes de consumo.

Todo lo anterior llevaba a la necesidad de ampliar los mercados nacionales en favor de la industria en expansión para mantener las tasas de ganancias: en este marco debe entenderse la conformación del Mercado Común Centroamericano, que tuvo su auge durante la década de 1960. Al tiempo que la integración centroamericana favorecía al capital industrial, acentuaba las desigualdades regionales en favor de los países más industrializados —Guatemala y El Salvador— y en detrimento de los restantes. Entre 1962 y 1971 El Salvador y Guatemala obtuvieron un balance positivo de 232.1 millones de dólares en el comercio regional, la misma cantidad que representó un saldo negativo para Nicaragua, Honduras y Costa Rica.

En el caso de El Salvador cinco ramas industriales cubrieron el 86.5 por ciento del total de las exportaciones a la región en ese período: textiles, alimentos, productos químicos, papel cartón y productos metálicos. Estos sectores dedicaron un alto porcentaje de su producción al mercado exterior y concentraron el 75 por ciento de la producción total de la década de 1960. Al mismo tiempo que jugaron un papel importante en la acumulación de capital nacional, las cinco ramas citadas permitieron a las más pequeñas desempeñar un papel de primera magnitud en la reproducción de la fuerza de trabajo, generando oportunidades de empleo y ofertas de bienes no necesariamente ligados a las medianas y grandes empresas industriales, más dedicadas a satisfacer las demandas de sectores sociales nacionales y regionales con mayores ingresos.

El capital extranjero y la maquila

La diversificación en el mercado regional y la expansión de estas unidades productivas permitió e incentivó las inversiones de capital extranjero en El Salvador. El Estado promovió una campaña publicitaria y emitió una legislación apropiada para atraer al capital extranjero. Todos los privilegios de que gozaba la empresa privada nacional se hicieron extensivos al capital extranjero. La empresa extranjera no se vio limitada siquiera en lo que respecta a la expatriación de capitales y utilidades, ni obligada a la exigencia de compartir la propiedad con capitales nacionales.

En la actualidad esta situación se mantiene y, desde la década de 1970, se procedió a la creación de zonas francas y recintos fiscales donde se estimula la inversión extranjera en empresas dedicadas al ensamblaje de bienes destinados de forma exclusiva a la exportación. Estas empresas están totalmente exentas de impuestos y hacia finales de la década de 1990 se dedican en el 98 por ciento de los casos al ensamblaje de prendas de vestir para el mercado estadounidense.

Esta actividad, conocida como «maquila», ha desplazado tanto a los sectores industriales tradicionales y a las agroexportaciones como a las principales generadoras de producción y exportaciones. Entre 1992 y 1996 el valor de la producción de la industria de maquila se triplicó, mientras a finales de siglo representaba más del 40 por ciento de las exportaciones.

La participación de la industria en el total del PIB decayó del 22.6 al 21.1 por ciento en el último quinquenio. Aun así, su aportación al PIB es superior a la del sector agropecuario.

Tras el auge de las actividades industriales y comerciales experimentadas después de la década de 1950, muchas actividades artesanales se enfrentaron a fuertes dificultades de expansión. La producción artesanal decayó (calzado, prendas de vestir, velas, jabones, etc.) sin que las nuevas industrias lograran absorber en su totalidad los obreros que habían sido desplazados, pues utilizan maquinaria que reduce la demanda de mano de obra.

Los granos básicos hallan su salida a través de la industria agroalimentaria. Imagen de silos de harina de la empresa Molsa.

■ **Composición porcentual del PIB**

Rama	1992	1995	Últimos datos
Producto Interno Bruto	*100*	*100*	*100*
Agricultura, caza, silvicultura y pesca	16.5	13.6	13.6
Productos de la minería	0.4	0.4	0.4
Industria manufacturera	22.7	21.2	21.1
Electricidad, gas y agua	0.5	0.5	0.5
Construcción	3.7	3.7	3.7
Comercio, restaurantes y hoteles	19.4	20.4	20.4
Transporte, almacenamiento y comunicaciones	7.6	7.4	7.4
Establecimientos financieros y seguros	2.3	2.9	3.1
Bienes inmuebles y servicios prestados a las empresas	3.5	3.3	3.4
Alquileres de vivienda	10.4	9.0	9.0
Servicios comunales, sociales, personales y domésticos	5.9	5.5	5.6
Servicios del gobierno	6.4	5.7	5.6
• Menos: Servicios bancarios imputados	1.8	2.5	2.7
• Más: Derechos sobre importaciones e Impuesto al Valor Agregado	2.5	8.9	8.9

■
La composición del PIB refleja cada vez más el carácter dual de la economía salvadoreña, en la que la presencia del sector industrial (abajo: boulevar del ejército en la zona industrial de San Salvador) ha pasado a ganar terreno al sector agropecuario (arriba, ganadería extensiva en las afueras de la capital).

Otro elemento que explica el desajuste entre la oferta y la demanda de fuerza de trabajo en el ámbito urbano es el intenso proceso de migración campo-ciudad, producto de las crisis del sector agropecuario y, en la década de 1980, de la inestabilidad política imperante.

El sector informal

La autorreproducción de la fuerza de trabajo es la característica más distintiva del sector informal, también caracterizado por desarrollarse a pequeña escala, generalmente con métodos artesanales e ingresos inestables (pequeño comercio, pequeña producción artesanal, servicios personales, etc.). El origen del sector informal se sitúa en el momento de adaptación de las estructuras de producción, circulación y consumo en función de la rentabilidad de las inversiones en los sectores industrial y comercial. Es pues la difusión de la producción industrial la que explica fundamentalmente el origen del sector informal, en tanto que transforma ciertas actividades específicas —en particular las de tipo artesanal— en actividades totalmente ajenas a la modernización de la producción.

En un contexto de bajos salarios y poca capacidad de absorción de la nueva fuerza de trabajo, las familias recrean los antiguos modos de reproducción, adaptándolos como estrategias de supervivencia en el espacio urbano. Por esta razón, en lugar de decrecer, las actividades informales tienden a multiplicarse, desarrollándose en términos cuantitativos, aunque en términos cualitativos su crecimiento implica una pauperización creciente de la gran masa de autoempleados.

El sector informal se circunscribe a las zonas urbanas y se estima que representa cerca de un tercio del total del empleo generado por la economía urbana; un rasgo distintivo es que ofrece salarios que se encuentran por debajo de los mínimos legalmente establecidos. Existe una marcada concentración de las actividades in-

formales en la rama del comercio, precisamente porque éste cumple el papel de adecuar la oferta de bienes y servicios a la demanda de las familias pobres urbanas. La mayor parte de los hogares con integrantes ocupados en el sector informal se ubican dentro del rango de hogares considerados en situación de pobreza, es decir, con ingresos insuficientes para cubrir el costo de la canasta básica de bienes (alimentación, vivienda, vestuario y misceláneos) ■

El autoempleo en el sector informal es representativo del proceso de adaptación de las estructuras productivas y comerciales. Dos imágenes de la venta ambulante en San Salvador.

Impacto ambiental del proceso económico

El Salvador está considerado como uno de los países que padece un mayor deterioro de los recursos naturales y del medio ambiente de América Latina. Dos terceras partes de sus suelos están erosionados, sólo queda un 2 por ciento de los bosques originales, el 90 por ciento de los ríos está contaminado por aguas negras, agroquímicos y desechos industriales y se emiten importantes cantidades de gases nocivos para la salud y que provocan el efecto invernadero.

La introducción de los cultivos de agroexportación provocó una primera fase de destrucción de bosques y selvas. Durante la Conquista y la Colonia, el interés en la actividad minera, la incipiente crianza de ganado y el cultivo de algunos alimentos básicos impulsaron a los colonizadores a talar bosques y selvas, sobre todo en el norte y el centro del país. Más tarde las haciendas se fueron expandiendo por los valles centrales para el cultivo del añil y la caña de azúcar, así como para la ampliación de los maizales y frijolares. El indígena continuó con su agricultura de subsistencia, talando la selva, quemando, sembrando y después abandonando la tierra. Ésta toleró ese antiguo método de uso bajo la presión de una población reducida que permitía la regeneración del ecosistema. Sin embargo, cambiados el tiempo y las circunstancias, con la población indígena empujada cada vez más a subsistir en tierras marginadas de pendiente pronunciada, se fue configurando el paisaje desolado del norte de El Salvador: suelos empobrecidos en los cuales apenas se logran escasas cosechas de sorgo o maicillo y en los que se fueron asentando los núcleos paupérrimos de la población campesina.

Después de la Independencia, en 1821, la población salvadoreña se había incrementado notablemente y se había expandido en el territorio. La siembra del añil había alcanzado grandes proporciones ya que éste era el principal producto de exportación. El añil fue el primer eslabón de la cadena de cultivos exportables que se han emprendido a expensas de la vegetación y la fauna, pues las talas efectuadas para habilitar su cultivo fueron considerables.

En varios sitios del norte del país y en sus valles centrales, abatidos por la erosión y la sequía, aún se encuentran ruinas de los obrajes,

La tecnología básica de los obrajes del añil consistía en tres piletas escalonadas y comunicadas entre sí: en la primera se sumergía en agua la hierba jiquilete para diluir la savia. En la segunda se agitaba la solución acuosa para precipitar el tinte; en la tercera se concentraba el material.

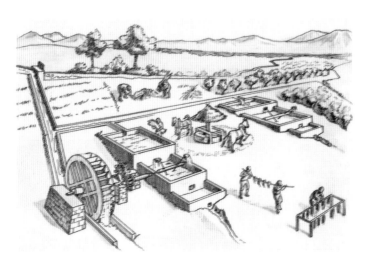

tal como se denominó a los lugares donde se procesaba la planta para producir el tinte que tan buenos mercados tenía en Europa.

Las talas de bosques

Desde la segunda mitad del siglo XIX se operaron las talas de bosques y selvas en los valles, colinas y volcanes de la zona central del país para sembrar maíz, frijoles, caña de azúcar y, principalmente, café. Este último se perfilaba como sucesor del añil, cuya demanda había decrecido tras el proceso de fabricación de anilinas sintéticas realizado por químicos alemanes. Para poder establecerse, el nuevo producto de exportación exigió también su cuota de destrucción, por lo que fueron talados selvas y bosques a todo lo largo y ancho de la cordillera central. La vegetación de las alturas y laderas fue prácticamente sustituida por un cultivo que es en sí un verdadero bosque, en el que los cafetos están acompañados de una variedad de especies de árboles de sombra, muchos de los cuales son representantes de la flora original.

El cafetalero aprendió a cuidar los preciosos suelos volcánicos donde asentaba sus cultivos, usando diversas barreras contra la erosión, sobre todo con plantas de bambú o izote: ello agregó complejidad y, por consiguiente, estabilidad al ecosistema del cafetal. La fauna encuentra protección en esos hábitats, por lo que los cafetales a la sombra mantienen aún cierta abundancia de especies animales y representantes de la flora. En los cafetales se retienen valiosos suelos volcánicos y se protegen los mantos de agua.

Degradación de las costas

Una nueva alteración del ecosistema salvadoreño, mucho más destructiva, se produjo cuando las inversiones se dirigieron hacia las zonas costeras para intensificar el cultivo del algodón. Las elevadas utilidades resultantes de los buenos precios del café a principios de los años 1950 necesitaban de esa expansión, con lo que

se aceleraron las talas en grandes extensiones de las selvas costeras. El algodón cubrió las planicies a lo largo del litoral. La empresa algodonera ocupó abundante mano de obra y promovió la industria y los negocios. Pero el algodón es un monocultivo que, al contrario del café, cambia de terreno cada año, constituyendo un agroecosistema extremadamente inestable. Sustituir de pronto extensiones considerables de selva tropical por un monocultivo representa un impacto ecológico drástico en cualquier lugar. Los problemas de plagas no se hacen esperar. Al comienzo, la única de consideración era el picudo del algodón (*Anthonomus grandis*), que se removía a mano como se había hecho antaño en los pocos cultivos establecidos desde los tiempos de la Colonia.

Pero a partir de 1940, tuvo lugar la difusión del dicloro-difenil-tricloroetano (DDT), plaguicida que tanto revolucionó la agricultura y ayudó a la erradicación de insectos vectores de enfermedades. Al principio el DDT permitió reducir las poblaciones de picudo y aumentar las cosechas de algodón. Pero por un proceso de selección natural el insecto pronto devino resistente al insecticida: hubo entonces que aplicar dosis mayores y más frecuentes, o bien combinarlo con otros pesticidas clorados. Al

La plantación de los cafetales se pudo realizar a costa de talas masivas que afectaron al bosque primario salvadoreño.

La degradación de la calidad de los cuerpos de agua del país es desigual y en buena parte resultado de la antigua aplicación de insecticidas a los campos de algodón. Los cursos bajos de los ríos y la fauna litoral se llevaron la peor parte. Imagen de la pesca en el lago Ilopango.

romperse el equilibrio natural por la destrucción de parásitos y depredadores, que eran agentes de control biológico natural, comenzaron a aparecer nuevas plagas.

Los potentes insecticidas fosforados y los carbamatos ya no fueron capaces de controlar insectos y ácaros. Y lo peor: los mosquitos transmisores de la malaria (*Anapheles albimanus*) se volvieron resistentes a prácticamente todos los insecticidas usados en las zonas algodoneras. La malaria comenzó a cobrar víctimas entre la población rural y se convirtió en la principal amenaza para la salud pública. El uso indiscriminado de los insecticidas había dejado sin armas a la institución encargada de la salud nacional.

Además, muy a menudo, cuando los trabajadores entraban a los campos recién tratados o se ponían en contacto por cualquier otro medio con residuos de pesticidas, se intoxicaban. Entre 1969 y 1972 se produjeron más de 4,000 casos de intoxicaciones, de los cuales 29 fueron víctimas mortales. Los efectos a largo plazo de las personas intoxicadas que sobreviven son difíciles de determinar.

Impacto sobre la fauna

Murieron también animales domésticos y ejemplares de la fauna silvestre, de por sí ya diezmados por las talas y la destrucción de sus hábitats. La contaminación de ríos, lagos y esteros causó la muerte de peces, crustáceos y moluscos de valor alimenticio para la población. La eliminación de aves y mamíferos depredadores trajo como consecuencia la proliferación de roedores, como la rata de campo, que se convierten en severo problema para los cultivos de arroz, maíz y caña de azúcar.

Dos sucesos alertaron meridianamente al gobierno y a los terratenientes acerca del desastre ecológico originado en los campos de algodón. Por un lado la producción de camarones disminuyó de manera ostensible. Hacia 1969 las empresas camaroneras, usando 35 barcas, capturaban, empacaban y exportaban unos cuatro millones de libras de camarón. En 1972, con 70 barcas y un mayor número de horas de trabajo por hombre, apenas lograron exportar un millón de libras. Además, algunos cargamentos fueron rechazados al encontrárseles niveles no

Una de las mayores amenazas ambientales deriva hoy en día del proceso de urbanización descontrolado que tiene lugar en numerosos puntos del país. Imagen de una urbanización en el departamento de La Libertad.

tolerables de pesticidas, sobre todo clorinados. Los insecticidas habían llegado a contaminar los esteros, afectando la vida marina.

El otro suceso se relaciona con el rechazo de grandes cargamentos de carne por las mismas razones. Los pastizales se contaminaron y el ganado de engorde y lechero ingirió y acumuló pesticidas en los músculos y en la leche. Desde entonces se intenta el retiro gradual de los insecticidas clorinados.

Contaminación del aire y del agua

La industria cobra su cuota de destrucción ambiental a través de la contaminación del aire y, principalmente, del agua. Se considera que menos del 3 por ciento de las industrias y agroindustrias da tratamiento a sus desechos antes de verterlos en los cuerpos de agua. Del mismo modo, el ente estatal encargado de acueductos y alcantarillados no da tratamiento alguno a las aguas negras domésticas.

Algunos proyectos industriales que afectaron el medio ambiente son la construcción de represas hidroeléctricas, la instalación de plantas procesadoras de cementos y las fábricas químicas en general.

Dentro de un total de 142 países, El Salvador ocupa el número 107 en cuanto a emisión de dióxido de carbono y el 112 en la emisión de gases con efecto invernadero.

En la actualidad, las mayores presiones sobre el medio ambiente derivan fundamentalmente de la urbanización descontrolada y de la destrucción de los bosques salados que se encuentran a merced de los promotores de turismo. Las ciudades de San Salvador y Santa Ana, por ejemplo, se han extendido a expensas de los cafetales que las rodean, los cuales han sido descuajados para dar paso a nuevos proyectos urbanísticos. Por otra parte, la destrucción de los manglares se ha multiplicado dando lugar a severos daños, pues se han talado extensas áreas para la explotación salinera, para extraer madera o para dar paso a las urbanizaciones playeras, uno de los rubros de ganancias ligados al desarrollo turístico. Los manglares más afectados son los de Jiquilisco y el estero de Jaltepeque ■

La economía salvadoreña a la vuelta del milenio

Durante el siglo XX el aparato productivo de El Salvador experimentó notables modificaciones. La principal responsabilidad recae en el surgimiento de la actividad industrial, el auge y la debacle del cultivo del algodón y la pérdida de hegemonía del café como principal actividad económica generadora de exportaciones.

La caída de la producción agropecuaria, consecuencia de las restricciones crediticias y la pérdida de productividad. Vista de la planicie de Usulután.

Con la implementación de políticas de corte neoliberal a partir de la década de 1990, caracterizadas por la liberalización de los precios y las privatizaciones, el aparato productivo salvadoreño ha experimentado importantes transformaciones que pueden resumirse en dos tendencias íntimamente relacionadas: en primer lugar, una disminución de la importancia de la agricultura y la industria, merced al incremento de actividades terciarias relacionadas con el comercio y los servicios personales y financieros; en segundo lugar, una estabilización de los principales indicadores macroeconómicos debido al importante incremento de los flujos externos de divisas, especialmente de las remesas familiares.

En el transcurso de la década de 1990 la agricultura experimentó problemas aún más serios que la crisis político-militar de la década anterior. A causa de la reducción del crédito bancario orientado al sector agropecuario, los bajos precios para sus productos y la caída en la productividad de los recursos naturales, el volumen de producción de los principales cultivos ha decaído de forma notoria. La industria, por su parte, ha sufrido también los efectos de la política económica, resintiéndose de la penetración de productos importados, consecuencia del proceso de desgravación arancelaria implementado durante la década de 1990. Se espera llegar a un arancel del 5 por ciento para los bienes de consumo a inicios del segundo milenio. Un problema adicional lo plantea la importante cantidad de industrias con maquinaria y procedimientos organizativos obsoletos, con pocas posibilidades de competir exitosamente en el mercado internacional. En el último quinquenio la industria vio decrecer del 22.7 al 21.1 por ciento su participación en el PIB. La rama más pujante de la industria es la maquila de ropa a partir de inversiones extranjeras.

El aumento del consumo se tradujo en una mayor participación del comercio en el PIB. Imagen del área comercial de Metrocentro, en San Salvador.

Por otro lado, como resultado del incremento del consumo durante la década de 1990, las actividades relacionadas con el comercio y las actividades financieras experimentaron un importante incremento. En el último quinquenio el comercio elevó del 19.4 al 20.4 por ciento su participación en el PIB, mientras que los establecimientos financieros y de seguros pasaron del 2.3 al 3.1 por ciento.

Resulta asimismo notable la pérdida del peso relativo de los servicios estatales, consecuente con las políticas de privatización y redimensionamiento del Estado.

La estabilidad de los grandes equilibrios macroeconómicos, como el índice general de precios y los saldos de la balanza de pagos y de las finanzas públicas, es otro aspecto relevante del comportamiento económico. Desde principios de la década de 1990 el crecimiento de los precios internos se ha desacelerado notablemente, el saldo de la balanza de pagos arroja cifras positivas que se han traducido en un incremento

■ Principales indicadores económicos

Producto	
Inflación (%)	2.5
Crecimiento del PIB real (%)	4
Saldo de la balanza comercial (U$)	1,275
Exportaciones de maquila (U$)	1,030
Remesas familiares (U$)	1,221.6
Déficit fiscal/PIB (%)	1.8
Saldo de RIN (U$)	1,325

de las reservas internacionales netas y las finanzas públicas han reducido claramente su déficit en relación con los desajustes observados durante la década anterior.

El comportamiento macroeconómico se explica únicamente en función de la afluencia de recursos del exterior. El incremento de las exportaciones no ha impedido que la balanza comercial (exportaciones menos importaciones) sea deficitaria, y los incrementos en las reservas internacionales netas sólo han sido posibles gracias a la afluencia de recursos externos, como remesas familiares, donaciones y empréstitos. Hoy en día el déficit de la balanza comercial alcanza los 1,200 millones de dólares, los cuales son más que compensados por la afluencia de 1,200 millones en concepto de remesas familiares y cerca de 220 millones en empréstitos y donaciones. La acumulación de doscientos millones en reservas internacionales netas resultó posible sólo por estos flujos.

Las finanzas públicas presentan menores déficits que en la década de 1980, aunque en la década de 1990 no se evidenciaba una clara tendencia hacia la disminución. El incremento de los ingresos tributarios por la introducción del impuesto al valor agregado (IVA) no ha sido suficiente para erradicar el déficit fiscal debido a dos razones: por un lado, se eliminaron algunos impuestos —como los que gravaban el patrimonio y las exportaciones— al tiempo que se redujeron otros —a la renta de las empresas y las importaciones—; por otro lado, los gastos del gobierno experimentaron importantes incrementos.

■
La irrupción de las grandes superficies comerciales se erige en una nueva amenaza para un pequeño comercio que tuvo los primeros contratiempos con la multiplicación de las cadenas de supermercados. Imagen de un centro comercial de San Salvador.

■ ■ ■ ■

SERVICIOS, INFRAESTRUCTURAS Y TURISMO

El sector terciario de la economía

Los servicios forman parte del sector terciario de la economía, mereciendo, en el caso de El Salvador, especial atención los rubros financiero, del comercio exterior, la red de comunicaciones, las infraestructuras sanitaria y de educación, y el turismo. El empuje del sector terciario resulta claramente perceptible a partir de la segunda mitad del siglo XIX, cuando tuvo lugar la introducción del café —que habría de seguir desempeñando un importante papel en la economía salvadoreña— y se expandió la demanda de bienes de consumo. A continuación se reseñan algunas de las causas que promovieron la expansión del comercio y datos que reflejan su comportamiento entre las décadas de 1960 y 1990.

Desarrollo del sector servicios

El sector terciario en El Salvador alcanzó su apogeo con la introducción del cultivo del café: por un lado, propició la proliferación de comercios y servicios financieros orientados a atender las nuevas necesidades surgidas y, por otra parte, también se crearon las primeras casas comerciales especializadas en la exportación del citado producto.

Los capitales provenientes de las exportaciones y los ingresos de los empleados privados y públicos de las principales ciudades —San Salvador y Santa Ana— crearon una demanda que amplió el mercado interior y estimuló el nacimiento de comercios y la importación de productos. Este campo económico fue aprovechado sobre todo por inmigrantes procedentes del Medio y Lejano Oriente y de Europa, quienes se convirtieron en los propietarios de los principales comercios.

Fuentes históricas señalan que, durante las primeras décadas del siglo XX, el aparato burocrático del Estado debió ampliarse significativamente para atender las nuevas funciones que derivaban de la proliferación de actividades relacionadas con la exportación del café, el comercio en general y los servicios.

Con los esfuerzos de industrialización emprendidos a partir de la década de 1950 el campo de acción del sector comercial se amplió pa-

El sector financiero salvadoreño es relativamente joven, ya que los primeros bancos datan de 1880. A la izquierda, imagen de una sede del Banco Cuscatlán en San Salvador.

Arriba, calle de San Salvador en un día de mercado en una fotografía de 1924.

Almacén París Volcán, propiedad de Bernheim & Cia., en una fotografía (izquierda) de 1924: el local, construido en 1921, alberga en la actualidad varios pequeños locales comerciales. A la derecha: imagen de una calle céntrica de San Salvador a comienzos de la década de 1980.

ra facilitar la circulación de las nuevas mercancías industriales que se producían en el país, en realidad limitadas a telas, calzado, productos químicos y materiales de construcción. En consonancia con la multiplicación de empleos e ingresos, los servicios se ampliarían también hacia algunas ramas conexas como restaurantes, hoteles, centros de recreación, transporte, etcétera.

Participación del comercio y los servicios en el PIB

Una idea aproximada del peso del sector terciario se obtiene evaluando la participación de los sectores comercio y servicios en el Producto Interno Bruto (PIB). Éste se obtiene sumando el valor de los bienes y servicios finales producidos en el interior de un país.

Entre 1962 y 1975, tanto el sector comercial como el de servicios personales incrementaron levemente su participación porcentual en el PIB, calculado a precios constantes de 1962. El comercio pasó de 21.8 a 22.2 por ciento, mientras que los servicios personales pasaron de 6.9 a 7.8 por ciento del PIB. Por el contrario, a partir de 1975 la marcha de estos sectores experimentó una inflexión o cambio de tendencia y mostraron una desaceleración, pasando el comercio de constituir un 22.2 por ciento del

PIB en 1975 a representar un 16.2 por ciento en 1990, mientras en el mismo período los servicios personales pasaban del 7.8 al 6.5 por ciento del PIB.

En la década de 1990 se adoptó un nuevo sistema de cuentas nacionales que se diferencia del anterior en la medida que determina el ahorro, la inversión y el préstamo neto para cada sector y subsector institucional. Además, se adoptó una nueva base para el cálculo de la estructura del PIB, sustituyendo aquella que se basaba en los precios constantes de 1962, por otra nueva basada en los precios de 1990. De ahí que los datos siguientes no sean directamente comparables con los de las décadas de 1960 y 1970. Muestran, sin embargo, un nuevo cambio de tendencia en el comportamiento del sector comercio, que, experimentando una recuperación, en la primera mitad de los años noventa elevó del 18.8 al 20.2 por ciento su participación en el PIB. El sector servicios, en cambio, continuó reduciendo su participación en él y pasó del 6.1 al 5.7 por ciento ▪

El comercio exterior y el sector financiero

Hasta mediados del siglo XX, El Salvador era un país básicamente dedicado a la exportación de productos agropecuarios: primero fue el cacao, luego el añil y, con el correr de los siglos, el café, la caña de azúcar y el algodón.

Con la promoción de la actividad industrial, a partir de la década de 1950 las exportaciones de los sectores industrial y agropecuario se diversificaron. El mismo proceso experimentaron las importaciones, que pasaron a incluir los bienes de consumo y los bienes intermedios y de capital.

Desde la década de 1970 se vienen registrando déficits en la balanza comercial debido a las serias limitaciones existentes para incrementar de manera sustancial las exportaciones y, también, por el mayor crecimiento absoluto de las importaciones. Durante la década de 1990, la dinámica del comercio exterior fue la siguiente:

Productos de exportación

El principal rubro de exportaciones es en la actualidad la maquila: proceso industrial en el que sólo se ensamblan piezas, casi siempre importadas (ropa, computadoras...), y en El Salvador se limita a la vestimenta. Se realiza en zonas francas y recintos fiscales, en general bajo el control de empresarios asiáticos. Por su emplazamiento, están exentas de impuestos, y el empresario se beneficia de la disponibilidad de infraestructuras y servicios del Estado. Por

contra, sus productos no se pueden vender en el territorio nacional.

Las segundas en importancia son las exportaciones tradicionales (café, caña de azúcar, algodón...), desplazadas del primer puesto. Las no tradicionales ocupan el primer lugar en el conjunto de exportaciones y están compuestas por una gama de productos que va desde los industriales (especialmente químicos y alimentos) hasta las flores ornamentales.

Durante la década de 1990 las exportaciones han mostrado una clara tendencia a concentrarse en el sector de la maquila, al grado de

La maquila es el elemento más dinámico de la industria exportadora salvadoreña, que se concentra en las zonas francas. Imagen de maquila textil en San Salvador.

que en el último quinquenio pasaron del 18.3 al 42.7 por ciento del total de las exportaciones. Como contrapartida, tanto las exportaciones tradicionales como las no tradicionales han visto decrecer fuertemente su participación. Las primeras pasaron del 37.8 al 23.2 por ciento del total de las exportaciones, mientras que en el mismo período las segundas pasaron del 43.9 al 34.1 por ciento.

Importaciones

En el mismo período tanto las importaciones de consumo como las intermedias y de capital han reducido notablemente su participación en el total del rubro. Las de consumo pasaron del 26.5 al 24.6 por ciento, las intermedias del 50.5 al 37.4 por ciento y las de capital del 23 al 20.9 por ciento.

Las importaciones para el sector maquila, en cambio, han experimentado un espectacular movimiento ascendente. Los datos disponibles muestran que han pasado de constituir un 10.3 por ciento de las importaciones totales a representar un 17.1 por ciento.

■ Balanza comercial de El Salvador, en porcentajes			
	1992	**1993**	**Últimos datos**
Exportaciones			
Tradicionales	37.8	28.7	23.2
No tradicionales	43.9	43.2	34.1
Maquila	18.3	28.1	42.7
Importaciones			
Consumo	26.5	24.3	24.6
Intermedias	50.5	39.1	37.4
De capital	23.0	26.3	20.9
Maquila	–	10.3	17.1
Balanza comercial*	100	156.6	191.2

* base 1992 = 100.

Balanza comercial

Como resultado del comportamiento de exportaciones e importaciones, el saldo de la balanza comercial durante la década de 1990 ha mostrado una marcada tendencia hacia el incremento del déficit. Aunque las exportaciones presentan mayor crecimiento porcentual en comparación con las importaciones, en térmi-

■ Los derechos de emisión de moneda pasaron en 1934 de la banca privada a ser exclusiva del Banco Central de Reserva, creado ese año para estabilizar el sistema financiero. Imagen de la sede del BCR en la capital de la república.

nos absolutos éstas han crecido mucho más. De este modo en el último quinquenio el déficit de la balanza comercial se elevó en poco más de 91 por ciento, tal como puede apreciarse en el cuadro de la página anterior.

El sector financiero

La banca y las compañías de seguros son instituciones relativamente nuevas en El Salvador. Los bancos datan de la década de 1880, mientras que las aseguradoras se remontan a la década de 1900.

Creación de la banca

La banca surgió como resultado de la introducción del café en la segunda mitad del siglo XIX, y de la expropiación de tierras comunales y ejidales que, a su vez, dio paso al surgimiento de la propiedad privada y de los títulos de propiedad. Estos últimos constituyeron la garantía necesaria para que la banca avalara operaciones de crédito. Entre 1867 y 1874 el gobierno otorgó al menos dos concesiones para la fundación de bancos que no prosperaron, mientras que la

moneda en curso, llamada macuquina, se prestaba al fraude pero no era sustituida por carecer el gobierno de recursos para su conversión.

En 1880 se fundó el primer banco privado del país, que se llamó Banco Internacional y obtuvo la concesión en exclusiva de la emisión de moneda. Otros dos bancos, el Particular de El Salvador, actual Banco Salvadoreño, que acabó absorbiendo el Internacional, y el de Occidente, obtuvieron más tarde el derecho de emisión. La moneda pasó a llamarse «colón» en 1892.

Desde 1892 el colón reemplazó a la macuquina como divisa nacional.

En 1934 se creó el Banco Central de Reserva (BCR), que absorbió los derechos a la emisión de moneda de los bancos privados. Con el BCR se proponía controlar los movimientos del crédito y la demanda de medio circulante.

Ese mismo año se creó el Banco Hipotecario con objeto de satisfacer la demanda de crédito inmobiliario a largo plazo y ofrecer tasas preferenciales de interés para el sector agropecuario.

Hall de atención al público en la sede central del Banco Agrícola Comercial en San Salvador. Imagen de 1924.

Durante sus primeros treinta años, el BCR estuvo dirigido por los representantes de los sectores cafetalero, bancario y comercial. A comienzos de la década de 1960, en virtud de la Ley Orgánica del Banco Central de Reserva, el BCR se transformó en un ente estatal.

Con posterioridad, en 1973 se creó la Junta Monetaria, cuya finalidad era formular y dirigir las políticas financieras.

rar la eficiencia financiera y favorecer un uso más eficiente de los recursos productivos. Siete años más tarde, sólo quedaba pendiente la venta del Banco Hipotecario.

Existen hoy un total de 17 bancos, de los cuales los más importantes en términos de activos y depósitos eran: los de Comercio, Cuscatlán, Agrícola Comercial, Salvadoreño, de Construcción y Ahorro, y de Desarrollo.

Los derechos de emisión de moneda fueron una concesión del Estado que propició las primeras etapas del desarrollo bancario. El Banco Salvadoreño adquirió el derecho de emisión mediante la absorción del Internacional. Arriba, a la izquierda, primera sede del Banco Salvadoreño; a la derecha, una oficina del Banco de Comercio.

Desde la creación del BCR hasta la década de 1980 la estabilidad de la moneda frente al dólar fue la característica más destacable: 2.5 colones por dólar.

A partir de 1980 se emprendió el proceso de estatización bancaria con el objetivo declarado de evitar las discriminaciones en la concesión de créditos, que seguían siendo patrimonio exclusivo de un pequeño grupo de usuarios. Los críticos de la nacionalización señalaban que la banca se encontraba en quiebra técnica, sus indicadores de eficiencia micro y macroeconómica eran negativos y, además, no eliminaba las señaladas discriminaciones. Si desde 1980 cobró gran impulso el mercado negro del dólar, que con tipos de cambio superiores al oficial funcionaba de forma paralela, a partir de 1990 se emprendió el proceso de reprivatización de la banca. La medida se proponía incrementar el ahorro interno y la inversión, mejo-

Tras la corriente devaluadora de la década de 1980, se abrió paso un nuevo período de estabilización monetaria. La unificación del mercado cambiario eliminó el mercado negro y el tipo de cambio fijo. La nueva política monetaria, conjugada con la entrada de divisas proporcionadas por las remesas familiares de la emigración exterior, favoreció que el tipo de cambio se estabilizara en torno a los 8.75 colones por dólar entre 1992 y 1997.

Las compañías aseguradoras

La primera compañía de este ramo comenzó a operar en El Salvador en 1906: H. De Sola e Hijos, que obtuvo la representación de Palantine Insurance Company, firma inglesa especializada en los seguros contra incendios, muy frecuentes en la época. En total han surgido un total de quince compañías, trece de las cuales siguen operando. La siguiente fue La Centroamericana, S.A., que en 1915 se convirtió propiamente en la primera compañía salvadoreña de seguros; en 1928 inició sus operaciones una filial de la Pan American Life Insurance Company, especializada en seguros de vida, compañía que sigue operando en la actualidad. Entre 1946 y 1949 surgieron algunas firmas como la Compañía de Inversiones Comerciales y la Constructora, S.A., que desaparecieron en 1961.

En 1955 nació la Compañía General de Seguros, S.A., seguida de La Auxiliadora, S.A., especializada ésta en seguros funerarios. En 1962 surgió Seguros Inversiones, S.A., y en 1969 la compañía Helvetia, que más tarde se transformó en la Aseguradora Suiza Salvadoreña.

La época dorada de las aseguradoras fue la década de 1970, en que tuvo lugar el nacimiento de cuatro nuevas compañías ■

En la década de 1980, la unificación del mercado cambiario eliminó el mercado negro, al tiempo que la nueva política monetaria y la entrada de divisas proporcionada por las remesas familiares de la emigración exterior favorecían la estabilidad del colón respecto al dólar y propiciaban la emergencia de nuevas entidades crediticias. Imagen de la sede del Banco Credisa.

La infraestructura vial

as vías de transporte en El Salvador son fundamentalmente carreteras asfaltadas, caminos (en muchos casos sólo transitables durante la estación seca), red ferroviaria, puertos marítimos y aeropuertos (internacionales y locales).

Red ferroviaria

Aun cuando existía ya un corto tramo ferroviario San Salvador-Nueva San Salvador desde 1876, el transporte de ferrocarril se estableció formalmente en 1882.

El primer distrito, construido con capital británico, enlazaba el puerto de Acajutla con Sonsonate, San Salvador y Santa Ana. Se construyó entre 1882 y 1900. Circula por las poblaciones de Nejapa, Ateos y Sitio del Niño, y actualmente transporta un pequeño flujo de pasajeros.

El segundo, inició el recorrido en el puerto de Cutuco, departamento de La Unión, finalizando en San Salvador. Se llevó a cabo en tres etapas entre 1908 y 1922. Atraviesa las poblaciones de San Miguel, Zacatecoluca y San Salvador, pero está fuera de servicio.

El tercero cubrió la ruta San Salvador-Estación de San Jerónimo, en el municipio de Metapán (Santa Ana) y fronterizo con Guatemala. Se construyó entre 1926 y 1929. Recorre Texistepeque y Santa Ana, ambas en Santa Ana, y da salida preferentemente a la producción cementera de la zona de Metapán.

Carreteras

Hasta 1950 la red vial salvadoreña consistió en el tramo de la carretera panamericana San Cristóbal-El Amatillo que comunicaba las fronteras de Guatemala y Honduras. Existían ramificaciones que conducían a los puertos marítimos de Acajutla y La Libertad.

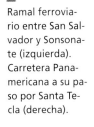

Ramal ferroviario entre San Salvador y Sonsonate (izquierda). Carretera Panamericana a su paso por Santa Tecla (derecha).

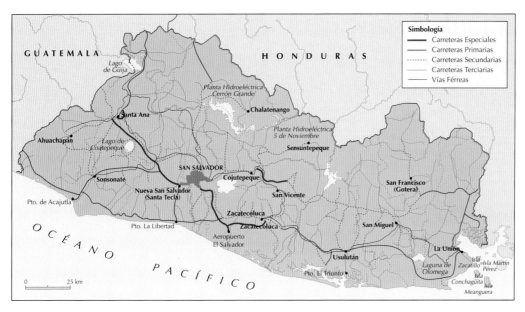

Simbología
Carreteras Especiales
Carreteras Primarias
Carreteras Secundarias
Carreteras Terciarias
Vías Férreas

Vías de comunicación terrestre. La densidad de las infraestructuras viales es notablemente mayor en la llanura litoral y la meseta central, donde se genera una parte significativa de la renta nacional.

A partir de 1950 tuvo lugar un importante esfuerzo de ampliación de la red vial, coincidente con el auge del cultivo del algodón en las zonas costeras. Se construyó la carretera litoral entre la carretera panamericana y la costa del Pacífico. En años posteriores, se enlazaron Perquín, al norte de Morazán, y Santa Rosa de Lima, en La Unión. En la zona occidental se enlazaron Sonsonate, Ahuachapán y Santa Ana, facilitando el acceso a Guatemala por Las Chinamas. Entre 1970 y 1996 se construyó la autopista que une el aeropuerto internacional de Cuscatlán y Zacatecoluca, ambos en La Paz.

Aeropuertos

La principal zona verde de la capital, Campo Marte, desempeñó las funciones de aeropuerto a comienzos del siglo XX. Allí se realizaban exhibiciones aéreas y las prácticas militares que precedieron a la formación de la Fuerza Aérea salvadoreña. Más tarde se construyeron el aeropuerto internacional de Ilopango y otro con fines exclusivamente militares en el municipio homónimo de San Salvador.

En 1980 se inauguró un moderno aeropuerto internacional en Comalapa, departamento de La Paz, a cuarenta kilómetros de la capital, que después se denominó aeropuerto internacional El Salvador: recibe todo el pasaje de los vuelos internacionales. El antiguo aeropuerto internacional de Ilopango quedó incorporado al aeropuerto militar y en la actualidad ambos funcionan con esos fines, salvo una pista utilizada para vuelos comerciales de carácter local.

Existe, además, una importante red de pequeñas pistas de aterrizaje, en su mayoría fuera de servicio, diseminadas por todo el territorio, especialmente en la región costera, en aquellas zonas antiguamente dedicadas al cultivo del algodón, cuyas plantaciones requerían fumigaciones regulares mediante avionetas ■

En Comalapa, a cuarenta kilómetros de la capital, el aeropuerto de El Salvador concentra la mayoría de los vuelos comerciales del país con el exterior.

Salud y educación

El sistema nacional de atención médica dispone de varios centros de salud operados por el Ministerio de Salud Pública y Asistencia Social y por el Instituto Salvadoreño del Seguro Social (ISSS). El Ministerio de Salud cuenta con establecimientos clasificados en tres categorías principales: hospitales, puestos de salud y unidades de salud. Los dos últimos se dedican únicamente a la consulta externa, mientras que los hospitales prestan servicios de cirugía con algunas limitaciones según la complejidad de los casos. Los casos médicos más severos se envían a los hospitales con mayor dotación de recursos, especialmente los hospitales Rosales y Niños Benjamín Bloom, ambos en San Salvador. El ISSS cuenta con diferentes instalaciones hospitalarias divididas en los hospitales Médico-Quirúrgico, Materno-Infantil, Neumológico, Especialidades y Psiquiátrico, ubicados todos en el departamento de San Salvador. Existen asimismo dos hospitales regionales, uno en la zona occidental del país y otro en la zona oriental. Cuenta además con otros 51 centros de atención médica diseminados por todo el país.

■ Asistencia médica del sistema nacional de salud

Departamento	Hospitales	Unidades de salud	Puesto de salud	ISSS	Otros centros
Ahuachapán	1	5	8	2	6
Cabañas	1	1	6	4	-
Chalatenango	1	2	20	2	-
Cuscatlán	2	2	7	2	-
La Libertad	1	6	12	3	-
La Paz	1	3	12	2	-
La Unión	1	2	16	2	-
Morazán	1	5	9	2	-
San Miguel	1	7	12	4	-
San Salvador	1	18	4	10	-
San Vicente	1	5	4	2	-
Santa Ana	3	14	5	4	13
Sonsonate	1	6	6	5	4
Usulután	2	4	13	7	-
Total	**18**	**80**	**134**	**51**	**23**

La infraestructura de salud se complementa con la que proporcionan los hospitales privados, especialmente en la ciudad de San Salvador, donde se contabiliza una treintena de ellos. Hay cinco hospitales privados localizados en las ciudades de Santa Ana y San Miguel.

La infraestructura educativa

El sistema nacional de educación comprende numerosas escuelas públicas que brindan atención gratuita en los niveles básicos y medio. Gran número de escuelas rurales se encuentran diseminadas hasta en los puntos más apartados del territorio nacional. En general, estos centros educativos atienden los ciclos primero y segundo de enseñanza básica (de 1er a 6º grado). Los centros escolares urbanos, es decir aquellos ubicados en poblaciones de mayor tamaño, atienden los tres ciclos de enseñanza básica (de 1er a 9º grado) y la educación media (dos años de bachillerato). En cuanto a los centros de educación superior, existe un total de 34 uni-

■ **Centros educativos**

Departamento	Primaria	Media
Ahuachapán	149	31
Cabañas	210	16
Chalatenango	244	34
Cuscatlán	177	36
La Libertad	248	81
La Paz	206	40
La Unión	245	38
Morazán	195	31
San Miguel	248	58
San Salvador	561	302
San Vicente	173	31
Santa Ana	213	105
Sonsonate	155	49
Usulután	245	54
Total	**3,269**	**906**

versidades, entre las cuales se cuentan como más antiguas y con una mayor población estudiantil la de El Salvador (que posee un régimen autónomo) y la Universidad Centroamericana José Simeón Cañas (que es de régimen privado). La mayoría de los centros universitarios se fundaron a partir de la década de 1980.

Existen numerosos colegios privados, estimándose que sólo en San Salvador se cuentan más de un centenar; la mayoría brinda servicios de educación parvularia, primaria y media ■

■ Las escuelas rurales se extienden por todo el territorio nacional. Izquierda: alumnos de un centro rural.

■ El hospital Materno-infantil del ISSS, rebautizado como 1 de Mayo.

Infraestructura turística

En El Salvador el turismo ha contado siempre con la promoción del Estado y del sector privado. En 1967 se creó el Instituto Salvadoreño del Turismo (Istu) para desarrollar las infraestructuras necesarias en vistas a la promoción del turismo, especialmente el de carácter interno. El sector privado trata de abrir nuevas rutas, como las relacionadas con la Ruta Maya, que incluye también a México, Guatemala y Honduras.

El importante flujo turístico internacional se estima en torno a los 350,000 visitantes por año, en su mayoría provenientes de Estados Unidos y de los seis países de América Central. Sin embargo, no existen datos fiables sobre el aporte del turismo al PIB.

Turicentros

El Instituto Salvadoreño del Turismo (Istu) administra 16 turicentros en todo el país. Dedicados a atender las demandas de turismo interno, especialmente de los sectores populares, se estima que reciben anualmente a algo más de dos millones de personas.

La oferta de paisajes y del rico patrimonio histórico salvadoreño se amplía con la existencia de infraestructuras para el turismo de masas. Terraza con piscina del hotel Trópico Inn, en San Miguel.

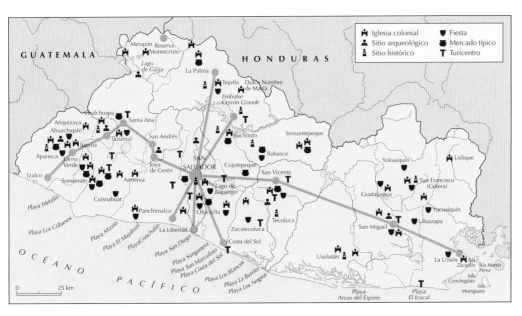

Atracciones turísticas

En poco más de veinte mil kilómetros cuadrados, El Salvador cuenta con cadenas montañosas, volcanes, lagos y un litoral de más de trescientos kilómetros de longitud en el que se encuentran con amplias playas. La exigüidad territorial deviene así en una ventaja. Además, el país cuenta con un patrimonio histórico que incluye importantes monumentos precolombinos y coloniales.

Al norte se encuentra una importante cadena montañosa con cotas superiores a los dos mil metros: destaca El Pital, que con sus 2,730 metros es el cerro más alto de El Salvador. Tienen especial interés el Parque Nacional de Montecristo, en Metapán (Santa Ana) y los cerros con pinares de La Palma y San Ignacio, en Chalatenango.

En la zona central se encuentra una importante cadena volcánica con niveles de actividad bajos: especialmente notables son los volcanes de San Salvador o Quezaltepec (San Salvador), Santa Ana o Lamatepec (Santa Ana), y el Izalco (Sonsonate).

En el sur, el litoral se caracteriza por poseer acantilados, hacia la zona occidental, y extensas playas en las zonas central y oriental: Costa

del Sol, en La Herradura (La Paz) y El Espino, en Jucuarán (Usulután).

Dos lagos ofrecen infraestructuras turísticas adecuadas: el Ilopango (La Paz, Cuscatlán y San Salvador) y el Coatepeque (Santa Ana).

Gran cantidad de lagunas se extienden por todo el país, especialmente en la planicie coste-

■ Instalaciones del Instituto Salvadoreño del Turismo (Istu)

Turicentros	Departamento
Agua Fría	Chalatenango
Altos de la Cueva	San Miguel
Amapulapa	San Vicente
Apastepeque	San Vicente
Apulo	San Salvador
Atecozol	Sonsonate
Costa del Sol	La Paz
Ichanmichen	La Paz
La Libertad	La Libertad
Los Chorros	La Libertad
Parque Balboa	San Salvador
Parque Cerro Verde	Sonsonate
Sihuatehuacán	Santa Ana
Toma de Quezaltepeque	La Libertad

Las ruinas de Tazumal incluyen un total de trece estructuras precolombinas localizadas en el extremo sur de la zona arqueológica de Chalchuapa. Imagen de la estructura piramidal B1-1, de 24 metros de altura.

ra. Las más notables son: Olomega (San Miguel), Metapán (Santa Ana), Alegría (Usulután), y El Jocotal (San Miguel).

Entre los restos arqueológicos se cuenta con edificios y viviendas indígenas. Destacan entre las primeras las ruinas de San Andrés (La Libertad) y Tazumal (Ahuachapán). Los vestigios de viviendas pueden apreciarse en Joya de Cerén (La Libertad), conjunto que ha sido declarado Patrimonio de la Humanidad por la Unesco. También revisten interés iglesias coloniales como las de Izalco, Metapán, Panchimalco, Caluco y El Pilar de San Vicente.

Las rutas de interés comprenden los departamentos de Chalatenango, donde se encuentran elevadas montañas y pinares, y la zona oriental, en cuya costa se localizan, además de las citadas playas, El Espino, El Cuco, El Tamarindo y Playitas, así como el golfo de Fonseca, de gran belleza paisajística.

■ ■ ■ ■

EL PASADO
PRECOLOMBINO

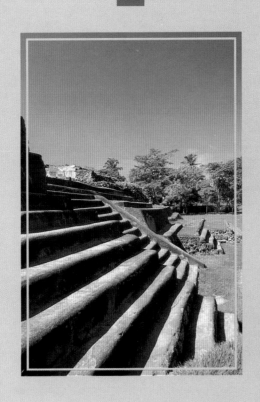

Desde los orígenes
hasta la cultura Usulután

Mesoamérica es el área cultural prehispánica constituida por la parte central y sur de México y la parte norte de América Central. La región que hoy en día se conoce como El Salvador perteneció al territorio mesoamericano desde una fecha inexacta —varios milenios antes de nuestra era— hasta antes de la conquista española. No se ha podido precisar aún con exactitud el momento en que las tribus procedentes de Asia se asentaron en la región mesoamericana. Sin embargo, los antropólogos coinciden en afirmar que la presencia humana en América, correspondiente al período paleoindio, data del año 12000 a.C., aproximadamente. De manera que, considerando su ubicación respecto al istmo centroamericano y la riqueza de sus recursos naturales, parece prácticamente imposible que el actual territorio de El Salvador no hubiera sido habitado, o por lo menos transitado, por grupos humanos en una fecha muy temprana.

Los paleoindios eran nómadas que se dedicaban a la caza y a la recolección de especies silvestres. Poco a poco fueron familiarizándose con el medio ambiente, hasta el punto de aprender a manipular las plantas y lograr la

Zea Mays

mejora de la calidad de sus frutos. Alrededor del año 8000 a.C. comienza el llamado período arcaico, durante el cual grupos reducidos de agricultores seminómadas dieron los primeros pasos hacia la vida sedentaria cuando comenzaron a experimentar con una forma de maíz silvestre que, debido a su corto tamaño, difícilmente hubiera podido llegar a ser la base de subsistencia de millones de personas. Ciertos estudios han demostrado que la domesticación de los cultivos más importantes de Mesoamérica —principalmente el maíz, el ayote y el frijol— ya estaba bastante avanzada hacia el año 4000 a.C. Sin embargo, ninguna de estas plantas constituía parte fundamental de la dieta de los cazadores y recolectores de esos tiempos.

El desarrollo de las comunidades agrícolas

No fue sino hasta el año 1600 a.C., aproximadamente, cuando aparecieron las primeras comunidades propiamente agrícolas. Ellas marcan el comienzo del período preclásico o formativo. La invención de la agricultura tuvo un impacto revolucionario sobre la forma de vida de los habitantes de Mesoamérica y de

En torno al año 8000 a.C., comienzos del Preclásico Tardío, aparecen los primeros indicios de sedentarización de la población paleoindia mesoamericana. El cultivo y la mejora de la planta del maíz fue uno de los avances más significativos en ese proceso.

En la página anterior, terracotas Bolinas, correspondientes al Preclásico Tardío mesoamericano: representan casi siempre figuras de mujeres y proporcionan datos sobre la vestimenta y los aderezos de la época.

La modalidad de maíz silvestre consumida por las primeras poblaciones mesoamericanas se diferenciaba de las hoy conocidas, que son fruto de la especialización operada durante un proceso de domesticación que necesitó varios siglos.

En esta etapa inicial del desarrollo de las comunidades agrícolas, la unidad básica de producción debió de ser la familia nuclear: la pareja con sus hijos solteros. Las aldeas que se formaron en esta primera etapa fueron de tamaño reducido. Con el aumento de la producción se incrementó también el intercambio de bienes, hasta consolidarse el binomio mercado-templo en las aldeas centrales. Así se satisfacían las necesidades impuestas por una economía cada vez más especializada y se desarrollaba un ceremonial religioso. Pronto esta aldea central pasó a ser la cabecera del conjunto de asentamientos cercanos, cuyas contribuciones al sostenimiento de la aldea principal terminaron por convertirse en un verdadero tributo.

Bien pronto también, emergió una élite que asumió y monopolizó funciones claves para el desarrollo de estas comunidades: el comercio, el ritual religioso, etc. De este modo se originaron los primeros cacicazgos, característicos de las sociedades más desarrolladas del Preclásico. La sociedad igualitaria que operaba con una división muy elemental del trabajo, basada en la edad y el sexo, se convirtió en un sistema estratificado —con nobles y plebeyos— que tenía ahora artesanos desligados completamente de la producción de alimentos. Con la aparición de la cerámica se crearon condiciones óptimas de almacenamiento de alimentos y se facilitó considerablemente el transporte.

Durante el Preclásico Medio, Chalchuapa, uno de los más importantes asentamientos descubiertos en el territorio salvadoreño, se convirtió en el centro ceremonial preeminente del extremo sudeste de Mesoamérica. Hallazgos en el sitio de El Trapiche dan muestras de una complejidad social y una diferenciación interna fundamentalmente distintas a las que existían en las primeras aldeas del Arcaico y del Preclásico Temprano. La división del trabajo indudablemente se había profundizado: a quienes se dedicaban a tiempo completo a organizar la vida religiosa se sumaron no sólo los es-

otras regiones del continente. Allí donde se sembraron plantas y se comenzaron a cosechar sus frutos los modos de organización social se complejizaron, la población experimentó un crecimiento sin precedentes y pasó a concentrarse en comunidades más amplias hasta constituir verdaderas ciudades.

El río Lempa divide el territorio salvadoreño en dos grandes áreas que, a pesar de que durante un largo período de la historia prehispánica mantuvieron contacto entre sí, desarrollaron cada una sus propias características culturales. Los primeros habitantes permanentes del actual territorio salvadoreño colonizaron la planicie costera del Pacífico durante el período arcaico. Las condiciones climáticas se prestaban para que sus pobladores aprovecharan la amplia variedad de alimentos disponibles sin tener que pasar largos períodos en campamentos estacionales, alejados del asentamiento principal. Esto posibilitó el sedentarismo y el desarrollo de la agricultura.

cambio entre los centros de poder político y económico que definió el mundo civilizado de Mesoamérica durante el Preclásico Medio. Todas las sociedades participaban en una red de interacción que compartía una ideología religiosa y un inventario común de motivos simbólicos, los cuales interpretaban y usaban a su manera. Los bienes suntuarios eran muy codiciados para poder establecer y mantener el alto rango social de los caciques y sus seguidores. El intercambio de productos de prestigio social reforzaba, además de las relaciones sociales y políticas, la importancia de la élite de todos los grandes centros.

Hacia los años 500-400 a.C. hubo una fuerte expansión demográfica en El Salvador, especialmente en las zonas situadas por debajo de los mil metros de altura. Una red cultural unió el occidente del país con las tierras altas centrales de Guatemala durante el Preclásico Tardío. Las poblaciones que interactuaban en esta esfera cultural compartían rasgos arquitectónicos, los mismos tipos de cerámica y figurillas, los mismos estilos escultóricos —gordinflones y cabezas estilizadas de jaguar—, las mismas prácticas funerarias y los mismos avalorios personales. Estas semejanzas probablemente reflejan la presencia de un solo grupo étnico y lingüístico en toda la zona de las tierras altas del sudeste de Mesoamérica.

En el Preclásico Tardío la guerra ya desempeñaba un papel importante en la dinámica cultural. Para mantener su posición respecto a las demás poblaciones, Chalchuapa contaba con una fuerza militar potente, indicio de la cual es el hallazgo en uno de los montículos de El Trapiche de un grupo de enterramientos sin ofrendas de cerámica, fechado alrededor de 100 a.C.-100 d.C. Eran 33 esqueletos tumbados boca abajo con las manos y los pies atados, unos decapitados y otros mutilados, en su gran mayoría jóvenes de sexo masculino. La evidencia parece indicar que fueron guerreros tomados prisioneros y sacrificados a la manera de lo

La guerra desempeñaba un papel importante en la vida de la sociedad mesoamericana del Preclásico Tardío. En este período la posición de Chalchuapa respecto al área de la cultura maya no debió de ser tan periférica como a menudo se sostiene, ya que este centro controló el comercio de obsidiana de Ixtepeque –fundamental para la fabricación de armas– con las tierras bajas mayas. Imagen de una daga de obsidiana hallada en el yacimiento El Trapiche, en Chalchuapa.

pecialistas en la producción y el comercio de bienes suntuarios —para satisfacer la demanda de la élite—, sino también los plebeyos encargados de la construcción de templos.

El intercambio cultural entre las sociedades mesoamericanas

A partir del Preclásico Medio (aproximadamente 1000-900 a.C.), con una base de subsistencia ya establecida, se verificó una expansión demográfica de la que da cuenta la aparición de nuevos asentamientos en varios sitios del occidente y la zona central del país. Alrededor del 900-800 a.C. se desarrolló un nexo de inter-

Los enterramientos múltiples evidencian el peso del componente militar en la sociedad de finales del Preclásico: las ilustraciones de esta página pertenecen al grupo de 33 entierros que, datados en 100 a.C.-100 d.C., aparecieron atados de pies y manos, decapitados o con mutilaciones, en la Estructura E-37 de El Trapiche, en Chalchuapa. La ausencia de ofrendas de cerámica y las muestras de violencia sugieren que se trata de guerreros sacrificados conforme a las prácticas de exterminio empleadas contra el enemigo.

que mucho después, en el Posclásico, sería una práctica común. Chalchuapa fue uno de los sitios más grandes del área cultural maya. Una estela con glifos encontrada en El Trapiche permite plantear que ésta es una de las zonas del área maya en donde pudo haberse originado el sistema calendárico y de escritura utilizado entonces. La cerámica usulután fue probablemente producida en la región de Chalchuapa y llegó a convertirse en uno de los principales artículos de comercio en esta zona.

Otro sitio importante de esta época es Santa Leticia. Ubicado en las faldas del cerro de Apaneca, cubre alrededor de quince hectáreas de tierras muy fértiles. Fue ocupado hacia el año 500 a.C. Además de haber sido asentamiento de agricultores, llegó a convertirse en un importante centro ceremonial. Su base de subsistencia fue el maíz. Probablemente se sembraban las laderas de las colinas, que los habitantes habían dispuesto en forma de terrazas, para impedir la erosión, utilizando para fijar el terreno árboles como el cichipince, que hoy día se sigue usando con el mismo fin. Alrededor de las casas del sitio se han encontrado, en la tierra, agujeros en forma de campana conocidos en otras partes del área maya como *chultunes*, que debieron de haberse utilizado

para almacenar granos, acumular basura y, en otros casos, con paredes revestidas, para almacenar agua. Distribuidos entre las casas y en los campos de cultivo se encontraba una gran variedad de árboles frutales que, junto con los productos de la caza, complementaban la dieta.

En el oriente de El Salvador operó otro sistema cultural, al cual perteneció Quelepa. Este sitio se encuentra en el valle del río Grande de San Miguel, área que debió de haber sido muy fértil en la época prehispánica. La ocupación más antigua de Quelepa data del 500 a.C., aproximadamente. Durante el Preclásico sus habitantes mantuvieron relaciones con el occidente del país. Se ha encontrado en Quelepa mucha cerámica del tipo usulután, que posiblemente llegó como artículo de comercio procedente de Chalchuapa. Sin embargo, la mayoría de los rasgos culturales de Quelepa durante el Preclásico Tardío son semejantes a los encontrados en diversos sitios hondureños. Estos datos, sumados a la evidencia histórica sobre la distribución de los lencas en el oriente de El Salvador, sugieren que tal vez Quelepa fue poblada por lencas provenientes de Honduras, en donde habitaban desde por lo menos el Preclásico Medio.

En el valle El Paraíso (región del embalse Cerrón Grande), zona central de El Salvador, existían numerosos asentamientos, de los cuales los más importantes son los sitios de hacienda Los Flores y río Grande. El primero fue un eje ceremonial importante, indudablemente

el centro de un cacicazgo. Río Grande pudo haber sido un pueblo tributario de Los Flores; se encontró allí un sistema de cultivo intensivo, con camellones y surcos que formaban parte de un sistema de regadío, posiblemente utilizado para el cultivo del maíz. Los hallazgos en estos sitios indican el contacto de sus pobladores con el occidente de El Salvador.

El desarrollo de las sociedades en el occidente y en la zona central del país sufrió el fuerte impacto catastrófico de la erupción del volcán de Ilopango, que tuvo lugar alrededor del año 260 d.C. y obligó a la población de un área de 10,000 kilómetros cuadrados a buscar otros asentamientos ■

En la imagen, vaso de cerámica tetrápode mamiforme de estilo Usulután, caracterizado por los tonos anaranjados y una técnica particular de decoración.

Pocomames, lencas y chortís

Según una creencia muy difundida, los pueblos lencas, pocomames y chortís fueron los primeros pobladores de El Salvador; empero, comprobaciones históricas y lingüísticas muestran que fueron más bien derivaciones o ramas de los mayas que conformaron lo que se ha dado en llamar Viejo Imperio.

Los petroglifos son piedras en las que aparecen esculpidos motivos de tipo simbólico, ritual, indicativo y, más comúnmente, conmemorativo. En la imagen, figura principal del Monumento 12 o Piedra de las Victorias de Chalchuapa, correspondiente al Preclásico Tardío.

Los pocomames

Evidencias lingüísticas ligan a los pocomames con la familia maya-quiché, lo cual no obsta para que, posteriormente, en las tierras que ocupaban, se haya hablado el náhuatl, tal como sucedió en la provincia de los Izalcos. Algunos autores señalan que quizá no valga la pena discutir si los mames y los pocomames constituían un mismo pueblo, y sugieren que estos últimos procedían de Soconusco, México, de donde bajaron a establecerse en el actual territorio de Guatemala, pasando luego a lo que hoy es El Salvador. También habría que considerar la posibilidad de que los mames fueran la resultante de los primeros cruzamientos de la raza maya-quiché con los paleoindios del continente, y que los pocomames hubieran sido producto de mezclas posteriores, acaecidas más al oeste. Comoquiera que fuese, las áreas de asentamientos pocomames registradas en El Salvador corresponden a los distritos de Ahuachapán, Atiquizaya, Santa Ana, Chalchuapa, Sonsonate, Juayúa e Izalco. El asiento gubernamental de los pocomames fue el área de Atiquizaya.

Los lencas

A la llegada de los españoles los lencas ocupaban la llamada provincia de Chaparrastique («lugar de hermosas huertas»), al oriente de El Salvador, cruzando el río Lempa, y la zona occidental, central y sur de Honduras. Mucho antes del contacto este pueblo ocupó gran parte del actual El Salvador pero fue desplazado por las corrientes migratorias pipiles provenientes de México. El origen y la descendencia de los lencas no dejan de estar revestidos de controversia. No obstante, al igual que sucede con los chortís y pocomames, se tiende a ubicar los lencas en la antigua civilización maya, presuntamente en aquellos mayas que permanecieron durante el gran éxodo. Su particularidad fue haber evolucionado durante muchos años en un aislamiento relativo respecto a otros pueblos, lo que no exime de que hubieran realizado algún tipo de migraciones que los diseminaron por distintas zonas.

Los lencas no poseyeron grandes centros ceremoniales y se caracterizaron por practicar una agricultura basada en el cultivo del maíz y el frijol, en ciclos de tres cosechas por año. A cada tribu le correspondía un territorio bien delimitado, distribuido en cacicazgos; la población bajo el mando de un cacique se estructuraba en pueblos. En el momento de la Conquista los pueblos se organizaban en clases: la casta sacerdotal, la clase noble, los vasallos y los esclavos. Por otra parte, la existencia de cierto tipo de sacrificios humanos y la modalidad de agricultura (roza y quema) testimonian la afinidad del pueblo lenca con las culturas mesoamericanas. Algunos de los principales asentamientos de los lencas se corresponden con las actuales áreas de los distritos de Sensuntepeque, Ilobasco, San Vicente, San Sebastián, Sesori, Chinameca, San Miguel, Usulután, Jucuapa, Santiago de María, Berlín, San Francisco Gotera, Osicala y Jocoaitique.

Los chortís

Por su filiación etnolingüística se considera a los chortís como el grupo más meridional de la familia maya-quiché, pero en ocasiones se los ha clasificado como un subgrupo de ella. Estaban establecidos en los flancos orientales del sistema montañoso de Merendón y probablemente se internaban hasta el valle Sensenti, en el actual departamento de Ocotepeque, en Honduras. Hacia el occidente de Guatemala llegaban hasta la cuenca del Motagua y, en El Salvador, hasta

el pequeño codo del Lempa superior. Según fuentes antropológicas e históricas los chortís resultaron de la fusión de diferentes pueblos. En El Salvador los principales asentamientos chortís se ubicaron en Metapán, Chalatenango, Tejutla, Dulce Nombre de María, San Salvador, Santo Tomás, Tonacatepeque, Suchitoto, Cojutepeque, Zacatecoluca, Olocuilta, San Pedro Mazahuat y San Pedro Nonualco. El asentamiento en el que se ubicó el centro político fue la actual Dulce Nombre de María.

Quiriguá, centro comercial dependiente de Copán en el valle guatemalteco del Motagua, señala el límite sudeste del área maya y destaca por su producción de zoomorfos y estelas.

Quiriguá

Aunque asentados en localidades muy delimitadas, los pocomames, lencas y chortís se relacionaron entre sí y con pueblos allende sus fronteras. Da fe de ello el que los señores de estos tres pueblos enviaran anualmente a sus emisarios-comerciantes al santuario y gran centro de intercambio comercial de Quiriguá con mercancías por cuya negociación obtenían todo aquello de cuanto carecían: textiles de algodón, instrumentos musicales, alimentos, adornos corporales, utensilios domésticos, medicinas y objetos de culto tales como estatuillas, recipientes, ungüentos aromáticos, copal, tintes para teñir la fibra de maguey y alucinógenos destinados a los ritos sacerdotales. En estas transacciones anuales usaban como moneda de curso las cuentas y los discos de jade ■

La cultura maya: auge y vestigios

Ruinas de Cihuatán, ciudad maya del Posclásico Temprano localizada en el extremo septentrional del departamento de San Salvador.

La presencia de los elementos mayas en el país —rigurosamente comprobada por los restos arqueológicos y los datos etnográficos y lingüísticos— supone el enigma de su lugar de origen y de la fecha de su llegada. La confusión sobre estos puntos se expresa en una multitud de hipótesis contradictorias. Los especialistas aceptan a partes iguales las presunciones que los consideran nativos de América (fruto de cruzamientos sucesivos en una vida migratoria, hasta haber sentado las bases de su cultura y establecerse en lo que se designa como Antiguo Imperio) y las que los suponen originarios del Viejo Mundo, inmigrados con gran parte de sus conocimientos. Sea cual fuere su origen, el pueblo maya se estableció, según las más prudentes estimaciones, alrededor de los comienzos de la era cristiana. Este Antiguo Imperio —designación que, por otra parte, no deja de ser arbitraria— abarcaba parte de los estados de Tabasco, Chiapas y Campeche (México), casi toda Guatemala, la parte meridional de Belice, la occidental de Honduras y la casi totalidad de El Salvador.

De la civilización maya, en la aplicación cabal del término y no mejor merecida por ningún otro pueblo, los vestigios de sus dos imperios son elocuente testimonio del grado de adelanto que poseía. Los núcleos mayas ocuparon la mayor parte del territorio salvadoreño, como lo atestiguan los restos arqueológicos y las indicaciones toponímicas y lingüísticas. Uno de los centros principales radicaba en Tehuacán, en el actual departamento de San Vicente, asentamiento que presumiblemente se remonta al siglo VI d.C. Se han encontrado algunos monolitos en las regiones arqueológicas de Chalchuapa y Ahuachapán, entre los que destacan la llamada *Virgen de Tazumal* y un presunto *Chac-Mool*. Puesto que se encontraron en la región pocomame de El Salvador, es

Aderezos pectorales de jadeíta correspondientes al período clásico tardío, encontrados en las tumbas de Tazumal, al sur de Chalchuapa.

probable que estas esculturas pertenezcan también a la civilización maya, de la que los pocomames eran una rama.

En terrenos de la hacienda de San Diego, en el extremo septentrional del departamento de San Salvador, se han puesto al descubierto los restos de Cihuatán, ciudad maya. La extensión de las ruinas (unos 31 km²) hace suponer un núcleo urbano de cierta envergadura, acusando el estilo monumental típico de los grandes centros del llamado Antiguo Imperio, si bien no con la magnificencia de Copán, en Honduras, o Palenque, en México.

La interacción regional

Entre los años 600 y 1200 d.C. los mayas alcanzaron su punto más alto de desarrollo, en el cual consiguieron logros estéticos e intelectuales nunca vistos hasta entonces. Es cierto que el mundo maya no era en esos momentos uniforme, ni lo fue posteriormente; sin embargo, en los siglos VII y VIII las entidades políticas experimentaron —en la mayor parte de la región maya— un acelerado crecimiento político y económico. La intensa interacción regional posibilitó que muchos estilos y complejos culturales fueran compartidos por distintos asentamientos, a pesar de que la variabilidad regional se incrementó a medida que las sociedades mayas se diversificaron en sus formas. Esta dinámica de crecimiento y elaboración institucional tuvo mayor incidencia en las tierras bajas del sur, donde las ciudades gozaban de esferas más amplias de control político, redes económicas extensivas que surtían de bienes suntuarios a las élites, poblaciones más grandes, mayor estratificación social, ambiciosos proyectos de arquitectura pública y un arte político más elaborado.

La existencia de un patrón de interrelación de las entidades políticas se manifestó en varios aspectos. Por un lado las inscripciones jeroglíficas y el arte político pasaron de glorificar a reyes particulares y sus dinastías a centrarse en interrelaciones complejas entre múltiples figuras políticas. El hecho de que varias ciudades compartieran glifos emblema, y el uso de múltiples glifos emblema en la misma ciudad, respalda la noción de entidades políticas que funcionaban como segmentos fusionados. Por otro lado merece citarse la rapidez con la que determinados bienes culturales pasaban a ser compartidos por distintas regiones. Un ejemplo claro de ello fue el breve tiempo que tardó en difundirse por las tierras bajas un método particular de registro de la información lunar y la rapidez con que se extendieron los procesos de transformación implicados en el «colapso» de fines del siglo IX. Esta interrelación fue facilitada, entre otros factores, por las uniones matrimoniales entre los aristócratas y gracias a los lazos creados por la distribución de materias primas y bienes suntuarios, como el jade y el cacao, entre otros.

Organización política

En cuanto a la organización política de los estados mayas puede subrayarse que la mayoría de ellos eran pequeños, de corte feudal o segmentado, aparentemente inestables y que no lograron contrarrestar la tendencia inherente a la fusión. La enormidad de Chichén Itza y Tikal constituye más bien la excepción que la norma. Pese a saberse que en la cumbre de la pirámide social y política se ubicaban el rey y sus familiares más cercanos, y que durante este período las sociedades mayas estaban más rigurosamente definidas, aún no está claro cuántas clases estaban bajo ellos y cuáles eran las características que las definían. En lo relacionado con los linajes y las dinastías, la organización patrilineal posiblemente constituía la norma entre la realeza, aunque los principios bilaterales de descendencia pudieron haber sido también funcionales en algunos casos.

Los vestigios

Entre los años 250 y 900 d.C. los mayas dieron forma a una magnífica civilización de suntuosas pirámides y espléndidos palacios. Los espectaculares templos —edificaciones elaboradamente decoradas sobre elevadas plataformas— representaban aspectos públicos de la religión relacionados con el Estado. La mayoría de los templos principales eran monumentos funerarios de reyes poderosos. Las obras escultóricas y arquitectónicas se vinculan, generalmente, a motivos políticos. Todas las formas del arte político comparten el tema básico de unir al gobernante con las deidades que legitiman su poder. Estelas talladas en relieve muestran figuras ricamente vestidas, acompañadas de emblemas reales y asociaciones divinas, así como de textos jeroglíficos que incluyen los más antiguos ejemplos del sistema calendárico. Relieves repellados con estuco y pintados adornaban las fachadas de las plataformas, sobre las cuales se levantaban los edificios públicos. Frente a ellos se erigían los bloques de piedra o

San Andrés, estado precolombino en el valle de Zapotitán, constituyó durante el período clásico el principal asentamiento regional de la cultura maya. Imagen de una estela del lugar.

estelas, algunas de las cuales eran estructuras imponentes de hasta 33 metros de altura.

Ciencia y religión: el calendario y la escritura glífica

La ciencia maya proviene de la religión maya. La habilidad con los números se desarrolló debido a que necesitaban cálculos exactos para sus adivinaciones. Desarrollaron la observación astronómica para proporcionar elementos a la astrología, que fue un elemento básico en sus creencias religiosas. Durante la Edad Media de Europa, los mayas practicaban una astronomía tan precisa que su antiguo calendario era muy semejante al nuestro; trazaban el curso de los cuerpos celestes y, ante el asombro de los fieles, los sacerdotes predecían los eclipses del Sol y de la Luna. Calculaban el camino de Venus con un error de sólo catorce segundos por año. El tiempo, sobre todo, obsesionó a los mayas. Su concepto de tiempo se basaba en términos incomprensibles para nosotros. Un ejemplo de ello: en la lengua maya la palabra *Kin* sirve para designar el sol, el día y el tiempo.

El calendario maya era conceptualmente cíclico y consistía en contar el número de días que habían transcurrido desde un punto cero —presumiblemente una fecha de significado mítico, muchos miles de años antes de que los usuarios del sistema vivieran— ubicado por los especialistas alrededor del 11 de agosto del 3114 a.C. Para los mayas que usaban el calendario los días eran dioses, al igual que los números. Solamente los sacerdotes y los gobernantes conocían a fondo el calendario y los símbolos jeroglíficos. Éstos fueron registrados por escultores —generalmente sin ningún error— en piedra; también fueron pintados por escritores en hileras increíblemente delicadas de bloques glíficos encontrados sobre distintos soportes: cerámica, paredes o páginas de libros mayas que sobrevivieron al paso de los años. En los glifos, combinaciones de formas de cabezas y cuerpos enteros representan una sola fecha. Los animales pueden representar bloques de tiempo, y los perfiles, números.

Los mayas crearon un sistema complicado de escritura y utilizaron el concepto matemático del cero. Indicaban los números mediante un sistema de barras y puntos: un punto equivale a uno y una barra es igual a cinco. La escritura maya no es silábica o alfabética, sino que cada elemento glífico tiene un significado intrínseco. Dicha escritura puede parecer hoy en día muy extraña, porque sólo puede ser vista a través de un gran vacío de tiempo y de cultura. Sus elementos aparecen en lo que los especialistas llaman «bloques glíficos». Se conoce un total de unos ochocientos o más elementos glíficos y es mucho lo que se ha avanzado en el intento de descifrarlos. Hasta fechas recientes se creía que los glifos mayas trataban sobre temas esotéricos, como el calendario y los dioses; sin embargo, ahora los eruditos han podido obtener los nombres y fragmentos de su historia

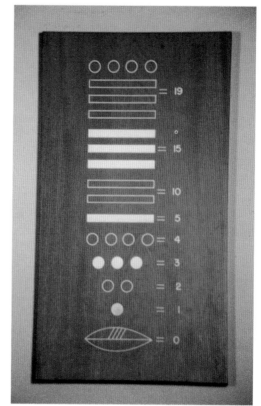

Los desarrollados conocimientos aritméticos de los mayas deben su origen a sus prácticas religiosas, que necesitaban de cálculos lo más precisos posible para la adivinación. En la imagen, tabla numérica maya.

que indican que los antiguos mayas buscaban una especie de inmortalidad al esculpir sus emblemas en la piedra.

La rueda, la cerámica y otros restos...

Años atrás muchos investigadores de las culturas indígenas acostumbraban afirmar que los indios americanos no conocían —entre otros principios mecánicos— el uso de la rueda. Sin embargo, hace casi un siglo ya, se habían encontrado en México y El Salvador evidencias de que los antiguos mesoamericanos usaban la rueda para dar movilidad a ciertos artefactos. Existen representaciones en barro de un venado con ruedas, procedente de Cihuatán, municipio de Aguilares, departamento de San Salvador, que testimonian tal afirmación.

Muchos son los sitios que evidencian la presencia maya en El Salvador. En Chiltiupán, departamento de La Libertad, se han encontrado varias litoesculturas felínicas que suelen

Joya de Cerén, pueblo sometido a San Andrés, presenta un extraordinario estado de conservación debido a que las cenizas húmedas desprendidas con el estallido del volcán Laguna Caldera –que en el 590 d.C. puso fin a apenas un siglo de existencia del emplazamiento–, preservaron incluso sus elementos orgánicos.

entenderse como símbolos de las primeras micronaciones mayas, las naciones *Balám*, organizadas hacia el año 3335 a.C., en el sitio conocido hoy en día como Tazumal. Muchos objetos recuperados de las tumbas de Tazumal sugieren fuertes enlaces con Copán. La distribución amplia de la cerámica, desde el occidente de El Salvador hasta la región de Copán y la zona central de Honduras, indica que había una red de comercio bastante sofisticada que unificó esta zona durante el Clásico Tardío.

De Cara Sucia, en el departamento de Ahuachapán, procede el disco solar que representa una cabeza de jaguar estilizada. Cara Sucia muestra vínculos en la escultura, la arquitectura, la cerámica y las figurillas con Cotzumal-

huapa, importante asentamiento maya en Escuintla. Varios sitios ocuparon el valle de El Paraíso durante el Preclásico Tardío, como El Tanque, El Remolino y La Ciénaga, con muchos montículos ceremoniales, incluyendo juegos de pelota y plataformas para residencias. La cerámica y los artefactos encontrados en ellos son semejantes a los de Tazumal y San Andrés.

En Chalchuapa, a pesar de que la erupción del volcán de Ilopango depositó grandes cantidades de ceniza en el área, la continuidad entre la cerámica del Preclásico Tardío y la del Clásico Temprano indica indiscutiblemente una supervivencia de la población local del sitio. No obstante, la cerámica recuperada correspondiente al Clásico Temprano es muy reducida, lo

través de las investigaciones realizadas se ha logrado establecer, entre otras cosas, que las estructuras domésticas incluyen casas residenciales, bodegas, talleres y cocinas, que en su conjunto constituyen viviendas. También se destacan estructuras de función especial, como un edificio público que pudo haber sido una casa comunal, una casa con rasgos no comunes —que bien podía haber sido la residencia de un chamán o curandero— y un temascal o baño sauna usado para la purificación ritual. Gracias al hallazgo en Joya de Cerén se ha podido conocer la vida cotidiana de los habitantes con sorprendente exactitud.

En oriente, hacia el período 750-950 d.C., parece que Quelepa cayó bajo dominio de una élite «maya mexicanizada» procedente de Veracruz. El registro arqueológico sugiere que esta intrusión fue mucho más allá de ser un amigable intercambio de naturaleza comercial. Los patrones funerarios de la élite, la arquitectura cívica, la cerámica de deidades mexicanas, así como la cerámica de pasta fina, figurillas con ruedas, flautas de cerámica, yugos, palmas y una hacha (los tres últimos asociados al juego de pelota), indican que se había impuesto un estilo de vida diferente ◾

Imágenes de instrumentos cerámicos de la vida cotidiana hallados en impecable estado de conservación en Joya de Cerén: a la izquierda, habitáculo en el que se cocinaba; a la derecha, tinaja empleada para almacenar el grano.

cual permite suponer un descenso del tamaño de la población. También la construcción monumental fue suspendida.

Ciertos estudios han demostrado que, tras dos o tres siglos de abandono, el valle de Zapotitán fue densamente repoblado: 42 sitios habitados durante el Clásico Tardío fueron hallados en este valle, incluyendo 11 caseríos, 14 aldeas pequeñas, 7 aldeas grandes, 3 recintos rituales aislados, 4 aldeas grandes con construcción ritual y un centro primario regional. Tomando en cuenta que dicho estudio se realizó sobre el 15 por ciento de la superficie del valle, puede estimarse un total de 280 sitios ocupados durante este período para el valle entero. San Andrés fue el centro regional primario del valle durante el Clásico Tardío. Pedernales, cajetes, perfumeras y figurillas elaboradas en hueso son hallazgos correspondientes al mismo.

Joya de Cerén, uno de los pueblos sometidos al estado precolombino de San Andrés, es también una fuente arqueológica de sumo valor. A

Migraciones náhuat: los toltecas y pipiles

Vaso cerámico con representación de Quetzalcóatl en forma de serpiente emplumada: pieza hallada en Loma China –cerca del actual embalse de San Lorenzo–, probablemente importada desde la costa del golfo de México para el intercambio comercial o durante una migración náhuat.

Como sucede con muchos aspectos de la historia pipil, las variadas migraciones náhuat, que condujeron finalmente a la fundación del señorío de Cuscatlán, están envueltas en el velo de la especulación. Las fechas en las que se dieron, así como el origen geográfico y la filiación étnico-cultural de los grupos que participaron en ellas, continúan siendo objeto de discusión entre los especialistas. Las pocas evidencias arqueológicas, los testimonios históricos y las cuestionables argumentaciones toponímicas no han ayudado a resolver definitivamente la cuestión, pero sí a vislumbrar hipótesis explicativas plausibles.

Llegada de los pipiles

Basándose en evidencias histórico-lingüísticas, algunos autores estiman que las primeras migraciones de pueblos emparentados con la lengua nahua (lengua madre de los dialectos náhuat y náhuatl) se dieron, en México, durante el período clásico tardío (700-900 d.C.), pues entre los años 650 y 850 d.C. se registró un período activo de divergencia de esta lengua que involucró a los dialectos de la región del golfo de México y a los de Centroamérica. A partir de las interpretaciones de la relación his-

tórica de Juan de Torquemada se establece que la fecha aproximada de las migraciones pipiles fue el año de 800 d.C.

Según la relación, redactada entre 1591 y 1613, los indios de Nicoya o chorotegas, de habla mangue, y los nicaraguas, procedentes de Anahuac, mexicanos de habla nahua, motivados por la tiranía de los olmecas, habrían emigrado de la zona de Tehuantepec y Soconusco hace «siete u ocho edades, o vidas de viejos» (una edad equivaldría a 80 años o una edad de viejo podría referirse al *huehuetiliztli*, período mexicano de dos ciclos de 52 años). Precedido por los chorotegas, los grupos de habla náhuat pasaron por Quauhtemallan (Guatemala), donde algunos fundaron nuevos pueblos como Mictlan (Asunción Mita), Yzcuintlan (Escuintla) y Eçalcos (Izalco, El Salvador), mientras que otros continuaron la migración hasta llegar a la zona del Pacífico nicaragüense, donde fueron conocidos como los nicaraos.

Otros autores han llegado a fechar las primeras migraciones en los tiempos de la cultura teotihuacana (hacia el 400 a.C. y años posteriores), las cuales habrían tenido como protagonista al pueblo cohuixa, quien, ante la conversión militarista de Teotihuacán y sus ansias

Mapa de asentamientos pipiles existentes en El Salvador al comienzo de la Conquista.

expansionistas, se habría visto obligado a emigrar de los estados de Morelos y Guerrero hacia tierras centroamericanas. Las huellas de esta remota migración se encontrarían en la comparación de las toponimias de la región cohuixa con las de América Central (Chinameca, municipio y cabecera en Morelos, y Chinameca, ciudad y volcán en el departamento de San Miguel, El Salvador, por ejemplo). Sin embargo no se ha descubierto indicio arqueológico alguno que respalde la presencia de pipiles con anterioridad al período posclásico temprano (900-1200 d.C.).

Íntimamente vinculadas con el fenómeno tolteca en México, las primeras migraciones pipiles que llegaron a Centroamérica habrían ocurrido durante el período posclásico temprano, ya que la evidencia histórico-lingüística indica un nuevo período activo de divergencia en el nahua, fechado entre los años 900 y 1000 d.C. Durante la primera parte del Posclásico Temprano fueron habitados los sitios de Cihuatán y Santa María, en la cuenca de El Paraíso de la región Cerrón Grande. Ambos sitios tienen un complejo cultural fuertemente asociado con los de Tula: arquitectura de estilo tolteca, ornamentos inspirados en deidades nahuas y técnicas decorativas semejantes a las de México central.

Sitios como Tacuscalco, próximo a Sonsonate, Punta Las Conchas, en la orilla del lago de Güija, Cerro de Ulata, en la cordillera del Bálsamo, y Loma China, en la región del embalse de San Lorenzo, también muestran materiales culturales relacionados que indican una plena participación en el mundo tolteca, producto de una serie de invasiones de las regiones central y occidental de El Salvador por migrantes de habla náhuat que insuflaron en el área una tradición cultural formada en México. Los proyectos de rescate arqueológico en Loma China arrojan datos que permiten suponer que este asentamiento representa una de las primeras incursiones de los pipiles en la zona o que fue una colonia de mercaderes toltecas, lo cual mostraría el nexo de intercambio comercial entre El Salvador y el mundo tolteca durante el Posclásico Temprano.

La segunda gran migración atribuida a los grupos nahuas, que aconteció durante el período posclásico tardío (1200-1350 d.C.), ha de ser entendida, a partir del consenso entre los especialistas, como el movimiento de un grupo multiétnico nahuatizado al que se ha identificado como nonoalca. Este movimiento estuvo vinculado con el resquebrajamiento del Imperio tolteca de Tula, producto de divergencias políticas entre los dirigentes de los dos pueblos que conformaban el estado tolteca: los tolteca-chichimeca y los nonoalca. La llegada de estos últimos constituyó una seria amenaza militar y económica para los pipiles ya establecidos. El trastorno causado por la migración nonoalca condujo a la separación de los grupos pipiles asentados en El Salvador y Guatemala.

Aun actualmente es difícil distinguir cuáles de los grupos migrantes que arribaron a El Salvador lo hicieron durante el período posclásico temprano y cuáles durante el posclásico tardío. Pese a que existe consenso en que la desaparición de Tula causó la última andanada de migraciones pipiles, se carece de evidencia arqueológica que valide la hipótesis de la migración de los nonoalcas a Centroamérica. Las evidencias toponímicas son hasta ahora las principales fuentes para fundamentarla.

A partir de lo dicho se puede concluir que los grupos pipiles que encontraron los españoles a su llegada tuvieron su origen en la meseta de México y que lingüística y culturalmente pertenecían al grupo nahua que originó las culturas tehotihuacana y tolteca. Asimismo, estos pipiles llegaron a territorio centroamericano en varias migraciones, trayendo consigo muchos de los elementos culturales de sus lugares de origen y otros provenientes de las distintas regiones que atravesaron a su paso ■

■ La migración nonoalca acaecida durante el Posclásico Tardío fue propiciada por la ruptura del Imperio tolteca de Tula y supuso un factor de presión desestabilizadora para los pipiles asentados en territorio salvadoreño. Imagen de las ruinas de Tula.

TOPÓNIMOS QUE APOYAN LA HIPÓTESIS DE LA MIGRACIÓN NONOALCA A EL SALVADOR

Al Nonohualco, que existió en la región sur del estado de Puebla, corresponde a la región Nonualco, que incluye las tres ciudades de San Juan Nonualco, Santiago Nonualco y San Pedro Nonualco, a Zacatecoluca, que fungía como cabecera y a otros pueblos, todos en el departamento de La Paz.

Cozcatlán, localidad de Nonohualco, corresponde a Cuscatlán (Cuzcatán), nombre del reino y de su capital a la llegada de los españoles y al actual departamento de Cuscatlán.

Izúcar, ciudad y municipio de Puebla, corresponde a Huizúcar, pueblo y cantón de Chalatenango.

Quetzaltepec, de la región de Nonohualco, corresponde a Quetzaltepeque, ciudad y distrito del departamento de San Salvador.

Tehuacán, ciudad y municipio de Puebla, está representado por el paraje de ruinas llamado Tehuacán, en el departamento de San Vicente.

Tilapa, pueblo y municipio de Puebla, se encuentra representado en El Salvador por Tilapa, cantón y río del departamento de Chalatenango y en Honduras, por Tilapa, una aldea del departamento de Olancho ■

Jorge A. Vivo Escoto, *El poblamiento náhuat en El Salvador y otros pueblos de Centroamérica*, Ministerio de Educación, San Salvador.

Cuscatlán y los vestigios pipiles

A la llegada de los españoles a El Salvador los pipiles, descendientes de los grupos migrantes de habla náhuat procedentes del altiplano central de México y de las tierras bajas del sur del golfo de México, ocupaban el territorio delimitado por los ríos Paz y Lempa. Dos eran los señoríos (ciudades-estado con dominio regional, similares a otros que existían en algunas zonas de Mesoamérica) que dominaban este territorio: Cuscatlán e Izalco.

Izalco, Caluco, Nahulingo y Tacuscalco —poblados que antes de la Conquista componían un pueblo único pero disperso— eran los principales asentamientos del Señorío de los Izalcos; éste tenía su centro en Tecpan Izalco, dominaba 15 asentamientos (aproximadamente 2,500 km²) y controlaba algunas de las tierras agrícolas más fértiles de la vertiente del Pacífico centroamericano. Por su parte, el señorío de Cuscatlán tenía por capital la ciudad del mismo nombre, situada a ocho kilómetros al sudoeste de la actual San Salvador, lugar donde hoy en día se sitúa el municipio de Antiguo Cuscatlán, y agrupaba a 59 pueblos pipiles, con un total aproximado de 12,000 viviendas (unos 7,500 km²). Sus principales asentamientos fueron: Cojutepeque, Nonualco, Tecoluca y Cuscatlán.

Organización social y política

Los datos de los informes de algunos funcionarios de la corona española y de los historiadores de la época revelan que la organización social y política de los pipiles guardaba semejanza, como ocurría también con la religión y el arte, con la de otros pueblos de Mesoamérica. Así, la sociedad pipil estaba compuesta por tres clases: los nobles (*pilpiltin*, en náhuat), los plebeyos y los esclavos. Los nobles componían una clase privilegiada, la única cuyos miembros tenían la posibilidad de acceder a puestos de importancia en el gobierno o al interior del establecimiento religioso. Esta clase estaba compuesta por los caciques, los miembros del *totoque* (consejo), los capitanes de guerra y los sacerdotes.

Los plebeyos —la clase más numerosa— fueron agricultores, cazadores, pescadores, soldados, comerciantes y artesanos. Aunque marginados de los puestos de gobierno, algunos

Una característica común de los pueblos mesoamericanos fue la rígida división social. Los nobles pipiles (*pilpiltin*), al igual que sus equivalentes mexicas del Imperio azteca, eran transportados en literas por sus sirvientes, que no podían mirarles directamente a la cara. Miniatura de un códice azteca.

La sociedad pipil tenía en los nobles la clase privilegiada, a la que se encontraban sometidos plebeyos y esclavos. Las representaciones de dicha estratificación social forman parte de un acerbo común del arte mesoamericano. Escena de un friso azteca.

plebeyos desempeñaban funciones políticas de cierta relevancia. Por ejemplo, los comerciantes (*pochteca*), al dirigir expediciones comerciales hacia otras tierras, satisfacían una doble función: intercambiaban sus productos y daban cuenta de lo visto y escuchado a su paso con el fin de rendirle un informe minucioso al señor o cacique.

La condición de esclavo (*tlacotli*) se adquiría, generalmente, al ser capturado por el enemigo durante una guerra; también la esclavitud era un castigo que se aplicaba a las faltas sociales graves, sancionadas en los severos y moralizadores códigos de justicia pipiles. Se imponía la esclavitud a los acusados de violación o robo, a quienes se negaban a trabajar o cometían traición en una guerra. Sin embargo, es necesario y justo aclarar que la esclavitud en los pueblos pipiles distaba bastante de la esclavitud practicada por los españoles durante y después de la Conquista. Aunque perdía ciertos derechos ciudadanos y se veía excluido de su comunidad, en ciertas condiciones el esclavo pipil podía re-

gresar a su tribu tras cumplir determinados servicios y su condición no era transmisible a la descendencia.

La pertenencia a las clases fue, por lo general, hereditaria, pero existió cierta movilidad social ascendente. Escalar en la pirámide social sólo se lograba a través de grandes hazañas de guerra, pues los puestos de alto rango exigían la legitimación social. Como su propio nombre indica, rasgo importante de la estructura social pipil fueron los linajes nobles. Quien ostentaba el título de jefe controlaba las tierras de su linaje en condiciones de propiedad corporativa; a cambio de tributo y servicios personales el jefe distribuía las tierras entre los nobles y plebeyos bajo su autoridad. Estos linajes nobles se correspondían a los *calpulli*. Aunque la figura del *calpulli* tuvo características diferentes entre los antiguos pueblos mexicanos, en el pueblo pipil prevaleció la que fue propia de la región tolteca-chichimeca de Cuauhtinchan, en el valle de Puebla: el *calpulli* era un tipo específico de unidad social que poseía tierras en común,

ESPECIFICIDAD DEL *TLACOTLI*

La palabra *tlacotli*, que se ha traducido por «esclavo», expresaba por acá una idea muy distinta de la que significaba en el lenguaje español, y ciertamente no excedía en significación a la voz «vasallo». Un esclavo entre nuestro indios, como lo hizo presente fray Bartolomé de Las Casas, poseía un rancho, su esposa, su mobiliario, una porción de terreno, sus hijos y su libertad, excepto en épocas determinadas, que estaba obligado a trabajar para su señor. Así consta en una carta dirigida a Carlos V por los Oidores de México en 1552, en la que dicen que aunque entre los indios existía la esclavitud, esa servidumbre era muy distinta de la otra. Que los indios trataban a sus esclavos como parientes y vasallos y los cristianos como perros ■

Santiago Barberena, *Historia de El Salvador*, tomo I, Ministerio de Educación, Dirección de Publicaciones, 3ª ed., San Salvador, 1977.

El cacao, una de las riquezas de la sociedad pipil, se cuenta entre los productos con que los *calpulli* –la organización indígena comunal basada en el parentesco– rendían sus tributos a sus soberanos o a los conquistadores.

una estratificación interna en base al parentesco y una dirección política que ejercía el señor mayor del linaje.

Así pues, el pueblo pipil estaba gobernado por un señor o cacique, quien a su vez era el mayor juez, asistido por un consejo de ancianos y cuatro capitanes que se encargaban de parte de las obligaciones del gobierno, como la guerra, asuntos de sementeras y casamientos, tareas de intermediación y consulta con los sacerdotes. Es importante, además, señalar que la configuración y las características de la unidad política pipil de Cuscatlán permiten situarla al nivel de Estado. El que el gobierno pipil pudiera reclutar a los individuos para la guerra o la edificación de obras públicas, imponer y cobrar tributos, y decretar y hacer cumplir las leyes, permite afirmar que el señorío de Cuscatlán conformaba un Estado, con toda la complejidad y riqueza social y política que le son propias.

Economía

Pocos son los datos que permiten realizar un acercamiento certero a la vida económica del señorío de Cuscatlán antes de la Conquista. No sólo hay escasez de fuentes documentales, sino que éstas brindan poca luz para entender la economía pipil. Sin embargo, las evidencias de las que se dispone demuestran que la sociedad cuscatleca se diferenciaba en clases y poseía una economía tributaria. Una de estas evidencias es la capacidad mostrada por los pueblos pipiles para responder al sistema tributario impuesto por los encomenderos después de la Conquista. Es indudable que los productos agrícolas (cacao, maíz y frijol, por ejemplo) y de hechura artesanal especializada (cerámica, esteras, ropa y tela) con los que se les pagó tributo a los españoles, también fueron entregados como tales a los jefes de los *calpulli* o a los soberanos indígenas.

El intercambio regional e interregional, actividades de gran importancia para los pipiles, se veía estimulado por la producción especializada de cada región. De esta manera algunas poblaciones de la provincia de Cuscatlán eran reconocidas por sus cultivos de maíz y algodón, y por el intercambio de éstos por otros productos. Al parecer los pipiles de Cuscatlán, especializados en la producción del algodón y sus derivados, trocaban sus productos por el codiciado cacao, cultivo en el que se especializaron los pueblos de la provincia de Izalco. Este intercambio regional e interregional de mercancías agrícolas, artesanales, de caza, de pesca y de animales domésticos se efectuaba en plazas especiales denominadas tiangüis (*tianquiztli*) o mercados. El comercio, vía trueque o usando el cacao como objeto de cambio, se llevaba a cabo en dichas plazas en las festividades religiosas.

En su calidad de objeto de intercambio, además de ser utilizado para elaborar el apreciado chocolate (tan apreciado que sólo lo bebían los caciques y los personajes de gran mérito social), el cacao fue el producto principal del comercio del sur de Mesoamérica. De ello da fe la existencia de unidades nativas (en náhuat) para medir grandes cantidades de semillas. Un *zontle* equivalía a cuatrocientas semillas de cacao y un *xiquipil* a veinte *zontles*.

Religión y ciencia

La religión pipil estaba íntimamente emparentada con la de los aztecas. Ambas, al igual que la de otros pueblos americanos, estaban ligadas al ciclo vital —nacimiento, vida y muerte— y a las actividades de carácter económico que les hacían posible la subsistencia. El enfrentamiento a los fenómenos naturales y la necesidad de obtener mayores beneficios de ella y evitar sus efectos destructores hizo nacer la magia, la adivinación y el culto a seres sobrenaturales. El sacerdocio organizado surge en el momento en que estas funciones se institucionalizan, lo que posibilitó la canalización de las ideas religiosas a conceptos más elaborados.

La sociedad pipil poseía este sacerdocio organizado y rendía culto a seres de carácter totémico, tribal; estos seres eran los llamados «nahuales», los cuales protegían al indígena durante el transcurso de su existencia. El sacerdocio estaba organizado jerárquicamente: a la cabeza se encontraba el gran sacerdote o Papa

(*Teucti*), personaje de suprema autoridad en las cuestiones espirituales; bajo su mando, el segundo en el sacerdocio era el llamado *Tehua-Matlini*, quien desempeñaba las funciones de adivino o letrado en sus libros y artes, y quien proclamaba los agüeros y predicciones. Finalmente, en orden descendente, había cuatro sacerdotes (*Teupixqui*) que trataban los asuntos ceremoniales y asistían a los ritos; un mayordomo se encargaba de los objetos del culto y de los sacrificios, mientras que un grupo se encargaba de tocar instrumentos musicales para convocar a la gente a los sacrificios.

El panteón pipil estaba compuesto por deidades semejantes a las de otros pueblos de Mesoamérica. Entre ellas: Quetzalcóatl (dios de los vientos que anuncian la lluvia), Itzqueye (diosa madre de la salud), Xipe Totec (Nuestro Señor el Desollado, dios que representaba el final del ciclo de la vida y el comienzo de uno nuevo) y Tlaloc (o *Quiateot*, dios de las lluvias y de los fenómenos asociados al agua).

Referencias de historiadores e informantes coloniales dan pie para afirmar que, al igual que el calendario, también la escritura y el sistema de numeración de los pipiles era similar al de los pueblos nahuas de México. El calendario estaba constituido por dos períodos: el calendario religioso, el *tonalpohualli* (Libro de los Días) de 260 días, o 13 meses de 20 días cada uno, y el calendario civil, el *xihuitl* (Cuenta de los Días) de 365 días, o 18 meses de 20 días cada uno, más cinco días complementarios o *nemontemi* (los días yermos, el período desafortunado). Cada uno de estos días se identificaba con un número y un símbolo. Por otro lado, el sistema de numeración se basaba en unidades cuyos valores iban de veinte en veinte o eran múltiplos de ese número. En este sistema las unidades estaban representadas por puntos, las veintenas por banderas, el 400 (20 por 20) por un signo similar a un árbol o a una cabellera, y el 8,000 (20^3) por una bolsa ceremonial de las que se utilizaban para llevar copal.

Las divinidades pipiles coincidían con las de otros pueblos mesoamericanos y se encontraban especialmente emparentadas con las de los aztecas. Una de las representaciones de Quetzalcóatl era Ehecatl. Imagen de Ehecatl en una palma de piedra tallada.

Los vestigios pipiles

Tazumal y San Andrés en El Salvador son muestras representativas del estilo piramidal escalonado que los pipiles utilizaron para construir sus templos. Las casas de los señores eran distintas de las del resto. Al referirse a la organización arquitectónica de los asentamientos, los conquistadores hablaban de grupos de varios miles de casas de variado tamaño y estructura, con chozas dispersas en sus inmediaciones. Se presume que estas ciudades constituían «regiones urbanas» que tenían un núcleo —formado por templos y edificios públicos rodeados de muros— en torno al cual se encontraban esparcidos irregularmente los ranchos y, alrededor de éstos, dispersas en el bosque, chozas más humildes, aisladas o agrupadas en pequeños caseríos cercanos a las milpas.

En el sitio de Tazumal, en la región urbana de Chalchuapa, en el período comprendido entre los años 1000 y 1200, se pueden apreciar características de origen nahua. Loma China ofrece el mismo patrón, al igual que Cihuatán y Santa María. En estos sitios se han encontrado cerámicas exóticas y también jade. El tribu-

to parece haber sido una práctica generalizada entre los pipiles. En Izalco se recolectaba el tributo en especie —maíz, cacao, plumas y, quizás, obsidiana— y en productos terminados, como petates y ornamentos de oro. Es difícil señalar algún rasgo cultural de Cihuatán que no tuviera su origen en el altiplano central o la costa del golfo de México. Particularmente llamativos son: la arquitectura de estilo tolteca, en la que destaca el uso de la decoración talud-tablero; los grandes incensarios bicónicos con adornos modelados en forma de espigas o caras de deidades nahuas; figurillas con ruedas y un complejo de piedra tallada en el que destacan formas bifaciales de gran parecido con las del México central.

Aun cuando muchos productos se deben haber elaborado a escala doméstica, para consumo directo, otros, en cambio, por la precisión del acabado, deben haber sido manufacturados por especialistas, como los finos cuchillos de obsidiana y la cerámica policromada. Es muy probable que entre los pipiles haya existido cierta especialización en la producción de ornamentos de piedra, metates y alfarería no uti-

Maqueta del centro primario regional de San Andrés, que ocupaba 3 km² y consistía en un centro ceremonial-administrativo rodeado de las viviendas de la población.

litaria. Se cree que en Cuscatlán había un foco de producción de lazos petates, pero sobre todo de sandalias de cuero.

Las representaciones de las deidades son comunes en botellas, efigies de cerámica y en decoración modelada en incensarios grandes hallados en Cihuatán y otros sitios. Xipe Totec —dios de mucha importancia para los pipiles— aparece en efigies de cerámica de tamaño natural encontradas en Chalchuapa, el lago de Güija y Cihuatán. Éstas son casi idénticas a las efigies de Xipe Totec encontradas en el altiplano de México y correspondientes a la época de los toltecas. Asimismo, la efigie de Xipe Totec hallada cerca de Tazumal es casi idéntica a un famoso ejemplar descubierto en Teotihuacán que se fecha en el Posclásico Temprano.

La escultura pipil se manifiesta en las estelas —monumentos tallados en piedra—, en figuras antropomorfas, en los yugos, palmas y hachas finamente labradas en bajorrelieve. Las estelas pipiles están menos acabadas que las de los mayas, pero igualmente cargadas de simbolismo. Los yugos y hachas de piedra se encuentran en número considerable desde Veracruz hasta El Salvador. Ciertos estudios asocian este

DESCRIPCIÓN DEL RITUAL DEL JUEGO DE PELOTA

Es importante notar que, junto a las estructuras piramidales de los templos, existían plazas dedicadas al ritual del juego de pelota (ritual difundido en toda Mesoamérica y común a las principales culturas de esta área cultural); restos de esas plazas de juego de pelota pipiles se hallan en las ruinas de Tazumal, Sihuatán, Tehuacán, etc.

El patio del juego de pelota era una plaza limitada por dos grandes muros paralelos entre los cuales se colocaban, en la parte media, dos grandes anillos de piedra o marcadores; en los extremos del espacio limitado por estos dos muros, y formando otro espacio cuadrangular, había graderías. El patio del juego de pelota era llamado *tlachco* por los nahuas. Las medidas de esta plaza variaban un poco de una zona a otra, pero casi siempre tenían la misma estructura, variando ésta en que unas veces eran plazas cerradas y otras abiertas.

El juego se realizaba con una pelota de hule sólida y, según informan los cronistas, consistía en mover la pelota con las rodillas y las caderas, sin usar las manos ni los pies, y tratar de hacerla pasar por los agujeros de los discos de piedra o marcadores, lo que era bastante difícil y raro ■

Miguel Armas Molina,
La cultura pipil de Centro América,
Ministerio de Educación, Dirección de
Publicaciones, San Salvador.

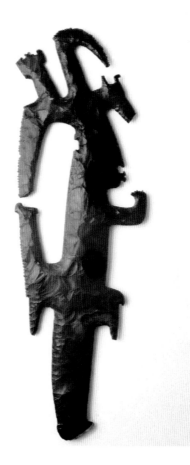

Figura labrada en pedernal que fue hallada en la Estructura 7 de San Andrés y representa un personaje sentado.

Piedra tallada en forma de hongo (izquierda) hallada en las ruinas de Tazumal, correspondiente al período clásico, y terracota (derecha) con la efigie del dios Xipe Totec, que en la mitología pipil regía la transición entre los ciclos de la vida y de la muerte.

medicina ocupó un lugar preponderante en las actividades de sacerdocio. El conocimiento del valor curativo de muchas plantas les dio la base para tener una medicina bastante avanzada.

estilo de escultura en piedra con el ritual de los juegos de pelota. Como ejemplares de la escultura pipil pueden mencionarse el monolito de Cara Sucia, que representa una cara de jaguar, la estela de Tazumal y una escultura de Chac-Mol hallada en El Salvador. Lo típico de la cerámica de este país son los vasos que representan a Tlaloc —dios de la lluvia—, encontrados alrededor de Cuscatlán y hacia el norte, hasta el río Lempa.

Los pipiles tenían un calendario casi idéntico al de los aztecas. Cada día se identificaba con un número y un símbolo. La tabla del calendario muestra los glifos para los símbolos *calli* (casa), *cuat* (serpiente), *suchit* (flor) y, posiblemente, *acat* (caña) y *tecpat* (cuchillo de pedernal). Del mismo modo, la escritura pipil era la misma que usaban los pueblos nahuas de México. Es natural que también utilizaran el mismo sistema numérico vigesimal, característico de las culturas mesoamericanas. Sin duda la

Manifestaciones artísticas como el dibujo, la pintura, el canto, la música y la danza se practicaban tanto en las celebraciones religiosas populares como durante la vida doméstica. Tenían los pipiles instrumentos musicales como el *teponaztle*, una especie de tambor de madera ahuecada con dos lengüetas para mayor percusión. Usaron la flauta o *chirimía*, caracoles marinos, carapachos de tortuga y sonajas de jícara o de barro. Se afirma que tenían trompetas e instrumentos para invocar y llamar a la gente a los sacrificios. En las ceremonias tañían sus trompetas y atabales. Es obvio que tuvieron poetas o cantores para alabar las hazañas de sus héroes y sus dioses al compás de estos instrumentos musicales; reunidos en la plaza de sus templos practicaron sus danzas rituales. Lamentablemente no se conserva ninguno de los ritmos de su música ni se conocen versiones de sus danzas o de sus cantos, pues éstos serían una vena fecunda para investigar muchos aspectos de la cultura pipil ■

Yacimientos arqueológicos

Aunque el número de yacimientos existente es mucho más elevado, una decena de ellos poseen una entidad especialmente destacable, que merece particular atención. Los principales son Chalchuapa, Cihuatán, Santa María, El Carmen, Quelepa, San Andrés y Joya de Cerén, Santa Leticia y Tazumal.

Chalchuapa

En Chalchuapa se descubrieron evidencias de los primeros habitantes de dos localidades: una en la orilla norte de la laguna Cuscachapa, y otra cerca del manantial de El Trapiche. La evidencia de esta ocupación temprana se basa en el hallazgo de tiestos de cerámica, figurillas y artefactos líticos correspondientes al año 1000 a.C., aproximadamente. Se trata de uno de los asentamientos del Preclásico más grandes de entre los conocidos en la región.

Más adelante, durante el período clásico, Chalchuapa se convirtió en uno de los más importantes asentamientos del mundo maya. Y más adelante aún, en el Posclásico, el mismo valle fue habitado por los pipiles, encontrándose en él reveladores vestigios que dan cuenta de las características de esa cultura. Chalchuapa constituye, pues, una de las más fructíferas fuentes arqueológicas que permiten hoy en día recrear no sólo las costumbres de los primeros pobladores del actual territorio salvadoreño, sino también las de las posteriores ocupaciones mayas y pipiles en el mismo.

Cihuatán y Santa María

Durante el Posclásico Temprano fueron habitados los sitios de Cihuatán —centro primario regional— y Santa María, en la cuenca de El Paraíso de la región Cerrón Grande. Lamentablemente, el Posclásico Tardío de esta región es virtualmente desconocido. Cabe mencionar que Cihuatán y Santa María fueron quemados y abandonados al final del Posclásico Tempra-

Incensario antropomorfo de tres púas, perteneciente al período clásico, que fue hallado en El Trapiche, Chalchuapa.

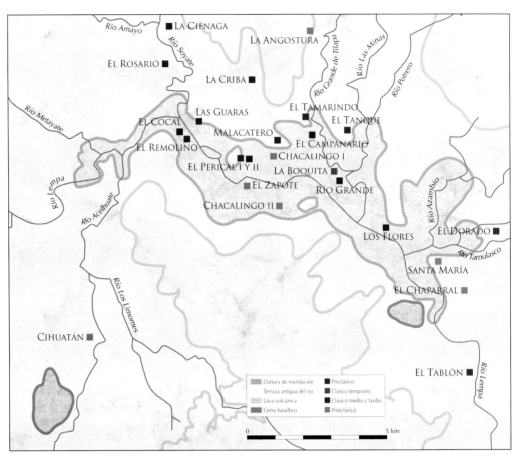

Mapa de sitios arqueológicos localizados en el valle El Paraíso, basado en el mapa confeccionado por William R. Fowler y Howard H. Earnest a mediados de la década de 1970, en las fechas previas a la construcción de Cerrón Grande. La simbología utilizada señala la periodificación correspondiente.

no, probablemente como consecuencia de un conflicto surgido con otro grupo pipil, como los nonoalcas.

El Carmen

El asentamiento más antiguo que se conoce en El Salvador se encuentra en la hacienda El Carmen, en el departamento de Ahuachapán, en el valle del río Cara Sucia, donde la planicie costera se reduce sólo a ocho kilómetros de ancho. En esa franja angosta hay un gran número de montículos que, al parecer, representan todos los subperíodos del Preclásico, desde el año 1400 a.C. hasta el 250 d.C.

Quelepa

Se trata, quizás, del yacimiento más significativo del desarrollo cultural en las comunidades del oriente salvadoreño durante el Preclásico.

Ubicado en la ribera norte del río San Sebastián, a ocho kilómetros al noroeste de la ciudad de San Miguel, consta de unas cuarenta estructuras que cubren un área aproximada de 75 hectáreas. Se supone que la primera ocupación del sitio ocurrió alrededor del 200 a.C.

San Andrés y Joya de Cerén

Durante el período clásico, el centro primario regional del valle de Zapotitán fue San Andrés, ubicado cerca de la confluencia de los ríos Sucio y Agua Caliente. Ciertos estudios han determinado que el área de ocupación del sitio abarcaba tres kilómetros cuadrados y el centro de éste ocupaba un área aproximada de veinte hectáreas, sobre la cual destaca una acrópolis con una plaza grande elevada sobre las pirámides y plataformas en tres lados. Se supone que en los lados norte y oeste de la plaza hubo un complejo de residencias de la élite. El hecho de que el acceso a la plaza fuera restringido demuestra además su carácter sagrado. La estructura más grande de San Andrés es una pirámide campaniforme de 15 metros de altura construida encima de una plataforma ancha al norte de la acrópolis.

Uno de los pueblos sometidos al estado precolombino de San Andrés, y quizás uno de los primeros sitios que repoblaron el valle tras la erupción de Ilopango, fue Joya de Cerén. Los especialistas señalan que la ocupación fue de muy corta duración: sólo un siglo, más o menos. La aldea fue enterrada por completo por ceniza húmeda arrojada por el volcán de Laguna Caldera, que estalló alrededor del 590 d.C. La ceniza ayudó a conservar los elementos orgánicos del asentamiento. Es más: aparentemente, los habitantes huyeron de la erupción precipitadamente y dejaron casi todas sus pertenencias en sus lugares (hasta comida en las ollas), convirtiendo el sitio en una especie de cápsula del tiempo.

Debido a la extraordinaria conservación del sitio y a su corto lapso de ocupación, Joya de Cerén se diferencia grandemente de los demás asentamientos del período clásico diseminados por toda Centroamérica y ofrece unas condiciones óptimas para el análisis etnográfico, casi como si fuera una comunidad viva. Las investigaciones en Joya de Cerén han arrojado una cantidad abrumadora de información sobre numerosos aspectos de la vida cotidiana y el comportamiento de sus antiguos habitantes.

Santa Leticia

Otro yacimiento importante del Preclásico es Santa Leticia, ubicado en una zona alta del macizo montañoso de Apaneca. Su ocupación se inició hacia el 500 a.C. De Santa Leticia proviene la mayor parte de la información disponible para reconstruir la vida cotidiana de las comunidades de este período. En las excavaciones se han descubierto basureros campaniformes, cavados en la tierra, que contenían no sólo miles de piezas de cerámica, muchos frag-

Excavaciones en Santa Leticia. Labores de desenterramiento de una de las piezas más importantes en este yacimiento de la sierra Apaneca, el Monumento 2.

mentos de obsidiana y numerosas piedras de moler, sino también restos de las plantas que utilizaban los habitantes del sitio.

Tazumal

El sitio principal de actividad durante el período clásico fue el grupo de 13 estructuras conocido como Tazumal, ubicado en el extremo sur de la zona arqueológica de Chalchuapa. Tazumal está constituido por varias estructuras, un juego de pelota y una plataforma redonda que ya no existe. La construcción principal de Tazumal es la Estructura B1-1, una pirámide grande formada por terrazas verticales que cubre una extensión de dos hectáreas y alcanza una altura de 24 metros.

Se recuperaron en el sitio más de 320 vasijas completas de cerámica y todavía falta llevar a cabo un estudio pormenorizado de los distintos objetos hallados en las tumbas, lo cual permitiría ofrecer una cronología más precisa de Tazumal.

Figuras de cerámica halladas en las ruinas de Tazumal.

LA CONQUISTA
Y LA ÉPOCA COLONIAL

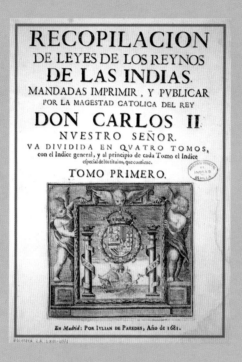

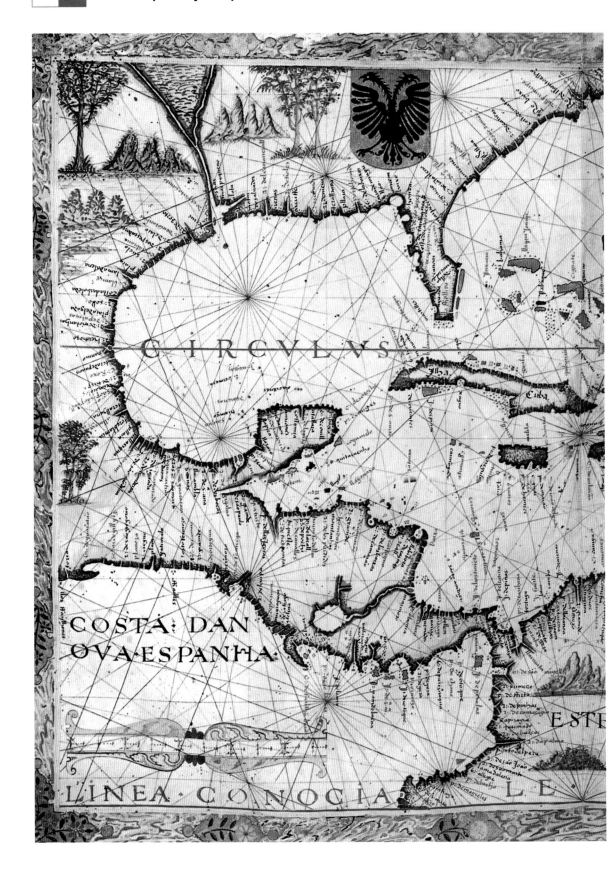

La Conquista

El 12 de octubre de 1492 el navegante genovés Cristoforo Colombo (1451-1506), conocido como Cristóbal Colón, llegó por azar al continente americano. Buscando una ruta hacia las Indias en el curso de una expedición financiada por Isabel de Castilla, fue a dar con las Antillas y desembarcó en una isla de las Bahamas llamada Guanahaní, actualmente conocida como Watling, que bautizó con el nombre de San Salvador. Creyendo que se encontraba en Asia, llamó erróneamente «indios» a los habitantes de esos lugares paradisíacos y tomó posesión de esa tierra en nombre de los monarcas de Castilla, los Reyes Católicos.

El encuentro de dos mundos

El año 1492 es un referente histórico de gran importancia, pues marca el inicio del encuentro y enfrentamiento de dos grupos humanos completamente distintos: las culturas y civilizaciones del continente americano, hoy llamadas precolombinas o prehispánicas, y las culturas y civilizaciones del continente europeo, conocidas como occidentales.

Tras el primer encuentro pacífico de Colón con los pobladores del continente americano, a finales del siglo XV se produjo una larga serie de enfrentamientos violentos. Estos dos grupos humanos de culturas diferentes se pusieron frente a frente, cada uno con sus costumbres y creencias, sus virtudes y vicios, sus aciertos y errores sobre lo humano, la naturaleza y la vida.

Isabel la Católica financió a cuenta de la Corona de Castilla la expedición de Cristóbal Colón, una iniciativa que en el curso de los siglos posteriores reportaría a España una inmensa fortuna. La reina Isabel en un retrato de juventud.

Pero, pese a la resistencia y la lucha que ofrecieron los aborígenes en distintas regiones de América, los europeos terminaron conquistando sus territorios y poblaciones a mediados del siglo XVI. A partir de entonces el Nuevo Mundo se convirtió en una enorme colonia en manos de españoles, portugueses, ingleses, franceses y, en menor grado, holandeses. Europa, el Viejo Mundo, terminó imponiendo su cultura y civilización sobre las culturas y civilizaciones

En la página anterior, fragmento de un portuario portugués del siglo XVII.

Las primeras representaciones que se publicaron en Europa sobre el Nuevo Mundo explotaron a menudo la veta de lo mítico, ahondando en los fantasmas de la imaginación popular. Primera ilustración conocida sobre la provincia de Izalcos, publicada en 1590 en el libro decimocuarto de los *Grandes viajes* de Theodor de Bry.

precolombinas. Los indígenas sobrevivientes fueron sometidos. No obstante, resistieron de muchas maneras para conservar su identidad, guardando celosamente la herencia de sus tradiciones ancestrales. Los indígenas actuales son la continuidad de esos antiguos pueblos prehispánicos. Mas, de forma paralela a esta situación, y como resultado del mestizaje entre europeos e indígenas, en los siglos posteriores a la Conquista surgieron y se fueron desarrollando a lo largo de trescientos años de colonización una serie de nuevas culturas y civilizaciones criollas y mestizas que abarcaron desde la frontera norte de México hasta el sur del continente americano. Es a lo largo de esta historia de más de trescientos años que se forja la identidad histórica y cultural indo-latino-americana. Las sociedades criollas y mestizas lograron independizarse de Europa y sus metrópolis en

el primer cuarto del siglo XIX y se fueron convirtiendo en las naciones que hoy componen América Latina.

El desarrollo histórico iniciado en 1492 implica un proceso complejo y plagado de dificultades que trascienden cualquier reduccionismo de los hechos a una división maniquea entre «malos» y «buenos». Para entender esta larga y complicada historia se hace necesario un diálogo sincero con el pasado como única posibilidad comprensiva de las raíces de la identidad salvadoreña, la cual es el resultado de una mezcla cultural de lo prehispánico y lo occidental. Conocer esta historia es importante porque, como se ha dicho, «sin historia no se es, y con una historia falsa, ajena, se es otro pero no uno mismo». Sólo mediante el estudio y conocimiento del pasado puede un pueblo comprender su presente y proyectarse hacia el futuro.

ENCUENTRO DE COLÓN CON AMÉRICA

Colón ideó una nueva ruta para llegar a las Indias: ir por el Occidente para llegar al Oriente. Conocía el libro de Marco Polo y también había estudiado una serie de mapas que le permitieron crear su proyecto de viaje. Conocía la representación gráfica plana que de la Tierra y los mares había hecho el matemático y astrónomo florentino Paolo Toscanelli (1397-1482), en la cual éste había concebido una idea del Atlántico sin América, creyendo que una distancia de unos cinco mil kilómetros separaba las costas de Europa y Asia. Colón conocía el mapa del cosmógrafo y navegante Martin de Behaim (1459-1507), quien en 1492 había concebido el primer globo terrestre, conocido como la Manzana terrestre. Él estaba seguro de que la Tierra era redonda por toda la información que poseía. Planteó su proyecto a distintas cortes europeas y fue rechazado. Por último los Reyes Católicos decidieron apoyarlo y financiaron su expedición con propósitos comerciales y religiosos a la vez. Fue así como Colón, nombrado Almirante, Virrey y Gobernador, y llevando la promesa de

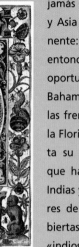

que se le daría una parte de las riquezas que descubriera, partió mar adentro con tres carabelas: la Pinta, la Niña y la Santa María, el 3 de agosto de 1492. Creía que esta ruta marítima por el Occidente lo llevaría a Asia. No imaginó jamás que entre Europa y Asia existía otro continente: América. Se topó, entonces, accidental y oportunamente, con las Bahamas, un grupo de islas frente a las costas de la Florida, mas creyó hasta su muerte, en 1506, que había llegado a las Indias y que los pobladores de las tierras descubiertas eran, por tanto, «indios», un calificativo que se generalizará con el tiempo a toda la población indígena de América sin respetar etnias ni culturas y con el marcado acento despreciativo que aún conserva.

Colón realizó cuatro viajes de Europa a América: a) 1492-1493; b) 1493-1496; c) 1498-1500; y d) 1502-1504. Fue en el último cuando arribó a Centroamérica. Llegó a las costas de los Mosquitos, en Nicaragua, y prosiguió hasta Cariarí, en Puerto Limón, Costa Rica ■

La conquista de los pipiles

La conquista de Centroamérica se llevó a cabo en dos frentes antagónicos: una expedición proveniente del sur, desde Panamá, que comenzó en 1519, y otra del norte, proveniente de México, que lo hizo en 1522.

Las expediciones del sur

Comandaba las exploraciones lanzadas desde el sur Pedro Arias Dávila (1440-1531), conocido como Pedrarias, quien había sido enviado al Darién como gobernador y ansiaba apoderarse del oro y la plata de la región centroamericana. En su lucha por el botín venció a Vasco Núñez de Balboa y ordenó su ejecución. Fueron varias las expediciones que salieron de Panamá. La primera, a lo largo del litoral pacífico (1519), se realizó por tierra. En el curso de ella se descubrieron la península de Osa, el golfo Dulce y el golfo de Nicoya, en Costa Rica.

La segunda expedición (1523) salió por mar. Estuvo organizada por Gil González Dávila

(1480-1526) y Andrés Niño (1475-1532). Navegantes ambos, buscaban un paso marítimo entre el Atlántico y el Pacífico, y se apoderaron de una gran fortuna en oro al invadir Nicaragua. Al separarse, Niño llegó al golfo que bautizó con el nombre de Fonseca, que es el que hoy separa El Salvador de Nicaragua. Lo llamó así en honor al protector de su expedición, el obispo de Fonseca, que fungía como presidente del Consejo de Indias de Madrid.

Las expediciones del norte

La conquista proveniente del norte estuvo a cargo de Hernán Cortés (1488-1547), quien, después de conquistar México en 1521 y tomar Tenochtitlán, la capital del Imperio Azteca, emprendió con sus hombres la conquista de Centroamérica.

Hernán Cortés, a través de las expediciones comandadas por uno de sus capitanes, Pedro de Alvarado, rivalizó con Pedrarias Dávila en la conquista del territorio salvadoreño. Retrato anónimo de Cortés que se conserva en el Museo Nacional de Historia de México.

En 1522, Cortés entró en contacto con las culturas mayas, de las que formaban parte los cakchiqueles y los quichés. Eran reinos rivales que se hacían la guerra desde hacía tiempo y sabían de la derrota sufrida por los aztecas bajo los ejércitos de Cortés. Por temor a esa extraña gente barbada y blanca, con armas desconocidas por ellos, y que muchos creían que era el regreso del dios Quetzalcóatl (*Kukulcán* o *Gucumatz,* entre los mayas) y sus ejércitos, cada uno de estos reinos, por su parte, se adelantó al conquistador con presentes y regalos para contentarlo y buscar la paz, y con la promesa de someterse al rey de España. Cortés les correspondió y envió también algunos presentes para sus señores. Pero luego de este primer encuen-

tro mandó por tierra a su leal capitán Pedro de Alvarado (1485-1541) para explorar con mayor detalle la zona.

Al llegar a Soconusco, Alvarado recibió a unos mensajeros cakchiqueles que le llevaban una gran cantidad de regalos, seguramente con la intención de que, lejos de someterlos, los dejara en paz. Pero, por el contrario, los regalos avivaron aún más la codicia de Alvarado y su interés por el área, lo que lo llevó a entablar una alianza con el rey de los cakchiqueles, Belehé Qat, quien después de aceptarla envió a Soconusco unos cinco mil esclavos para el servicio del conquistador. Alvarado regresó a México, pero con el fin de preparar su ejército y entregarse de inmediato a la conquista de Cuauhtemallan, es decir Guatemala.

El 6 de diciembre de 1523 Alvarado penetró en Guatemala con un pequeño ejército compuesto por 120 jinetes y 300 soldados, armados todos con arcabuces, ballestas, espadas, cuatro cañones, bastante pólvora y muchas balas. Esta tropa estaba reforzada por un numeroso grupo de indígenas aliados, cerca de cinco mil indios amigos, reclutados en las regiones mexicanas de Cholula y particularmente de Tlaxcala. La conquista de estas ricas y maravillosas tierras, como se decía en la época, se inició en el mes de febrero de 1524. Además de su ventaja tecnológica y militar, Alvarado aprovechó las divisiones políticas y las guerras intestinas entre cakchiqueles, zutujiles y quichés. Después de varios enfrentamientos armados los venció y sometió con sus armas y tropas.

Grabado del siglo XVII que trata de representar la variedad étnica del Nuevo Mundo, en el que las poblaciones indígenas quedaron sometidas al dominio de la minoría blanca y aun, en el seno de ésta, tuvo lugar una clara supeditación de los criollos, nacidos ya en América.

El conquistador partió de la región quiché el 12 de abril de 1524 con destino a Iximché, la capital de sus aliados cakchiqueles. Ahí éstos le hablaron de sus enemigos pipiles de Izquintepec. Tomando como pretexto esta situación, Alvarado marchó con su caballería e infantería, y sus aliados tlaxcaltecas y cakchiqueles, el 6 de mayo de 1524, a la conquista del reino pipil de Izquintepec. Una vez más, los pipiles se resistieron y enfrentaron con las armas a los españoles, pero finalmente fueron vencidos. Tras esta nueva conquista Alvarado arremetió contra los vecinos pipiles de la costa del Pacífico, es decir, penetró en el territorio del Señorío de los Izalcos. La rápida conquista de estos territorios era una misión muy importante para el hispano, pues temía que Pedrarias Dávila se los apropiara y quedaran en su poder. Además, ya era de su conocimiento que las tierras de los pipiles eran, además de fértiles, ricas en oro y plata.

Gran parte de lo sucedido en la conquista de estas tierras se conoce a través de las cartas que Alvarado enviaba como informes militares a su superior. Asimismo, a los registros históricos que llevaban los tlaxcaltecas que acompañaban al conquistador, los cuales están plasmados en el *Lienzo de Tlaxcala*, en el que, entre otras, se narra la batalla de Acaxual o Acajutla.

Alvarado penetró en el actual territorio salvadoreño el 6 de julio de 1524. A su paso había destruido el pequeño pueblo pipil de Izcuintepec, hoy Escuintla. Cruzó el río Paz y llegó hasta Mopicalco y Acatepeque. Al tener conocimiento de los extraños invasores y de sus terribles hazañas militares en otras tierras, los habitantes de esas y de muchas otras poblaciones solían huir de sus lugares de origen y refugiarse en las montañas y selvas. Pero en Acaxual miles de guerreros nativos esperaban valientemente al ejército conquistador para enfrentarlo e impedir su paso al corazón del mundo pipil.

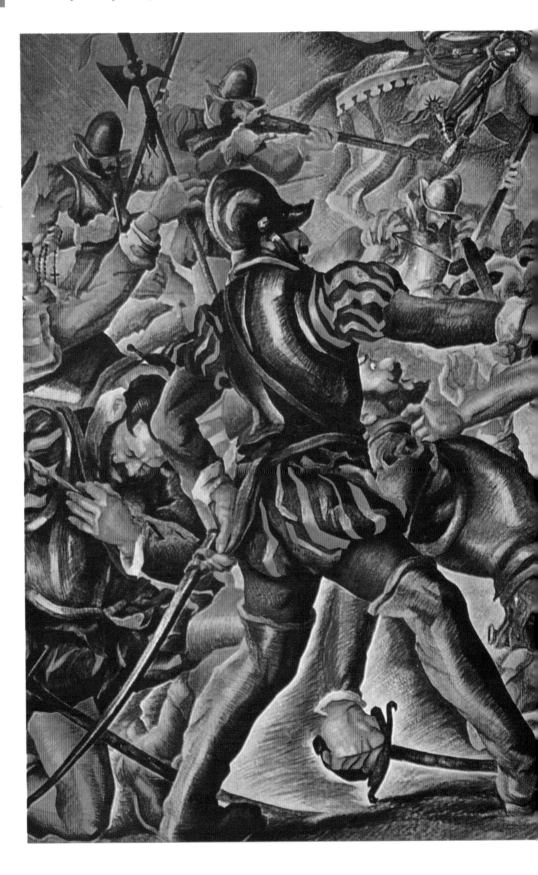

Los éxitos obteni-
dos por Pedro de
Alvarado en la
conquista del te-
rritorio mesoa-
mericano se fun-
damentaron en
la crueldad fren-
te a los pipiles,
que hace buenos
los peores episo-
dios de la leyen-
da negra sobre la
Conquista espa-
ñola. Mural del
pintor guatemal-
teco Alfredo Gál-
vez Suárez en el
Palacio Nacional
de Guatemala.

La toma de Cuscatlán

El 8 de junio de 1524 Alvarado y su gente llegaron a Acaxual. Comenzó la batalla: los guerreros pipiles portaban arcos y flechas con puntas de obsidiana y se protegían con una especie de armadura hecha de algodón que les resultaba incómoda y pesada para el combate. Los invasores, por su parte, pusieron en marcha una vieja estrategia militar: simular que el ejército se batía en retirada, ante lo cual los pipiles lo persiguieron hasta las tierras más planas. Una vez ahí, y lejos de los bosques, caballería e infantería dieron media vuelta y arremetieron contra los guerreros indígenas. Aquello fue una masacre y la derrota total de los pipiles. Alvarado sufrió no sólo muchas bajas en la batalla, sino que él mismo fue herido. Una flecha se incrustó en su pierna fracturándole el fémur. Tardó ocho meses en recuperarse debido a la infección que le causó la herida.

El capitán permaneció por espacio de cinco días en Acaxual para reponerse. Prosiguió su ruta luego del descanso, pero dejó que sus hermanos se hicieran cargo de las nuevas operaciones militares. Marcharon hacia Tacuzcalco, cerca de Nahulingo, y ahí también encontraron una gran resistencia pipil. En sus cartas Alvarado cuenta que daba miedo ver tanta gente en armas, pero los españoles derrotaron otra vez a las fuerzas pipiles y, en palabras del vencedor, hicieron «gran matanza y castigo». Al llegar a Miaguaclam o Mihuatán, hoy Azacualpa, en la jurisdicción de Caluco, encontraron que sus pobladores habían huido: el pueblo estaba desierto. Tal parecía que Alvarado había eliminado la última resistencia pipil.

En Atehuan, es decir Ateos, los esperaba una corte que representaba a los señores de Cuxcaclán o Cuzcatán, que en la actualidad se dice Cuscatlán, la capital del reino pipil homónimo, para pactar con ellos y ofrecerse como súbditos del rey de España. Alvarado estaba satisfecho y pactó con los representantes, mas no detuvo su marcha. El 18 de junio de 1524 tomó la capital de los pipiles, pero la ciudad estaba vacía. Sus habitantes habían huido. Enfurecido, mandó decirles que regresaran a la ciudad y no les pasaría nada. Pero fue en vano. La gente estaba aterrorizada por la crueldad de los ejércitos españoles. Frustrado por no poder someter a los cuscatlecos, y sobre todo por no haber encontrado una cantidad de oro comparable a la del Imperio Azteca, o al menos a la que arrebató Gil González a los indígenas de Nicaragua, Alvarado volvió cansado y defraudado a México.

En 1525 regresó con sus tropas a Centroamérica. Y el 25 de julio de ese mismo año en Iximché fundó la ciudad de Santiago de los Caballeros, hoy Antigua Guatemala, que fue la capital del reino del mismo nombre. De vuelta

La habilidad de Pedro de Alvarado para explotar las rivalidades entre los nativos fue otra de las claves de la Conquista. Escena del *Lienzo de Tlaxcala* –en el que a mediados del siglo XVI se recoge la batalla de Cuscatlán– donde se aprecia la presencia de guerreros tlaxcaltecas junto a los españoles.

Guerra de Cuscatlan

a Cuscatlán, siguiendo un itinerario que no registran las crónicas, llevó a cabo la conquista definitiva del territorio de Cuscatlán, que coincidió ese mismo año con la fundación de la Villa de San Salvador.

Caída de Alvarado

Después de la conquista de Cuscatlán, en 1529 la Audiencia de Nueva España emprendió en secreto una investigación sobre Pedro de Alvarado. Luego esta institución enjuició al conquistador acusándolo de crueldad y violencia en sus campañas en los actuales territorios de Guatemala y El Salvador. Soldados españoles que lo acompañaron testificaron en su contra y pusieron como ejemplo la conquista de Cusca-

tlán, señalando que el acusado siempre abusó de su poder. Aunque los «indios» lo recibieran pacíficamente, siempre terminaba reduciéndolos a esclavos. Los testimonios cuentan que sin provocación alguna Alvarado destruía cuanta población indígena encontraba a su paso. Lejos de negar los cargos, él justificó el uso de la violencia argumentando que la fuerza había sido necesaria dada la cantidad de indios en comparación con los cristianos y que, sin el uso de la violencia, la guerra contra los nativos no habría podido ser ganada y la Corona y los españoles no tendrían los territorios conquistados ni sus riquezas. Finalmente Alvarado fue absuelto de los cargos, pero perdió sus privilegios. En 1534 partió del golfo de Fonseca hacia Perú ▪

El Nuevo Mundo sería designado en 1507 con el nombre del navegante florentino Amerigo Vespucci (izquierda), quien tras alcanzar el sur de la Patagonia comprobó que las tierras descubiertas formaban parte de un continente nuevo. Abajo, rutas de las expediciones de Alvarado y Cortés.

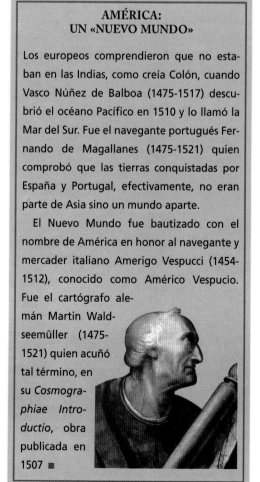

AMÉRICA: UN «NUEVO MUNDO»

Los europeos comprendieron que no estaban en las Indias, como creía Colón, cuando Vasco Núñez de Balboa (1475-1517) descubrió el océano Pacífico en 1510 y lo llamó la Mar del Sur. Fue el navegante portugués Fernando de Magallanes (1475-1521) quien comprobó que las tierras conquistadas por España y Portugal, efectivamente, no eran parte de Asia sino un mundo aparte.

El Nuevo Mundo fue bautizado con el nombre de América en honor al navegante y mercader italiano Amerigo Vespucci (1454-1512), conocido como Américo Vespucio. Fue el cartógrafo alemán Martin Waldseemüller (1475-1521) quien acuñó tal término, en su *Cosmographiae Introductio*, obra publicada en 1507 ▪

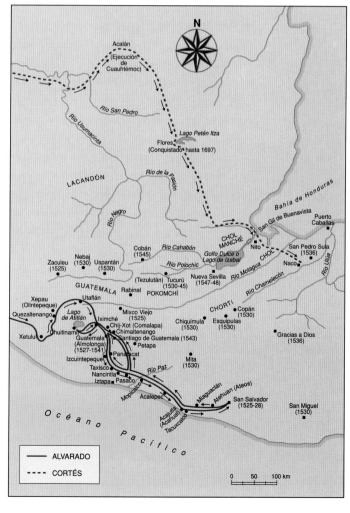

Mapa con las rutas de Alvarado y Cortés.

— ALVARADO

---- CORTÉS

0   50   100 km

La época colonial

Tras la conquista de un territorio y una vez sometida su población aborigen, se solía fundar un asentamiento para facilitar el manejo y el control de ambos.

Fundación de villas e inicio de la vida colonial

Al efecto se escogía un sitio cercano a los pueblos indígenas con mayor número de habitantes, o próximo a un lugar donde hubiera mucha riqueza mineral, se hacían los planos y se fundaba una villa de conquistadores. En su gran mayoría, estas villas, habitadas por unos veinte o cien españoles, no eran sino pequeños poblados compuestos por unas cuantas casas y solares mal delineados y unidos por calles de trazado tortuoso, la plaza, la iglesia y el edificio del cabildo. La designación de un cabildo o ayuntamiento era inmediata en vistas a legalizar formalmente todas las operaciones de ocupación y dominio de la zona conquistada. El objetivo de estas villas no era la creación de asentamientos en los que quedarse de por vida, sino más bien el establecimiento de bases de operaciones desde las cuales sacarle el mayor provecho posible al botín de la conquista, es decir, a los tesoros de la tierra y a la población indígena sometida. El botín se repartía según el rango militar y los méritos de cada conquistador en las batallas, así como, también, conforme a la inversión hecha por cada cual en la expedición. Esto fue lo que se llamó el repartimiento, que consistía en distribuirse la tierra y los indios. Además, en las villas se fijaba el monto del tributo que los nativos deberían pagar regularmente a los españoles. Estos tributos consistían en la extracción de determinadas cantidades de oro y plata o en la realización de otro tipo de trabajos forzados.

Éste fue el origen de la fundación de las ciudades de San Salvador en 1525, San Miguel en 1530, Acajutla en 1532, Sonsonate en 1552 y otras que, en sus primeros días, no fueron sino villas de conquistadores. No obstante, éstas constituyeron la base de partida de la vida colonial, en la medida que los conquistadores se convirtieron en colonos y formaron un nuevo tipo de sociedad distinto al de la metrópoli y al de los reinos y cacicazgos nativos: la sociedad colonial, que perduró cerca de trescientos años.

Villa de San Salvador

No existen datos fidedignos sobre dónde y cuándo fue fundada exactamente la Villa de San Salvador. Sólo se conoce con precisión el año, 1525, y se cree que en el mes de junio, en algún sitio de la provincia de Cuscatlán. Esto se corrobora en ciertos documentos que provienen de los archivos municipales de Guatemala, en los que se asegura que en mayo de 1525 un tal Diego de Holguín estaba ausente de la ciudad porque había ido a ocupar el puesto de alcalde ordinario de la Villa de San Salvador.

Este primer asentamiento de la Villa de San Salvador fracasó. Tuvo que ser abandonado y trasladado a otro sitio debido a que los levantamientos indígenas pusieron en peligro a sus habitantes. La provincia de Cuscatlán debió ser reconquistada. Al mando de esta operación militar estuvo un primo de Pedro de Alvarado, de nombre Diego. Después de varias y sangrientas batallas se logró la «pacificación» de la zona y Diego de Alvarado fundó una segunda Villa de San Salvador, en el sur de Suchitoto, en un sitio que actualmente se conoce como Ciudad Vieja. El cronista Antonio de Remesal, coetáneo de los hechos, afirma en su *Historia de la provincia de Chyapa y Guatemala*, que esto sucedió el 1 de abril de 1528. No será sino más tarde, entre 1538 y 1575 —pues no hay acuerdo entre los historiadores—, cuando dicha villa se trasladará al emplazamiento de la actual ciudad capital de San Salvador.

Pero ya que los conquistadores no tenían intenciones de quedarse en Centroamérica, y su objetivo era más bien hacer fortuna y regresar enriquecidos a la Península, resultaba difícil mantener una comunidad con habitantes permanentes en las recién fundadas villas de conquistadores. Remesal cuenta que las autoridades obligaron a los habitantes de la Villa de San Salvador a que se residenciaran en ella. Sus moradores tuvieron que jurar vecindad y no pudieron dejarse llevar por el llamamiento de cualquier capitán para irse a conquistar nuevas tierras, pues de lo contrario se les quitaría el repartimiento que se les había entregado, es decir, las tierras y los indios dados en encomienda.

Portada de la primera edición de *Historia de la provincia de San Vicente de Chyapa y Guatemala*, del cronista Antonio de Remesal, quien da cuenta de la refundación, en 1528, de San Salvador en la que ahora se conoce como Ciudad Vieja, al sur de Suchitoto. El traslado de San Salvador a su actual emplazamiento data entre diez y cuarenta y cinco años más tarde.

Aun cuando la segunda Villa de San Salvador fue fundada en 1528, la región distaba de estar dominada o «pacificada», como era el decir de la época. Los pipiles y otros grupos indígenas vecinos siguieron ofreciendo resistencia armada a los españoles. La toma del Peñol o Peñón de Zinacatán, cercano al actual puerto de La Libertad, por un conjunto de pueblos indígenas que se habían rebelado, es un ejemplo de la resistencia pipil. Tras rechazar varios ataques, los pipiles fueron finalmente vencidos, y recapturados los sobrevivientes por obra de los conquistadores de la Villa de San Salvador. Tal parece que la conquista más o menos total de la región de Cuscatlán no se logró hasta 1533. Pero por esos años las zonas oriental y norte del actual territorio salvadoreño aún no habían sido pacificadas y estaban en disputa entre los españoles que seguían a las huestes de Cortés y Alvarado, y las de Pedrarias Dávila, quien ya era gobernador de Nicaragua.

Para preservarse de las rebeliones indígenas, y controlar y exigir los tributos, los españoles contaban con la ayuda de indios amigos, como ciertos grupos de tlaxcaltecas que no regresaron a México. Estos aliados se establecieron en unas especies de guarniciones militares adjuntas a las villas de conquistadores llamadas barrios de mexicanos. Tal es el origen de la actual Ciudad de Mejicanos, al norte de San Salvador.

La fundación de la Villa de San Miguel de la Frontera, en 1530, obedeció a la necesidad de limitar el avance de las fuerzas e intereses de Pedrarias Dávila y a trazar las fronteras del territorio del Reino de Guatemala.

Una aristocracia basada en la sangre y las riquezas se situó en el vértice de una pirámide social progresivamente compleja. En la imagen, un corregidor y un encomendero en la *Nueva crónica y buen gobierno* (1600-1615), del cronista peruano Felipe Huamán Poma de Ayala.

La estructura social en la Colonia

Una vez vencidos y dominados, los pueblos nativos de América fueron convertidos en «indios». Los conquistadores y sus descendientes los sometieron a un control directo y total que destruyó su espacio, sus sistemas sociales, sus estructuras económicas y, especialmente, su mentalidad colectiva, es decir valores, creencias morales y religiosas. En una palabra, su cultura. El control impuesto por los españoles ocasionó la pérdida casi total de las culturas y civilizaciones precolombinas en el territorio salvadoreño.

La pirámide social existente en la época colonial la componían, cuando menos, cinco estratos. En orden a su poder e importancia, se situaban: en la cúspide, los nacidos en la península Ibérica; inmediatamente después, los criollos, es decir, los españoles nacidos en América, descendientes de los conquistadores; los mestizos ocupaban el peldaño siguiente y se encontraban en una situación muy incómoda, despreciados la mayoría de veces por peninsulares y criollos, es decir, por blancos e indígenas; en el penúltimo estrato se encontraban los indios, considerados como «hijos menores» del rey, es decir, seres que no podían pensar ni tomar decisiones por sí mismos y necesitaban de una autoridad que los guiara, cristianizara y civilizara; por último, en la base, se encontraban los esclavos de origen africano, negros y mulatos, quienes no tenían tierras ni, prácticamente, derechos que los protegieran.

La sociedad colonial no sólo estaba altamente estratificada en cuanto a la situación social, política y económica de sus miembros, sino también desde un punto de vista racial y cultural. Los prejuicios en cuanto al color de la piel y el origen cultural fueron determinantes en las relaciones sociales del período colonial. Por ejemplo, los mestizos nacieron y crecieron despreciando la cultura indígena porque los españoles la consideraban inferior, incivilizada e infiel. Presa de los prejuicios eurocentristas, el mestizo desconocía sus raíces maternas o indias —y por ello se avergonzaba y desvalorizaba—. Según tales prejuicios ser «indio» era ser «ignorante», «inculto», «salvaje», «haragán», «malicioso», etc. Los mestizos, por consiguiente, se desarrollaron dentro de la estructura social colonial reclamando sus raíces paternas o hispanas, tratando por muchos medios de ser aceptados por los blancos, imitándolos y adoptando la cultura de éstos. Pero los españoles, criollos o peninsulares, los veían como inferiores o «bastardos». Este fenómeno crearía serios complejos de identidad histórica y cultural en este estrato étnico y social, del cual desciende la gran mayoría de los salvadoreños.

Pero, en definitiva, a lo largo de los tres siglos que duró la Colonia, se puede apreciar la división de la sociedad en dos polos claramente diferenciados según sus funciones y actividades productivas. El primero lo constituyen los peninsulares y criollos, cuyas funciones son las de hacendados, encomenderos, comerciantes, administradores públicos y eclesiásticos. En el segundo grupo está la masa trabajadora y servil:

indios, mestizos y esclavos negros y mulatos. Los blancos eran los que detentaban el poder político, económico y social. Pero ni todos los blancos eran ricos, ni gozaban de los mismos privilegios. Había muchos blancos pobres en las colonias. Los afortunados conformaban una élite, como los radicados en Santiago de los Caballeros, en Guatemala, quienes realmente detentaban el poder político y económico del Reino de Guatemala. La sociedad colonial era muy desigual y no era lo mismo ser peninsular que criollo. Aunque ambos grupos eran de origen español y raza blanca, había marcadas diferencias, distintos derechos y privilegios entre ellos. Existía un orgullo por el linaje. Se hablaba de «sangre limpia». Si tener sangre limpia en España significaba no tener mezcla de sangre mora o judía, en América equivalía a no tener mezcla de sangre india o negra, ya que tenerla era denigrante. Para mantener el linaje la costumbre indicaba que las señoritas de buena familia debían casarse con funcionarios reales o con comerciantes peninsulares. Se sabe que la Iglesia colaboró mucho en el fortalecimiento del sentimiento de orgullo y la difusión del racismo, pues en las partidas de nacimiento y de matrimonio se especificaba la etnia y la raza de las personas.

El mestizaje de la sociedad criolla fue fruto de los matrimonios mixtos entre los españoles y la población nativa. A la izquierda, óleo anónimo de la transición entre los siglos XVII y XVIII, conservado en el Museo de América de Madrid.

El comercio de esclavos procedentes de África vino a añadir un nuevo componente étnico al mosaico racial de Centroamérica. Abajo, *Transporte de esclavos* en grabado a partir de un dibujo de Johann Moritz Rugendas realizado en 1821.

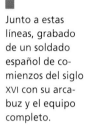

Junto a estas líneas, grabado de un soldado español de comienzos del siglo XVI con su arcabuz y el equipo completo.

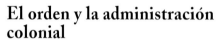

La alcabala, impuesto indirecto que los españoles habían copiado de los árabes, gravaba las rentas del comercio y estuvo vigente en todo el reino de Nueva España hasta 1845. Arriba a la derecha, imagen del Libro General Común de la Real Caja de Alcabalas de México correspondiente a 1768 que corre del cargo del superintendente José Basarte, firmada por el virrey marqués de Croix.

El orden y la administración colonial

Dos de las características más acentuadas de las culturas precolombinas centroamericanas fueron la diversidad o heterogeneidad de éstas y su falta de unidad sociopolítica. Pero tras la conquista militar y cultural, es decir, desde los primeros días de la época colonial (mediados del siglo XVI en adelante), la corona española puso paulatinamente en marcha un proceso forzado de homogeneización en la zona colonizada. Para lograrlo, primero conservó los antiguos y fértiles asentamientos indígenas pacificados de las tierras frías y templadas de los altiplanos centrales, y aquellos de las tierras calientes, a lo largo de la costa pacífica, en donde se encontraban los grupos étnicos del territorio salvadoreño.

Como segunda medida se trazaron una serie de fronteras con objeto de delimitar, conforme a su importancia económica, los territorios conquistados. Se crearon así provincias administrativas y se otorgaron los títulos de gobernadores, tenientes de gobernadores, gobernadores interinos, etcétera.

Un tercer paso para lograr la homogeneización centroamericana fue crear un aparato burocrático financiero, eclesiástico y militar que centralizara la vida política, económica y religiosa de la región.

Se crearon actividades e instituciones productivas que tenían por base la encomienda y la hacienda supervisadas por una administración civil y eclesiática.

Así nace el Reino de Guatemala, conocido más tarde como Capitanía General de Guatemala, cuya jurisdicción abarcaba desde Tabasco y Yucatán, en el sur de México, hasta el actual istmo de Panamá.

Para administrar las colonias americanas, que constituían la mayor parte del inmenso imperio español, en 1503 la Corona creó la Casa de la Contratación de Sevilla. Ésta tenía por tarea regular todo lo relacionado con el transporte marítimo, como la contratación de barcos, comerciantes, emigrantes y expediciones hacia a América. Más tarde, en 1523, se fundó el Real y Supremo Consejo de Indias, institución que decidía las grandes líneas de la política indiana, asesorando al monarca en todo lo referente al gobierno de las Indias y plasmando en leyes los deseos y las órdenes del rey.

Para la administración del Reino de Guatemala se crearon una serie de instituciones: la Audiencia de los Confines, las gobernaciones, las alcaldías mayores, los corregimientos y los cabildos. La Audiencia de los Confines funcionó desde 1542 y se ocupaba de la administración de todo el Reino de Guatemala. Estaba conformada por un presidente, quien tenía a su vez el título de gobernador, tres oidores y un fiscal, los cuales desempeñaban funciones de legisladores, jueces y ejecutores. La Audiencia vivió una serie de traslados de un lugar a otro según los intereses económicos y políticos de la zona. A partir de 1570 se asentó en Guatemala de manera ininterrumpida, por lo que se llamó Audiencia de Guatemala. El territorio de la Audiencia se dividió en una serie de administraciones y jurisdicciones menores, como las mencionadas gobernaciones, alcaldías mayores y corregimientos.

La encomienda: una esclavitud disfrazada

La encomienda, repartimiento de los pueblos indígenas dominados, es la institución que sienta las bases de la economía colonial. Los indios sometidos eran repartidos entre los conquistadores como pago y premio de batalla. Pero al ser entregados por las autoridades competentes, los indios eran dados en encomienda, es decir, eran encomendados al conquistador, quien, al recibirlos, se volvía encomendero. Esto significaba que éste no sólo utilizaría a los nativos como mano de obra gratuita para sus intereses, ya que los indígenas eran forzados a tributar y trabajar para él, sino que también se comprometía a hacerse cargo de ellos en vistas a civilizarlos y cristianizarlos. Bajo esta situación los indios quedaron en manos de los conquistadores. Éstos los explotaron al máximo en todo tipo de labores. Cristianizarlos fue un pretexto para justificar su explotación. La encomienda fue, en verdad, un sistema de esclavitud disfrazada.

La institución de la encomienda, en virtud de la cual los conquistadores recibían un número determinado de indios para que los cristianizaran, estableció un sistema de esclavitud encubierta. Fragmento del mural *El colonizador y la esclavitud*, de Diego Rivera, en el Palacio Nacional de México.

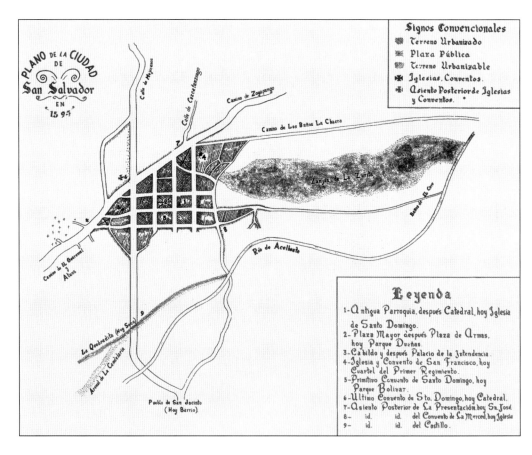

Plano de San Salvador en 1594, según una elaboración hecha a finales del siglo XIX por Jorge Larde.

En el transcurso de la historia la encomienda tuvo dos momentos. El primero fue aquel en que un conquistador tenía un pueblo de indios encomendados, lo que constituía su encomienda, y «sus indios» trabajaban y tributaban forzadamente de distintas maneras para él. Laboraban, por ejemplo, lavando el poco oro que había en los ríos, extrayendo plata de las contadas minas, o servían como cargadores o *tlamemes* en las muchas expediciones en busca de los preciados metales por el territorio salvadoreño. Tributaban entregando, en forma obligada y periódica, una cantidad de tejidos, productos agrícolas como frijol, maíz o gallinas. En esta primera etapa los encomenderos no tenían tierra en propiedad, o sea no eran terratenientes. Únicamente tenían un cierto número de indios para explotar.

No será sino hasta un segundo momento cuando se hará necesario poseer tierras a la par que encomiendas. Esto sucedió cuando los conquistadores descubrieron que no había suficiente oro y plata en el territorio salvadoreño para enriquecerse, por lo que, para sobrevivir, debían dedicarse a las labores agrícolas, cultivando plantas nativas como el cacao, la zarzaparrilla o el bálsamo. La situación llevó a nuevas disputas entre los conquistadores, que obligados por las circunstancias acabaron convirtiéndose en colonos y agricultores. Las familias y los allegados a hombres como Pedro de Alvarado, por ejemplo, se aprovecharon de su poder y se reservaron o expropiaron las mejores tierras y encomiendas para su beneficio personal, familiar o de grupo, en zonas como Izalco, San Salvador, etc. Los encomenderos ricos fueron, por consiguiente, muy pocos. Así, en 1532, la Villa de San Salvador contaba con unos 56 encomenderos, entre los cuales sólo cuatro producían cacao, uno de los productos coloniales más rentables del siglo XVI.

Pero a la par de esta esclavitud disfrazada que era la encomienda, existió también la esclavitud abierta, legal y autorizada por la Audiencia, para llevar mano de obra a aquellos rincones de las Indias donde hiciera falta. Para el caso, los indios eran marcados con hierros al rojo vivo como si fueran bestias, y luego vendidos como esclavos en los mercados de Panamá o Perú. Este tráfico de esclavos se dio, en mayor o menor grado según las zonas, principalmente a lo largo de toda la costa pacífica de la región centroamericana.

Si bien es cierto que las epidemias habían diezmado la población nativa, en las primeras décadas de la Conquista vinieron a sumarse los tratos inhumanos de la encomienda y la esclavitud que provocaron un catástrofe demográfica sin precedentes en el mundo indígena. A mediados del siglo XVI los indios habían dejado de ser un «bien abundante».

Frente a una población indígena escasa, los primeros pobladores se dedicaron a comprar esclavos de raza negra para sustituir a los indios. Es así como entre principios y finales de la Colonia, es decir aproximadamente entre 1520 y 1820, se calcula que entraron a Centroamérica unos veinte mil esclavos negros.

La catástrofe demográfica

Se calcula que a la llegada de los europeos (en torno al año 1520) la región centroamericana estaba habitada por unos cinco millones de nativos. Los especialistas distribuyen esta población por zonas de la siguiente manera: en Chiapas y Soconusco, que en ese entonces formaban parte políticamente de Centroamérica, había unos 275,000 habitantes en la primera región y 90,000 en la segunda; 2,000,000 en Guatemala; 800,000 en Honduras; 800,000 en Nicaragua; 400,000 en Costa Rica y 750,000 en El Salvador.

A mediados del siglo XVI, cuando la conquista de América estaba por concluir, era notoria la catástrofe demográfica. Los sueños de

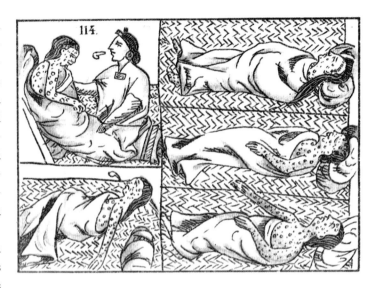

un rico botín se habían disipado. Para los europeos, eran la tierra americana y su gente el único medio de enriquecimiento que quedaba. Los nuevos colonos eran conscientes de ello. Presionaban y reclamaban a las autoridades por la falta de «trabajadores». El número de indios de sus encomiendas era insuficiente para sus necesidades. Tanto es así que las ganancias obtenidas con el lavado de oro se invertían en la importación de esclavos negros. Alrededor de 1550 en San Salvador, al igual que en la región de Olancho, donde se encontraba la fuente de oro más importante y que hoy es un departamento de la zona central este de Honduras, residía una fuerte población de esclavos negros. Pero la falta de mano de obra fue más evidente en 1580 y 1630, años en que las presiones y protestas de los colonos crecieron significativamente. Exigían a las autoridades locales trasladar población indígena a los lugares de mayor actividad económica. En este sentido, a zonas muy productivas como Sonsonate y Soconusco llegó en forma forzada una población indígena de Chiapas, Verapaz y Guatemala, lo que provocó protestas por parte de los colonos de estas tierras, ya que argumentaban que los estaban dejando sin indios. Asimismo era muy común que indígenas de Guatemala fueran a trabajar voluntariamente a las plantaciones de cacao de

La incidencia de enfermedades propagadas por los conquistadores fue una de las causas de la catástrofe demográfica experimentada por el Nuevo Mundo. Ilustración del *Códice Florentino* alusiva a la viruela.

Izalco con el propósito de obtener algún dinero que les permitiera pagar los tributos que los representantes del gobierno colonial les exigían en sus lugares de origen.

La protección de los indios y las Leyes Nuevas de 1542

La catástrofe demográfica y las súplicas de ciertos sectores de la iglesia en favor de los indios —como la de una buena parte de los frailes dominicos radicados en América— forzaron a la Corona a legislar contra el exterminio y la explotación de los aborígenes durante la década de 1540. Es en este contexto que se promulgan las llamadas Leyes Nuevas de 1542, con las que se pretende alcanzar varias metas.

En primer lugar, la Corona buscaba imponer el absolutismo monárquico y evitar la creación de una aristocracia militar de tipo feudal en la Colonia. Para la década de 1540 la mayoría de los conquistadores habían muerto, pero sus des-

Las Leyes Nuevas, promulgadas en 1542, supusieron entre otras medidas un importante freno al desarrollo de la encomienda, que se estaba extendiendo al margen de la legalidad. Con ellas la Corona española, en ese momento personificada en Carlos V (en la imagen, en un retrato de A. van Dyck) optaba por una cierta protección de los indios, frente a los abusos de que eran objeto.

cendientes reclamaban derechos como herederos directos de éstos. Cuando los conquistadores se dieron cuenta de que el oro y la plata que anhelaron y con los que deliraron no existía, al menos en la cantidad necesaria para enriquecerlos y permitirles regresar a la Península con fortuna y fama, y luego de haber reconocido que lo único que les quedaba era explotar la tierra y su población nativa, crearon un ideal político: fundar una sociedad de tipo feudal. Idearon un mundo donde ellos se transformarían en señores con vasallos (los indios), y sus propiedades serían los territorios conquistados al servicio de su rey en España. Los sueños de oro y plata se tornaron quimeras por construir una aristocracia militar, al estilo medieval, que fuera hereditaria. Como ha dicho un historiador, los conquistadores y sus descendientes, los criollos, «miraron al pasado para organizar el futuro», pero fallaron, pues la monarquía española no los apoyó ya que no estaba dispuesta a tolerar ninguna nueva aristocracia feudal en América sobre la cual no ejerciera control suficiente.

En segundo lugar, las Leyes Nuevas abolieron toda forma de esclavitud y de trabajos forzados, con lo cual los indígenas trabajarían para los encomenderos, pero ahora bajo el pago de un salario que podían aceptar o rechazar.

En tercer término estas leyes fijaron el tributo que los indios debían pagar a los encomenderos; de este modo se procuraba detener los excesos. Fuera de este tributo, en toda la Audiencia de Guatemala regía el que debían entregar los indígenas al rey, que consistía en una cuota obligatoria de dos pesos anuales en especies, es decir no en moneda sino en víveres, servicios y otros bienes. Estaban obligados a tributar aquellos indios varones cuya edad oscilaba entre 18 y 50 años, a excepción, por ejemplo, de los indígenas caciques y alcaldes. Los tributos recogidos los administraban el presidente de la Audiencia y sus funcionarios. Este tributo que los indígenas pagaban al rey representó entre el 80 y 90 por ciento de los in-

Preocupación de los españoles por salvar las almas de los indios: a la izquierda, portada de las normas para el ejercicio de la confesión a los indios, recopiladas por fray Bartolomé de las Casas.

Los *Anales cakchiqueles*, testimonian el impacto de la Conquista en las sociedades indígenas. Facsímil de la primera página del documento.

gresos fiscales totales del Reino de Guatemala. Había, por tanto, un gran interés de la Corona por proteger a los indios, una de sus principales fuentes de riqueza, pero, en general, era la sociedad colonial entera la que dependía del tributo de los indios.

En cuarto lugar, estas leyes frenaron la evolución de las encomiendas. Se suprimieron aquellas que estaban en poder del clero, de funcionarios reales o de personas no autorizadas para poseerlas. Eliminaron también la encomienda a perpetuidad de una familia; es decir, según las Leyes Nuevas las encomiendas dejaban de ser hereditarias. Una vez moría su titular, ésta desaparecía y quedaba incorporada a la hacienda real. Estas leyes establecieron, asimismo, que no se darían nuevas encomiendas en el futuro.

Las Leyes Nuevas se promulgaron en Santiago de Guatemala en 1542. Para su aplicación la Corona envió al Reino de Guatemala, como presidente de la Audiencia, a Alfonso López de Cerrato, quien fungió como tal desde 1548 a 1555. Los *Anales cakchiqueles* mencionan a López de Cerrato como un libertador.

Las Leyes Nuevas crearon descontento entre los colonos y un conflicto entre éstos y la monarquía española. Hubo protestas, conspiraciones y rebeliones en todas las Indias. El descontento duró por lo menos unos 25 años. La Iglesia apoyó las leyes, pues se oponía al ideal aristocrático feudal de los encomenderos. Por ello, en 1550 fue asesinado en Nicaragua el obispo de León, Antonio de Valdivieso. La crisis no se detuvo hasta que las nuevas disposiciones fueron perdiendo valor y aplicación, pues la encomienda sobrevivió a las Leyes Nuevas, continuando la explotación de los indios.

El papel de la Iglesia

En América había dos tipos de religiosos: los frailes, que pertenecían a distintas órdenes y en su mayoría eran españoles o peninsulares, y los curas seculares, que por lo general eran criollos, hijos de las élites de la sociedad colonial. Sin embargo, todos los religiosos eran nombrados por los funcionarios reales. El gobierno colonial les asignaba un salario y eran investidos representantes de la Corona en sus parroquias. Ser sacerdote daba prestigio y poder, tanto en lo social como en lo económico, dependiendo siempre, claro está, del pueblo o de la villa en que servía el párroco.

La Iglesia estaba en todos los lugares habitados y colonizados de la región centroamericana a través de sus sacerdotes. Como institución acumuló mucha riqueza y propiedades, donadas en gran parte por sus feligreses. Asimismo, todos los españoles, peninsulares o criollos, en tanto cristianos, debían pagarle una décima o vigésima parte de lo producido o ganado en sus haciendas y negocios comerciales, es decir el diezmo. Otros miembros de la sociedad colonial, por ejemplo los mulatos, también estaban obligados a pagar cierto diezmo. Los indios no escaparon a las cargas económicas y laborales impuestas por la Iglesia, pues no todos los religiosos trabajaban en favor de ellos: muchos se aprovecharon de la situación de inferioridad social impuesta y contribuyeron a esa explota-

ción inhumana junto con los encomenderos. Todas estas ganancias y situaciones hicieron que durante los siglos XVI y XVII la Iglesia fuera acumulando un poder económico y político tan grande y sólido como el poder civil que representaba a los intereses de la Corona española en la sociedad colonial.

Los pueblos de indios

Aprovechando las disposiciones de las Leyes Nuevas, religiosos de distintas órdenes, dominicos, franciscanos y mercedarios, se dedicaron a crear pueblos para concentrar en ellos la mayor parte posible de población indígena durante las décadas de 1540 y 1550. Estas concentraciones de nativos se llamaron pueblos de indios, y a cada uno de sus habitantes se lo bautizaba con un nombre del santoral cristiano. Estos pueblos se convirtieron en una pieza clave de la estructura social colonial. Su fundación se inició el año de 1543, pero tomó cuerpo durante la década de 1550, cuando ya la Con-

El esfuerzo evangelizador llevado a cabo por los españoles dio lugar a una importante iconografía: *Bautizo de los indios por los dominicos,* pintura anónima del siglo XVII.

quista había terminado y estaba en marcha un nuevo orden social: la sociedad colonial.

Los primeros 76 pueblos de indios se crearon en los alrededores de Santiago de Guatemala. La experiencia resultó ser un éxito, pues estas poblaciones proporcionaban toda una serie de víveres y servicios a los habitantes de la capital del Reino de Guatemala. Por ello sus fundaciones se generalizaron en casi toda la región centroamericana: Chiapas, Verapaz, Guatemala, Honduras, El Salvador y Nicaragua. La mayor parte de la población indígena fue obligada a concentrarse en estos asentamientos que alcanzaron la cifra de ochocientos en el Reino de Guatemala.

El ideal de algunos de los religiosos que los crearon, en especial cierto grupo de dominicos, era proteger a los indios para evitar su exterminio, aislándolos de las formas extremas de explotación a que eran sometidos por los encomenderos. Querían que los indios vivieran en dichos pueblos como «vasallos libres de su majestad» y que, como tales, se les pagara por su trabajo. Las únicas obligaciones que debían cumplir los indios eran vivir permanentemente en los pueblos y pagar un tributo estipulado por la ley para las arcas del rey de España.

La creación y el desarrollo de los pueblos fue rápida y no planteó demasiados problemas en Centroamérica. Los gobiernos locales asignaron a cada pueblo un cierto territorio como propiedad colectiva, conocido como tierras ejidales o ejidos, con el fin de que los indios tuvieran dónde sembrar y cultivar sus alimentos.

Para los indígenas, el pueblo de indios representó una liberación de las encomiendas. Se sentían protegidos y estaban satisfechos con pagar un cierto tributo al rey y estar en posición de aceptar o no las ofertas de trabajo. Por esta razón muchos nativos se trasladaron voluntariamente a los pueblos de indios. No obstante hubo grupos de indígenas que rechazaron vivir en tales reducciones y fueron forzados por las autoridades a concentrarse en ellas. Pa-

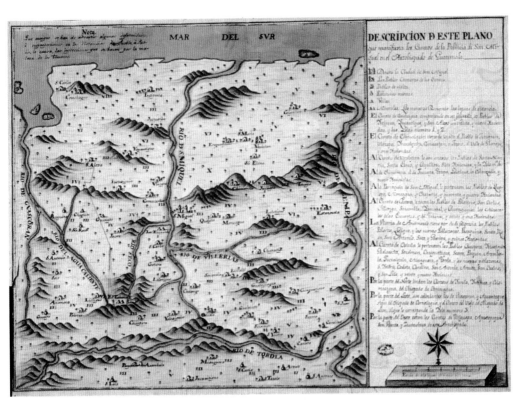

Los curatos trataban de abarcar demarcaciones territoriales lo más amplias posibles para asegurarse los ingresos parroquiales. Mapa de la zona de San Miguel levantado a instancias de los párrocos de Yayantique, Gotera y Conchagua, que se opusieron inútilmente a la creación del curato de Anamorós.

La sobreexplotación de los indígenas revistió un carácter inhumano con las nuevas formas de repartimiento. Dibujo sobre el lavado fluvial del oro por los indígenas, de G. Benzoni.

ra que no volvieran a sus lugares de origen se quemaban y destruían sus viviendas y cosechas, y sus tierras eran ocupadas por los colonos españoles.

El nuevo repartimiento

Pero los ideales con que fueron construidos los primeros pueblos de indios —proteger a los indígenas de los encomenderos y sus maltratos, abolir la esclavitud legal, exigir que se les pagara por sus trabajo, etc.— no duraron mucho tiempo y fracasaron con la evolución de esta institución. Los pueblos de indios se convirtieron rápidamente en campos de concentración de mano de obra gratuita o muy mal remunerada. Se transformaron en especies de cárceles bajo un régimen municipal propio. Los indios no sólo estaban obligados a tributar a la Corona sino también a brindar un servicio personal obligado a los españoles, yendo a trabajar a sus haciendas e ingenios azucareros pero sin quedarse en ellos. Esto es lo que se llamó el repartimiento de indígenas, pese a que los trabajos forzados estaban prohibidos por la Leyes Nuevas. Solamente después de cumplir con sus obligaciones tributarias y de servicio personal los indígenas podían trabajar sus tierras ejidales para su sustento y alimentación.

Este nuevo repartimiento de indígenas fue un sistema que nació durante la presidencia en la Audiencia de López de Cerrato, entre 1548 y 1555, como respuesta a las presiones de los colonos, los cuales argumentaban no tener tra-

bajadores. La monarquía lo legalizó en 1574 y su autorización definitiva se cumplió en 1601, año en que el repartimiento cobró gran importancia para los intereses económicos de la Corona. La monarquía, por tanto, terminó pactando con los colonizadores y compartiendo con ellos la explotación de los indígenas. Asimismo, junto a este nuevo repartimiento, en varias regiones centroamericanas aún se practicaba el viejo repartimiento esclavista de indios.

Para el repartimiento de indígenas se nombraron jueces repartidores, quienes se aprovecharon de su situación y cayeron en la corrupción al favorecer a los colonizadores que mejor les pagaban, como era el caso de los dueños de los ingenios azucareros. Durante la década de 1670 los presidentes de la Audiencia se valieron de estos jueces repartidores para enriquecerse ilícitamente en contra de la hacienda real. Los indígenas, «un bien escaso», no sólo eran repartidos al mejor postor, sino que los colonizadores, los exprimían de forma inhumana, sobrecargándolos al máximo de trabajo.

También se especificó una paga por el repartimiento: un real o dos por día. Esta paga no compensaba el verdadero valor del trabajo humano de los nativos, pero se mantuvo hasta el final de la Colonia e inclusive hasta después de la independencia centroamericana. Un peso equivalía a ocho reales. Con un real se podía comprar, por ejemplo, la mitad de una gallina. Pero el problema no estaba ahí, pues a los indios repartidos no se les pagaba en moneda si-

no que, la mayoría de las veces, recibían su paga en especies y de forma impuesta y violenta. Los colonos les daban lo que consideraban «justo»: ropa, pan, cacao, etcétera.

En 1661 el repartimiento entró en crisis en Ahuachapán, pues los indios de esta zona protagonizaron una serie de protestas que se prolongaron hasta 1667. Redactaron un memorial para el fiscal de la Audiencia, en el que se quejaban del excesivo trabajo y, además, de que no se les pagaba por duras y penosas labores. Indignado por las quejas y por la deshumanizante explotación, el fiscal Pedro Fraso pidió suprimir el repartimiento en 1663. Mas el Ayuntamiento de Santiago de los Caballeros, donde se encontraban los grandes terratenientes y comerciantes, es decir que allí se concentraba el poder económico del Reino de Guatemala, se opuso y pidió que se declarara sin efecto la petición del fiscal. Para los ricos terratenientes y comerciantes de Santiago eliminar el repartimiento era ir en contra del mismo Reino de

Guatemala y sus intereses, pues ellos consideraban que suprimir el servicio de los indios era poco menos que un atentado contra la economía colonial de la región. Esta crisis se solucionó, finalmente, en 1667, cuando el repartimiento se restringió, en principio, a las haciendas donde se cultivaba maíz y trigo.

No obstante la restricción, el repartimiento continuó en la práctica con el consiguiente reparto de indígenas entre los propietarios de ingenios, trapiches y haciendas. Los defensores del sistema de repartimiento argumentaban que a los indios había que obligarlos a trabajar puesto que eran haraganes y, si no trabajaban, se dedicaban a los vicios y la perdición. El repartimiento fue la principal fuente de mano de obra para los españoles durante toda la época colonial. En su obra *Descripción geográfico-moral de la diócesis de Goathemala*, escrita entre 1768 y 1770, el obispo Cortés y Larraz revela las injusticias a que eran sometidos los indios con el repartimiento y menciona un total de 427 poblados y 824 haciendas ubicadas en Guatemala y El Salvador donde el reparto de indígenas era cosa corriente en estos años de finales del siglo XVIII.

LA EXPANSIÓN EUROPEA

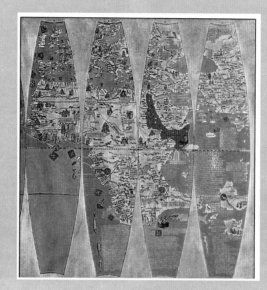

Las grandes expediciones de la época fueron alentadas por la necesidad de productos que sólo se encontraban en Oriente y que habían dado lugar a la famosa ruta de las especias. Mapamundi elaborado por Martin Behaim en 1492.

■ ■ ■ ■

Durante el Renacimiento (siglos XV y XVI) parte de Europa había pasado de una economía rural basada en la producción agrícola de subsistencia, que había sido el apoyo de la economía medieval, a otra de tipo mercantil, fundamentada en el dinero y el comercio de distintos productos, es decir, se apoyaba en el lucro y los negocios. A finales del siglo XV Europa buscaba desesperadamente oro y especias. Necesitaba expandirse y abrirse al comercio. Asimismo, consideraba que tenía por misión evangelizar a toda una serie de pueblos «infieles» para llevarles la verdadera religión, convertirlos al cristianismo y así salvar sus almas. La meta, pues, era llegar a las Indias, donde según los aventureros y viajeros abundaban el oro, la seda y las especias. Pero para lograr este objetivo era preciso que los europeos encontraran rutas comerciales alternativas a las del mar Mediterráneo —en poder de la cultura musulmana— donde las fuerzas militares exigían el pago de altos tributos para alcazar el Oriente. Cruzar el Atlántico para arribar a las Indias era la única alternativa. Sin embargo, la imaginación medieval y renacentista había poblado el mar abierto de monstruos y fantasmas y nadie se atrevía a cruzar más allá de lo conocido. Se creía, además, que la Tierra era una inmensa plancha flotante sobre el océano, y tras sus límites —se pensaba— existía un insondable abismo. Durante esta época se habían perdido los antiguos conocimientos griegos de Aristarco de Samos (310-230 a.C.) y Ptolomeo de la Ptolemaida (100-170 d.C.) que afirmaban la redondez de la Tierra.

Desde el siglo XIII hubo comerciantes europeos que se aventuraron a viajar por tierra o por el Mediterráneo al Lejano Oriente, y a su regreso contaban maravillas de aquellos lugares llenos de riquezas y poblaciones exóticas. Así, en el siglo XIV, un explorador veneciano, Marco Polo (1254-1324), después de una larga expedición por Asia redactó su libro de viajes en una prisión de Venecia, en el año 1298. Sus relatos causaron interés y curiosidad en Europa y, sobre todo, despertaron la sed de aventura por conocer tan ricos y extraordinarios mundos como los descritos. En aquel libro Marco Polo hablaba de reinos, grandes mercados de especias, pueblos con costumbres y religiones diferentes, de palacios y sus muchas riquezas. Todo esto lo había visto a través de sus viajes por la isla de Java, las regiones lejanas del Asia Central e India, Cipango (Japón) y Cathay (China) o por los territorios del Gran Khan, el legendario rey de los mongoles ■

La economía colonial

Durante los siglos XVI y XVII la economía colonial se basó en dos grandes sistemas de producción y consumo sostenidos por la encomienda y el repartimiento de indígenas. El primero era una economía de subsistencia en la que predominaba la agricultura de granos básicos como maíz, trigo y frijol, y la ganadería, que posibilitaba obtener leche y carne. Esta economía de subsistencia local y regional daba pie al segundo sistema, que consistía en una economía de exportación basada en dos monocultivos: el cacao y el añil. El centro de operaciones de la economía agroexportadora se ubicaba en las tierras bajas de la costa pacífica centroamericana. Hubo períodos de auge y prosperidad para la exportación de estos cultivos, pero también los hubo de crisis y decadencia. Estas fluctuaciones económicas, más en contra que a favor, se debieron a muchas razones, entre ellas las rudimentarias tecnologías, la falta de materias primas, las guerras en Europa, la piratería en el Caribe, las dificultades del transporte terrestre y marítimo y la falta de mercados seguros y permanentes para los productos centroamericanos. Pero también hay que mencionar las restricciones comerciales impuestas por España a sus colonias. En efecto, la metrópoli estableció el monopolio comercial: las colonias americanas no podían comerciar con nación alguna que no fuera España. Las exportaciones eran enviadas a los mercados españoles, y las importaciones provenían asimismo de España. Esto fomentó el contrabando y la piratería comercial en el Reino de Guatemala y en todas las Indias.

En comparación con México y Perú, que poseían mayores riquezas en oro y plata, Centroamérica jugó un papel marginal en la economía colonial del imperio español. Aparte de ciertas cantidades moderadas de plata que se extrajeron de Honduras, la economía de exportación del Reino de Guatemala se centró en los monocultivos de cacao y añil.

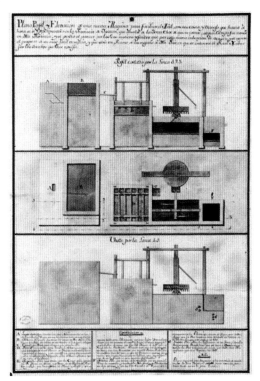

La eficacia de los obrajes de añil de tracción animal que operaban en el territorio del Reino de Guatemala correspondiente al territorio salvadoreño motivó que fueran adoptados en Yucatán. En la ilustración, esquema de obraje cursado como documentación por el gobernador de Yucatán, Antonio Oliver, en su demanda de autorización para emplear indios en la producción del tinte.

En un principio se explotó el árbol de bálsamo —que era enviado a España vía Honduras o México— cuyas plantaciones se encontraban entre Acajutla y La Libertad, zona conocida como la costa del Bálsamo. La época de mayor provecho fue de 1560 a 1600. En aquellos años este medicamento se consideraba uno de los principales productos de exportación de la Audiencia. También se comerciaron, en menor grado, algunas plantas como la cañafístula y la zarzaparrilla. Pero estos productos, como el bálsamo mismo, resultaron insuficientes para el desarrollo de una economía agroexportadora.

En realidad el primer gran producto de exportación fue el cacao, que desde el siglo XVI hasta el XVIII no dejó de enviarse a España. Las plantaciones de cacao se situaban tanto en la costa atlántica como en la pacífica del istmo centroamericano. Las plantaciones del Atlántico estaban en el valle del Ulúa, Honduras, pero más fértiles eran las del Pacífico, extendidas desde Tehuantepec hasta la península de Nicoya, en Costa Rica.

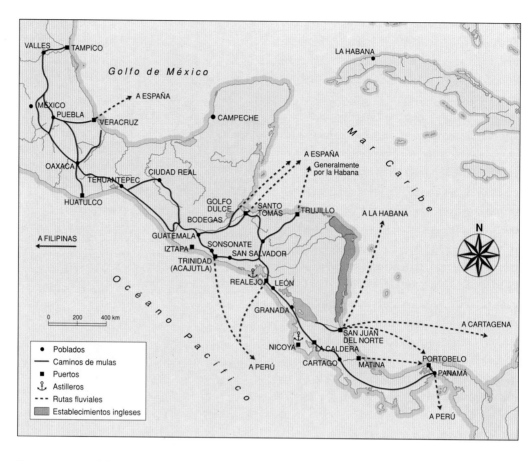

Mapa de las rutas comerciales del reino de Guatemala y de sus enlaces con Nueva España y Panamá en el siglo XVII.

Los monocultivos

El cultivo del cacao fue una de las tantas herencias alimenticias que dejaron las culturas precolombinas. La zona de las plantaciones hechas por los pipiles de Izalco, en Sonsonate, y que tras la conquista de esta zona fueron expropiadas por los conquistadores, se convirtió en una de las áreas agrícolas más ricas de la Audiencia de Guatemala entre las décadas de 1540 y 1550. El cacao de Izalco se exportaba a México, Panamá y Perú, y la explotación de este producto se llevó a cabo bajo el régimen de las encomiendas. Los comerciantes que sirvieron de intermediarios entre los encomenderos-productores y los compradores de cacao hicieron grandes fortunas. Se estima que a finales de la década de 1570 la zona de Izalco exportó a México unas cincuenta mil cargas de cacao al año. Pero tras el auge vino la crisis. Las causas de la decadencia del cultivo del ca-

cao fueron varias. Entre ellas figura en primer lugar la falta de mano de obra. Se registra que hacia el año 1556 la mayor parte de los indígenas de la región había muerto víctima de los trabajos forzados y la violencia ejercida contra ellos en las encomiendas y el repartimiento, pero también por las enfermedades. En 1578 una peste devastó la zona. En 1584 sólo había unos cien nativos tributarios de los novecientos que poblaban Izalco, más unos cuatrocientos traídos de otros lugares de la Audiencia. A la catástrofe demográfica hay que sumar, también como consecuencia del declive de esta economía de exportación, la competencia de las plantaciones rivales de Guayaquil y Venezuela, los desastres naturales y la primitiva tecnología agrícola para mejorar la producción de los cultivos. No obstante la producción de cacao sobrevivió y continuaron las exportaciones hacia los mercados de México y Europa.

El añil constituyó otro importante producto de exportación: a partir de 1580 y hasta 1620 reemplazó al cacao como la exportación más importante de la Audiencia. Sus plantaciones ocuparon, prácticamente, las mismas áreas en las que se había cultivado cacao. Sin embargo, al período de prosperidad de este tinte siguió uno de estancamiento. El origen de la crisis del añil radica, en esencia, en la falta de mercados y en el hecho de que España se quedó sin moneda para comprar y recurrió a la confiscación, lo que arruinó a productores y comerciantes.

En el período 1610-1660 se verificó la primera gran crisis económica en el Reino de Guatemala. Entre sus razones cuenta la desaparición de las poblaciones indígenas, lo que implicó una gran falta de trabajadores en toda la Audiencia que perjudicó enormemente a la economía de subsistencia en la que se apoyaba la economía agroexportadora. Se debió también al saqueo y la depredación de los suelos y territorios de la región, como sucedió con las entonces tierras fértiles de la costa del Pacífico. Asimismo influyeron las guerras entre las potencias europeas y la incapacidad de España para ayudar y proteger la economía de sus colonias. Esto hundió a la región centroamericana en el contrabando, el fraude y la piratería du-

rante los años 1635 y 1720. Ante la crisis económica y la decadencia de los sucesivos monocultivos, para mantener abierto el comercio los mercaderes de las colonias tuvieron que romper el monopolio que España les imponía y decidieron traficar con los mercados extranjeros y los piratas ingleses: esto sólo fue posible a través del contrabando y el fraude.

El reformismo de la administración borbónica

Ésta fue la situación que predominó en las colonias americanas bajo el gobierno de los Habsburgo. La Casa de los Habsburgo o Casa de Austria fue la dinastía que reinó en Austria

El tinte de añil producido en las colonias inglesas, francesas y holandesas del Caribe nunca pudo competir con el que se producía en territorio salvadoreño. Esquema de obraje (a la izquierda).

Representación de niveles burocráticos en el *Códice de Osuna* (abajo).

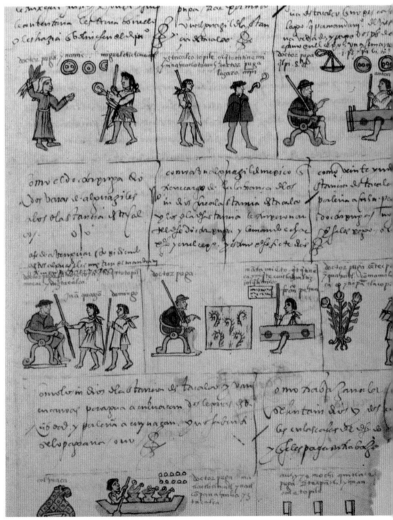

desde 1279 a 1918 y en España desde 1516 hasta 1700. Llegó al trono español con la coronación de Carlos V, en 1516. Dicha monarquía centró su política imperialista más en la esquilmación de las riquezas que en la verdadera administración de las Indias. Los tesoros americanos sirvieron a los Habsburgo para mantener las guerras que España libraba contra las otras potencias europeas y para pagar los enormes gastos de sus aristócratas y nobles.

En las colonias americanas el régimen de los Habsburgo se caracterizó por una administración estatal débil y descentralizada. Creó un abismo entre la metrópoli y las Indias, lo que permitió que en las colonias, conquistadores y colonizadores, en cuanto encomenderos, religiosos, burócratas, terratenientes y comerciantes, se aprovecharan de la ausencia de un estado centralizador y acumularan un poder político y económico extremadamente difícil de controlar y dirigir desde el otro lado del Atlántico. Además, este imperio careció de recursos fiscales para financiar sus grandes gastos. Vendió, o donó como recompensas, títulos públicos para la administración de las colonias, y dictó una serie de leyes y decretos que no tenían aplicabilidad en la realidad colonial. Estas políticas favorecieron la ineficacia y la corrupción entre los funcionarios reales de la Audiencia de Guatemala. Por otra parte tampoco hubo una política militar que defendiera las fronteras del Reino de Guatemala de los constantes ataques de los piratas ingleses, quienes facilitaban el contrabando y la corrupción. En la primera mitad del siglo XVIII el imperio español estaba en crisis. El comercio entre la metrópoli y las colonias había decaído, la hacienda real recibía cada vez menos impuestos, los funcionarios de la Corona habían perdido respeto y autoridad, y el imperio, en general, se había vuelto ingobernable y nada rentable para España.

El final de la política indiana de los Habsburgo se produjo mediante un relevo dinástico al llegar al trono Felipe V, de la Casa Borbón,

en 1700. A partir de la monarquía ilustrada de Carlos III (1759-1788) se pusieron en marcha una serie de medidas en lo eclesiástico, fiscal, político, comercial y militar —las llamadas reformas borbónicas— orientadas a modificar las instituciones y estructuras de la sociedad colonial. El objetivo de los Borbones era reactivar el comercio con las colonias y modernizar en éstas el sistema de recolección de impuestos, con objeto de potenciar y dinamizar la economía del imperio, y, al mismo tiempo, reorganizar la administración pública colonial con ob-

La importancia del comercio marítimo entre las colonias españolas y la metrópoli trajo, como consecuencia, un aumento de la piratería en todos los mares. Un porcentaje importante de las mercancías no llegaba jamás a sus destinatarios. Representación de una escena de piratería en el área del Caribe.

jeto de que la Corona retomara el poder real en la sociedad colonial.

El despertar criollo

Pero el nuevo orden colonial que establecieron los Borbones sembró a la vez un gran descontento en las Indias, principalmente entre la clase criolla dirigente y dominante, ya que las reformas iban en contra de los intereses políticos y económicos de los hacendados, comerciantes y eclesiásticos criollos. Ésta es la razón por la que frente a estos cambios fueron naciendo en el Reino de Guatemala —que tras estas reformas pasó a llamarse Capitanía General de Guatemala—, grupos opositores en el seno de la élite criolla.

Las reformas borbónicas no se llevaron a la práctica de manera inmediata. Se dieron paulatinamente y tomaron su tiempo según las regiones, pero sí se extendieron a toda América. Y puesto que buscaban contrarrestar el poder civil y eclesiástico que los criollos habían acumulado durante casi dos siglos, su aplicación debió hacer frente a grandes críticas y manifestaciones de repulsa de la clase criolla. Éste fue el caso de la Capitanía General de Guatemala. En la mentalidad criolla, el malestar que causaron las reformas contribuyó a forjar la idea de una patria libre e independiente de los controles fiscales y comerciales de España. Dicho sueño madurará con los principios y valores de los filósofos ilustrados, y sus ideas de libertad e igualdad empezarán a conocerse en los círculos intelectuales criollos en las últimas décadas del siglo XVIII. Toda esta situación, por tanto, puso en marcha movimientos independentistas regionales que se expandieron a lo largo de las primeras décadas del siglo XIX hasta lograr que se hiciera realidad la independencia de Centroamérica.

Las contradicciones de la sociedad española del siglo XVIII, y más concretamente la incapacidad del sistema burocrático por el que se regía la Corona, facilitaron el movimiento independentista en las colonias. Imagen de *La calle de Alcalá*, de Antonio Joli, óleo de la segunda mitad del siglo XVIII que recoge el ambiente de la capital madrileña en los fastos urbanos que acompañaban la decadencia del imperio español.